KÖRPERSPRACHE

Renate Ibelgaufts

KÖRPERSPRACHE

Wahrnehmen, deuten und anwenden

Augustus Verlag

Die Autorin: **Renate Ibelgaufts** ist seit 20 Jahren als Unternehmens- und Personalberaterin tätig. Sie hat Erfahrungen als Personalmanagerin und Outplacement-Beraterin sowohl im Inland als auch im Ausland gesammelt. Darüber hinaus war sie mehrere Jahre Seminartrainerin zum Thema Körpersprache.
Als Autorin ist sie durch mehrere erfolgreiche Bücher und zahlreiche Artikel in Zeitungen und Zeitschriften bekannt geworden.

Die Deutsche Bibliothek – CIP-Einheitsaufnahme

Ibelgaufts, Renate:
Körpersprache wahrnehmen, deuten und anwenden /
Renate Ibelgaufts. [Fotos: Studio Team, Wolfgang Zöltsch, Langen]. – Augsburg : Augustus-Verl., 1997
ISBN 3-8043-3073-8

Augustus Verlag Augsburg 1997

Lektorat: Monika Zilliken, Kerstin v. Dobschütz
Umschlaggestaltung: Christine Paxmann, München
Layout: Lohse-Design, Peter Lohse, Büttelborn
Fotos: studio team, Wolfgang Zöltsch, Langen
Satz: SatzTeam Berger, Ellenberg
Druck und Bindung: Offizin Andersen Nexö Leipzig, Betrieb der Interdruck Graphischer Großbetrieb GmbH
Gedruckt auf umweltfreundlich chlorfrei oder elementar chlorfrei gebleichtes Papier.

ISBN 3-8043-3073-8

Printed in Germany

Inhalt

Erste Gedanken zum Thema Körpersprache

Körpersprache zählt zu diesen merkwürdigen Themen, die eigentlich jeder kennt – abgesehen davon, daß sie ohnehin jeder anwendet, da man nicht nicht kommunizieren kann –, die aber andererseits doch irgendwie geheimnisumwittert bleiben, weil man eben doch nichts Genaues darüber weiß. In jedem Fall ist es ein ungeheuer spannendes und neugierig machendes Thema, dem zwangsläufig schon eine ganze Reihe von Autoren Bücher gewidmet haben, wobei die Akzente sehr unterschiedlich gesetzt wurden und ebenso verschiedene Ergebnisse herausgekommen sind. Insbesondere die bewußt sehr populärwissenschaftlich gehaltenen Werke erinnern mich manchmal fatal an eine Art ›Gebrauchsanweisung für Menschen‹ nach dem Strickmuster: »Wenn sich jemand dreimal hintereinander an die Nase faßt, dann bedeutet das Unsicherheit ...« oder so ähnlich. Sogar Erkenntnisse, die womöglich auf konkreten eigenen Erfahrungen basieren, wie die, daß das Verschränken der Arme vor dem Körper eine Abwehrhaltung oder mangelnde Kommunikationsbereitschaft signalisieren, mögen zwar einige Male gestimmt haben, sind aber vielleicht in der aktuellen Situation gänzlich falsch, weil demjenigen nur kalt ist oder es sich um einen so kommunikativen Menschen handelt, daß seine Körperhaltung bezogen auf die Kommunikationsfähigkeit nur von untergeordneter Bedeutung ist. Ja, man muß sogar damit rechnen, daß eine wahrgenommene Geste oder andere körpersprachliche ›Äußerung‹ überhaupt keine konkrete Bedeutung haben und derjenige, der sich wiederholt an die Nase gefaßt hat, dort nur ein Jucken verspürte.

Körpersprache - schwere Sprache

Insofern ist eine solche Darstellungsweise gemessen an dieser Materie gefährlich vereinfachend und vermittelt den Eindruck, daß man vergleichbar dem Erlernen einer Fremdsprache nur einige Vokabeln auswendig lernen müßte, um den anderen problemlos und selbstverständlich unzweifelhaft interpretieren zu können. Doch genau wie bei einer Fremdsprache gibt es zwar dieses Basiswissen, das es einem ermöglicht, sich an einem Urlaubsort eben nicht nur körpersprachlich mit Händen und Füßen verständigen zu müssen, um im Restaurant auch wirklich das gewünschte Essen auf dem Teller vorzufinden – es soll da schon böse Überraschungen gegeben haben! Jedoch eröffnet einem sogar ein erweitertes Vokabular noch keineswegs den Zugang zu den Menschen im Lande und zu ihren kulturellen Eigenarten, weil einem einfach die Feinheiten einer Sprache nicht vertraut sind und man deshalb zwangsläufig auch nur einen Bruchteil der Aussagen ›versteht‹. In der Regel lernt man ein anderes Land nur dann richtig kennen, wenn man dort gelebt und gearbeitet hat.

Übertragen auf unser Thema Körpersprache bedeutet das: Nachdem man das Grundvokabular gelernt hat, beginnt erst die bewußte Anwendung, womit die Beobachtung und ebenso bewußte Wahrnehmung und vor allem die ständigen Kontrollen dieser Wahrnehmung gemeint sind. Insbesondere dieser Teil erfordert viel Übung, wie immer wenn etwas, das wir häufig unbewußt tun, sozusagen künstlich auf die Bewußtseinsebene hochgeholt werden muß. Hinzu kommt, daß körpersprachliche Signale ungleich viel schneller und zwar über den Instinkt wahrgenommen werden als gesprochene Worte und sich damit der systematischen Analyse zumindest in der vollen Komplexität eher entziehen, zumal ja in der Regel auch noch die Verarbeitung des verbalen Kanals hinzukommt.

Warum-Fragen stellen

Um also im eigentlichen Sinne des Wortes verstehen zu lernen, muß ich (Warum-)Fragen stellen und beantwortet bekommen, Zusammenhänge erfassen, um in unerwarteten Situationen Schlußfolgerungen auf der Basis von grundsätzlichen Erkenntnissen ziehen zu können. Das Ganze hat also Ähnlichkeit mit einer guten Prüfungsvorbereitung: Habe ich so viel wie möglich nur auswendiggelernt, bin ich durch jede unerwartete Frage außer Gefecht zu setzen. Habe ich jedoch bestimmte Grundprinzipien eines Wissensgebietes wirklich verstanden, kann ich eine mir vorgelegte neue Fragestellung gezielt bearbeiten, ein Problem sozusagen geistig umrunden und zumindest zu Lösungsansätzen oder Vorschlägen gelangen.

Körpersprache – ein äußerst vielschichtiges Thema

Auch oder gerade die Körpersprache ist im Hinblick auf Mitteilungen und Kommunikation ein außerordentlich vielschichtiges Thema mit einem Höchstmaß an Komplexität, bei dem man sich die jeweiligen Erkenntnisse wie bei einem Puzzle oder Mosaik durch richtiges Anordnen der einzelnen Teile zusammensetzen und gegebenenfalls sogar verbal hinterfragen muß. Erst dann erschließt sich einem die volle Botschaft. Niemals darf ein Einzelmerkmal isoliert betrachtet werden; es muß zum einen in Beziehung zum Gesagten gesetzt werden, und zum anderen sind die gesamte Kommunikationssituation einschließlich der Rollen der jeweils Beteiligten zu berücksichtigen. Auch der Aspekt der Unterscheidung zwischen bewußten und unbewußten Signalen darf keinesfalls vernachlässigt werden. Und um die Sache noch ein wenig komplizierter zu machen, gibt es körpersprachliche Ausdrucks-Unterschiede zwischen Männern und Frauen, zwischen einzelnen Ländern – sogar innerhalb Europas – und nicht zuletzt erziehungsbedingte Verhaltensweisen bis hin zu Auswirkungen körperlicher Behinderungen (die man vielleicht nicht sofort erkennen kann) oder persönlichen ›Ticks‹, die ihrerseits verschiedenste Ursachen haben können. Deshalb ist Auswendiglernen im Sinne einer Gebrauchsanweisung oder einer Vokabelliste, die im übrigen trotz intensiver Forschung noch niemand zustande gebracht hat, von vornherein zum Scheitern verurteilt und bringt Sie Ihrer Zielsetzung des Verstehens keinen Schritt näher.

Eine ›Vokabelliste‹ der Körpersprache gibt es nicht

Vom Sender zum Empfänger

Kommunikation an sich – dabei meine ich dieses Mal primär die verbale – ist schon sehr schwierig, und wenn man sich einmal mit den verschiedenen Sende- und Empfangsebenen – im Minimum eine Sach- und eine Beziehungsebene – intensiver beschäftigt, kommt man unweigerlich zu dem Ergebnis, daß es schon erstaunlich ist, daß überhaupt noch etwas verstanden wird und somit funktioniert. Friedemann Schulz von Thun hat beispielsweise in seinem sehr empfehlenswerten Taschenbuch »Miteinander reden« mit dem bezeichnenden Untertitel »Störungen und Klärungen« diese verschiedenen Ebenen und Aspekte in sehr anschaulicher Form dargestellt. Sowohl für die sprachliche als auch die non-verbale Kommunikation gilt nun einmal, daß es leider fast unerheblich ist, was jemand sagen wollte oder tatsächlich gesagt hat, sondern es – da Kommunikation in aller Regel eine Zielsetzung hat – nur darauf ankommt, was der Empfänger verstanden hat und aus einer Begegnung mitnimmt. Es gibt sogar Stimmen, die sagen, daß die verbale Kommunikation durch unsere Zivilisation und Erziehung eine Überbetonung erfahren hat und erfährt, die ihr eigentlich gar nicht zukommt.

Sich selbst hinterfragen und verbessern

Wie bereits eingangs erwähnt, hat die Körpersprache als Thema nach wie vor etwas Geheimnisvolles. Menschen, die in entsprechende Fortbildungsseminare gehen und/oder sich schlaue Bücher kaufen, haben bedauerlicherweise meist das Ziel, ihre Mitmenschen präziser ›lesen‹ und damit durchschauen zu können, dabei aber noch weniger von sich selbst preisgeben zu müssen. Das heißt, der andere hat nur noch eine ›Glasfassade‹, und ich selbst kann meine eigene Mauer noch um einen Meter aufstocken. Die wenigsten haben das Bedürfnis, ihre eigene Ausdrucksweise auf diesem Gebiet zu hinterfragen und zu verbessern.

Die Kunst der richtigen Wahrnehmung und korrekten Deutung

Was insbesondere das Interpretieren der Körpersprache so schwierig macht, ist die Erkenntnis, daß es neben vielen situativen Einflußfaktoren sehr wenig typische und einheitliche ›Wenn-dann-Beziehungen‹ gibt, also wenig Klarheit dergestalt, daß, wenn jemand dies und jenes tut, das dann eben auch dies und jenes heißt. Vielfach kommt man über Vermutungen und Näherungswerte nicht hinaus, und in jedem Falle müssen – wie bereits erläutert – eine Vielzahl von Einzelinformationen wahrgenommen, zu einem Bild zusammengesetzt und die Informationen untereinander auch noch ständig gegengeprüft werden, eine ausgesprochene Sisyphusarbeit, die auf jeden Fall eine hohe Konzentration auf den anderen erfordert, eigentlich die Grundvoraussetzung jeder Kommunikation. Was bei der verbalen Kommunikation die Kunst des Zuhörens ist, das ist bei der Körpersprache die Wahrnehmungsfähigkeit für eine Vielzahl von Kleinigkeiten, so zum Beispiel die Mimik beim Luftholen, die signalisiert: »Ich möchte jetzt etwas sagen oder fragen« oder das leichte Stirnrunzeln, das ein Hinweis darauf sein kann »Ich habe etwas nicht verstanden«, es aber eben auch heißen kann: »Damit bin ich nicht einverstanden«. Sowohl innerhalb der nonverbalen Signale als auch in Kombination mit dem gesprochenen Wort muß ständig überprüft werden: Habe ich die richtige Wahrnehmung und vor allem die richtige Deutung? Insofern hat die Interpretation von körpersprachlichen Signalen auch sehr viel mit Menschenkenntnis und dem Zulassen von Intuition und Gefühlen zu tun.

Das Ziel dieses Buches

Eine Hilfestellung zu sein in diesem Dickicht, indem ich das eine oder andere Aha-Erlebnis vermitteln kann, Zusammenhänge zu erläutern und die Anwendung auf vergleichbare Situationen zu ermöglichen, ist Ziel dieses Buches. Dazu werden unter anderem die einzelnen Aspekte der Körpersprache auf ihre Aussagefähigkeit hin untersucht, die sehr unterschiedlich ist. Gleichzeitig finden Sie Hinweise auf praktische Übungen im Alltag, da sie Tag für Tag in der Begegnung mit anderen Menschen eine Vielzahl von ›Versuchspersonen‹ zur Verfügung haben. Auch werde ich Ihnen ein wenig theoretisches Hintergrundwissen zumuten; zum einen, weil ich glaube, daß es dazugehört, wenn man etwas verstehen will; zum anderen kann es schließlich sein, daß ich Sie so neugierig gemacht habe, daß Sie sich noch mit weiterer Literatur zu diesem Thema beschäftigen möchten, und dann sollten Sie zumindest wissen, wonach Sie fragen bzw. suchen müssen. Schließlich sind konkrete Alltags- und Anwendungssituationen beschrieben, mit denen jeder von uns schon konfrontiert worden ist, die Sie dann mit Ihren eigenen Erfahrungen und Erlebnissen vergleichen und es gegebenenfalls beim nächsten Mal besser machen können. Also alles zusammen ein Vorhaben, das auch mir als Autorin einiges abverlangt, obwohl ich sozusagen von Berufs wegen seit sehr vielen Jahren im Training bin, aber glauben Sie mir, ein Thema, das ungeheuer spannend ist.

Ein wenig Hintergrundwissen und sensible Wahrnehmung gehören zum Erlernen der Körpersprache dazu

Ein Überblick

Historie und Herkunft der Körpersprache

Die Körpersprache oder non-verbale Kommunikation hat eine sehr viel längere Tradition als das gesprochene Wort. Obwohl uns im Laufe der Zeit und im Zuge der vielgerühmten Zivilisation eine ganze Reihe von wertvollen und zu früheren Zeiten mit Sicherheit lebenswichtigen Instinkten und Reflexen abhanden gekommen sind, gibt es bei näherer Betrachtung immer noch eine ganze Menge, das uns an unsere ›Vorfahren‹ denken läßt.

Körpersprache der Tiere

Vieles davon können wir aus dem Tierreich ableiten, wo die Körpersprache zumindest zwischen den Arten zwangsläufig das einzige, trotzdem auch hier manchmal nicht ganz unproblematische Verständigungsmittel ist. Deren Spielregeln beziehungsweise Verhaltensmuster sichern in erster Linie das Überleben, sei es in der Paarung und der nachfolgenden Mutter-Kind-Beziehung, seien es Droh- oder Unterwerfungsgesten, Territorialverhalten, Erkennungssignale und vieles mehr.

Jeder von uns hat bereits Zirkusvorstellungen besucht und mit großer Spannung Dompteure im Raubtierkäfig beobachtet. Sie sind ein ausgezeichnetes Beispiel dafür, wie man sich diese körpersprachlichen Spielregeln und Signale sowohl in der Auseinandersetzung mit anderen Lebewesen als auch zu deren Manipulation zunutze machen kann. Nicht nur viel bestaunte Raubtierdompteure, sondern auch ›einfache‹ Hundetrainer setzen die Erkenntnisse dieser Art der Kommunikation bewußt ein und wenden sie zielgerichtet an.

Verhaltensforscher nutzen die Körpersprache zur Kommunikation mit Tieren

Gleiches gilt für Verhaltensforscher, denken Sie an Professor Konrad Lorenz mit seinen Graugänsen oder die Amerikanerin, Jane Goodall, die in Afrika unter Gorillas lebte, um sie studieren zu können. Sie alle haben eine spezielle Art der Kommunikation gelernt und dabei gleichzeitig eine soziale Ordnung übernommen, um in einem zunächst fremden Umfeld von anderen Kreaturen ›verstanden‹ und damit als deren Mitglied akzeptiert zu werden.

Des Menschen animalisches Erbgut

Viele dieser Verhaltensmuster haben wir im wahrsten Sinne des Wortes geerbt, was diesbezügliche Vergleiche mit den Primatenarten deutlich zeigen. Einige unserer Mitmenschen mögen es dabei als beruhigend empfinden, daß wir uns trotz aller vergleichbaren Grundmuster und verblüffenden Ähnlichkeiten doch noch mit unserer weit größeren Vielfalt und Feinheiten in der Ausdruckspalette von unseren animalischen ›Vorfahren‹ unterscheiden und daß es darüber hinaus eine Reihe von nun wirklich allein menschlichen Gesichtssignalen gibt, wozu vorrangig das Lächeln gehört. Es wird übrigens vermutet, daß das Lächeln für den Menschen bereits sehr frühzeitig zu einem Überlebensaspekt wurde, da man damit auch über etwas größere Entfernungen Freundschaft signalisieren kann.

Die biologischen Wurzeln

Sehr viele unserer Reaktionen, die sich in Muskelbewegungen manifestieren, werden durch unsere Gefühlswelt ausgelöst und sind damit nur in sehr begrenztem Umfang dem Willen unterworfen. Die Auswirkungen sind häufig reflexartig, weil der Umweg über unser Gehirn – beispielsweise bei einer Fluchtreaktion – zu lebensbedrohlichen Verzögerungen führen würde.

Die Universalsprache Interessant ist in diesem Zusammenhang auch, daß trotz aller erheblichen gesellschaftlichen und kulturellen Unterschiede gewisse Grundreaktionsmuster in allen Kulturen weltweit einheitlich zum Ausdruck gebracht und ebenso übereinstimmend interpretiert werden. Das legt den Schluß nahe, daß diese Elementarreaktionen angeboren, also genetisch programmiert sind. In einer Vielzahl von sozialpsychologischen Experimenten hierzu wurde durch das Interpretieren von Fotos, Filmen ohne Ton oder auch Life-Darstellungen nachgewiesen, daß es sich dabei um eine Art überkommene ›Universalsprache‹ zu handeln scheint.

Angeborene Primär-Affekte Zu diesen Primär-Affekten genannten Reaktionen, die angeboren und nicht angelernt sind, zählen der Ausdruck von Freude, Trauer, Erschrecken, Angst, Zorn, Aggression, Liebe, Haß, Ekel, Genuß, Überraschung, Verachtung, Scham. Diese Aufzählung bezieht sich dabei vor allem auf die Mimik des Menschen.

Besonders unverfälscht können die dazugehörigen Reaktionen und Gefühlsausdrücke bei Säuglingen und Kindern erfahren werden, zumindest so lange, bis sie verinnerlicht haben, was man alles in welcher Situation »nicht tun darf«. Deshalb gehört übrigens im Erwachsenenalter, und möglicherweise verstärkt durch bestimmte berufliche Prägungen und Routinen, ausgerechnet die Mimik nicht mehr zu den aussagestarken non-verbalen Signalen.

Die kulturellen Wurzeln Die kulturelle Seite der Körpersprache ist die meist durch positive Verstärkung, das heißt Belohnung des erwünschten Verhaltens, erlernte Verfeinerung und Ergänzung der beschriebenen angeborenen und ererbten Phänomene und damit ein äußerst wichtiges, nicht zu unterschätzendes Pendant für die gesamte non-verbale Kommunikation.

Regeln, Anstand und soziale Ordnung Dazu gehört beispielsweise, daß bereits ein Kind von Erwachsenen ermahnt wird, andere Menschen in der Straßenbahn nicht anzustarren. Und was bei einem Kind von den meisten Menschen noch mit Amüsiertheit geduldet wird, kann bei einem Erwachsenen oder sogar Jugendlichen bereits mit Aggressivität des sich Angestarrt-Fühlenden quittiert werden. Oder auch der bekannte Erziehungsausspruch: »Und nun gib das schöne Händchen!«, um ein Kind daran zu gewöhnen, daß man sich in unseren Breiten mit einem Händedruck der rechten Hand begrüßt. Auch dieser Aspekt dient – in dem Falle mit bewußt aufgestellten Regeln – dem Aufrechthalten einer bestimmten innerhalb eines Kulturkreises und, nur auf diesen bezogen, definierten sozialen Ordnung. Viele dieser Regeln sind beispielsweise in Anstandsbüchern festgehalten, die interessanterweise derzeit eine unerwartete Renaissance erleben, nachdem sie viele Jahre verpönt waren.

Die soziale Ordnung prägt die Körpersprache

Wir nähern uns damit sehr stark den Grundprinzipien des gesprochenen Wortes, also einer konkreten Sprache – oder auch allgemeiner ausgedrückt: einer speziellen Codierung wie beim Betriebssystem und den Programmen eines Computers – und ihren Besonderheiten. Hier werden Verhaltensweisen geprägt, die innerhalb eines Kulturkreises (wie zwischen gleichartigen Computern mit MS-DOS-Basis) eine problemlose und weitgehend mißverständnisfreie Kommunikation ermöglichen. Überhöht wird das Ganze manchmal durch spezielle ›Rituale‹, mit denen sich Menschen zugunsten eines starken Zusammengehörigkeitsgefühls innerhalb einer Gruppe bewußt von anderen abgrenzen. Typische Beispiele dafür sind landsmannschaftliche Vereinigungen wie die Sudetendeutschen oder Glaubensgemeinschaften wie die Quäker in den USA, die sich teilweise schon im Äußeren von ihrer Umgebung unterscheiden und ihre Sitten und Gebräuche von Generation zu Generation weitergeben.

Ritualisierte Körpersprache dient auch zur Abgrenzung

Mißtrauen gegenüber Andersartigem Diese kulturellen und anerzogenen Wurzeln, die vielen von uns auch die persönliche Sicherheit des Sich-zu-Hause-Fühlens vermitteln, werden im positiven Sinne meist vehement und mit (pseudo-)rationalen Argumenten verteidigt. In der negativen Form führen sie dazu, daß wir Vorurteile gegenüber ›Andersartigen‹ entwickeln und diese Menschen ebenso folgerichtig ablehnen, da sie Dinge nicht so tun, wie ›man‹ sie doch eigentlich tun sollte. Ein Phänomen, das wir gerade in Deutschland in der Vergangenheit rund um die Eingliederungsversuche von türkischen Gastarbeitern oder heute bei Asylbewerbern hautnah erleben konnten und können. Dabei ist sehr aufschlußreich, daß wir wesentlich eher und intensiver die womöglich geringen Abweichungen im Verhalten anderer – beispielsweise bei einer Auslandsreise – wahrnehmen und unzulässig verallgemeinern und die durchaus vorhandenen Gemeinsamkeiten des bereits beschriebenen biologischen Erbes, das weltweit zu finden ist, übersehen oder zumindest nicht in der gleichen Weise bewerten wie die Unterschiede.

Multikulturelle Erziehung in der Prägephase Hochinteressante ›Studienobjekte‹ sind in diesem Zusammenhang Menschen mit zwei Elternteilen aus unterschiedlichen Kultur- und Sprachkreisen oder Kinder, die beispielsweise als Diplomatenkinder oder Kinder von international eingesetzten Managern, bereits in der Prägephase, in der Menschen weitgehend unvoreingenommen lernen, von ihrer Umgebung gerade auch unterschiedliche körpersprachliche Verhaltensweisen und Normen ›abgucken‹ und teils übernehmen konnten. Sie werden in späteren Zeiten bei eigener Seßhaftigkeit oft als Außenseiter abgelehnt, weil sie sich den beschriebenen Verhaltensnormen nicht beu-

Unvoreingenommenes Lernen in der Prägephase

gen und in ihrer Grundeinstellung meist zu offen und tolerant und damit eben ›anders‹ sind, da sie – wie das Wort schon sagt – ›offensichtlich‹ nicht an die gleichen Werte glauben. Manchmal kann man sogar miterleben, daß solche multikulturell vorgeprägten Menschen beim Sprechen der jeweiligen Fremdsprache diese auch mit unterschiedlicher Gestik, Mimik und körperlicher Nähe zum Gesprächspartner begleiten, daß sie also verschiedene kulturelle Spielregeln gelernt und verinnerlicht haben und ohne nachzudenken anwenden.

Kinesik – Die Lehre und Erforschung der Körpersprache

Der wissenschaftliche Fachbegriff für die Körpersprache heißt ›Kinesik‹ und wird als Teilbereich der Kommunikation innerhalb des Wissenschaftsgebietes Sozialpsychologie verstanden. Wie der Name schon sagt, hat dieser Forschungsbereich im weitesten Sinne etwas mit dem Zusammenspiel von Individuum und/oder Gruppen einerseits und Gesellschaft beziehungsweise gesellschaftlichen Systemen andererseits zu tun. Dazu zählen die Untersuchung kultureller Rahmenbedingungen und deren Auswirkungen auf den Menschen oder das Hineinwachsen des einzelnen in die Gesellschaft, was sich über soziales Lernen im Zuge von Sozialisationsprozessen (siehe ›kulturelle Wurzeln‹), Interaktion und vor allem Kommunikation vollzieht. Da geht es um jede Art von sozialen Gruppen, beispielsweise auch sozialen Randgruppen und Minderheiten, um Rollenverständnis, um Normen, um Wahrnehmungsprozesse, das Entstehen von (Vor-)Urteilen, Neigungen und Abneigungen, Ausdrucksformen von Aggression und was sie auslöst, um nur einen kleinen Überblick zu geben.

Ringen um die wissenschaftliche Anerkennung

Die Sozialpsychologie, entstanden zu Beginn dieses Jahrhunderts, ist eine vergleichsweise junge Wissenschaft, die lange Zeit darunter litt, daß man sie im Kreise der ›beweisfähigen‹ Wissenschaften, wie den Naturwissenschaften, nicht ernst nahm. Es fehlten anerkannte Forschungs- und Untersuchungsmethoden und das hauptsächlich, weil man es bei dieser Wissenschaft eben ›leider‹ mit Menschen zu tun hat, die sich so wenig in Zahlen, Theorien und verbindlichen Aussagen fassen lassen. Konnte und kann man in anderen Wissenschaftsbereichen nach einiger Zeit der Forschung und Experimente sagen: Das ist so!, heißt das entsprechende Ergebnis in den Sozialwissenschaften: Auf der Basis unserer heutigen Erkenntnisse und aller bekannten Einzelfaktoren könnte dies eine Erklärung sein.

Sozialwissenschaften bieten Erklärungen an, keine Beweise

So galt die Sozialpsychologie lange Zeit an deutschen Hochschulen als nicht ›salonfähig‹. Seit jedoch auch die Wirtschaft zunehmend ihr sogenanntes Humankapital entdeckt und auch weil die jahrzehntelangen Forschungen doch zu der einen oder anderen gesicherten Erkenntnis geführt haben, gilt sie inzwischen als ernstzunehmendes Forschungsgebiet. Hinzu kommt, daß immer mehr Berufstätige ihr berufliches Fortkommen und ihre Weiterbildung durch persönliches Engagement vorantreiben, und da gibt es eben – beispielsweise rund um das Thema ›Rhetorik‹ – einiges zu lernen.

Letzte Übersetzungszweifel bleiben immer

Die besondere Problematik des Untersuchungsgegenstandes der Kinesik ist, daß sie zwar durchaus in ihrer Komplexität wahrgenommen werden kann, weil jeder von uns gleichzeitig angeborene und erlernte Übersetzungs- und Interpretationshilfen besitzt, andereseits jedoch fehlt im Gegensatz zur verbalen Sprache das eindeutige Alphabet, das es uns ermöglicht, auch schwierigste verbale Texte letztendlich zweifelsfrei zu interpretieren und zu dokumentieren. Also weder die Erkenntnisse noch die Wahrnehmungen sind das Problem, sondern die Dokumentation und damit die Grundlage der Nachvollziehbarkeit durch andere.

So gibt es bis heute kein lexikalisches Standardwerk und damit keine zuverlässige Instruktionshilfe für das Erlernen und vor allem den situationsgerechten Einsatz der Körpersprache. Sogar Menschen, die sich durch eine besonders überzeugende und stimmige Körpersprache auszeichnen, sind meist nicht in der Lage zu erläutern, was und vor allem warum sie dies oder jenes tun. Trotz modernster Videotechnologie, die jede noch so kleine Regung wiederzugeben vermag, hilft uns das bei den Erkenntnissen nur in begrenztem Umfang weiter. Denn genauso reflexartig, wie wir in unseren Wahrnehmungen auf die Untermalung der verbalen Kommunikation reagieren, genauso künstlich erscheint uns die nachfolgende Reproduktion auf dem Videofilm, wenn sie dem Zweck dient, einer bestimmten Geste oder Mimik eine konkrete Aussage und Sinnhaftigkeit zuzuordnen.

Differenzierung zwischen verbaler und non-verbaler Kommunikation

In der Regel unterstreicht die Körpersprache mit nahezu allen ihren Aspekten wie Mimik, Gestik, Blickkontakt, räumliches Verhalten, Nähe/Distanz und nicht zuletzt den Tonfall das gesprochene Wort. Im Extremfall, sei es durch eine Behinderung wie Taubstummheit, sei es bei Pantomimen, ist die non-verbale Kommunikation sogar problemlos in der Lage, den sprachlichen Ausdruck durch verstärkte Mimik und Augensprache komplett zu ersetzen.

Körpersprache – ein Korrektiv zum gesprochenen Wort

Insbesondere jedoch, wenn uns für die Wahrnehmung beide Kanäle zur Verfügung stehen, empfinden wir häufig den non-verbalen Teil als eine Art Korrektiv, das heißt uns ist bewußt, daß es eine Menge Menschen gibt, die es mit dem gesprochenen Wort nicht so genau nehmen oder uns auch mit ihren Aussagen konkret belügen. Da aber eben auch die meisten von uns bereits erlebt haben, daß man im Bereich der Körpersprache nur mit sehr viel Training und Disziplin ›lügen‹ kann, verlassen wir uns berechtigterweise auf unser Gespür, ob beiden Botschaften authentisch – also im Einklang miteinander stehen – oder ob sie sich an irgendeiner Stelle oder insgesamt widersprechen. Jemand, der uns bei der Begrüßung mit extrem mißmutigem Gesicht sagt, daß er sich überaus freut, uns zu sehen, dem werden wir wohl keines seiner freundlichen Worte glauben.

Verbale Artikulation steht meistens im Vordergrund

Vielleicht haben wir vor lauter Begeisterung über unsere Fähigkeit der verbalen Artikulation und der damit dokumentierten Intellektualität der Körpersprache aber auch eine zu geringe Bedeutung beigemessen. Samy Molcho sagt in einem seiner Bücher völlig zu recht, daß es schon erstaunlich sei, mit wieviel Aufwand und vor allem Mühe Menschen Fremdsprachen erlernen und wie wenig sie sich um das Perfektionieren ihrer ›Ur‹-Sprache kümmern. Beschäftigt man sich erst einmal intensiver mit dieser Thematik, beschleicht einen irgendwann das Gefühl, daß einem womöglich tagtäglich eine Vielzahl von wichtigen Informationen entgeht, nur weil wir nicht gelernt haben, darauf zu achten und sie zu bewerten.

Dabei ist längst erwiesen, daß durch die Körpersprache weit mehr an Wahrnehmung übertragen wird als durch das gesprochene Wort. Menschen, die nach einer Kommunikationssituation nach ihrem Eindruck befragt werden, belegen ihr Urteil mehr durch körpersprachliche Signale und ihr eigenes Gefühl darauf als durch die Wiederholung der konkret gesagten Inhalte. Sogar Konflikte entzünden sich weit häufiger an der körpersprachlichen Wahrnehmung wie Geringschätzung oder anderen Negativimpulsen als an beleidigenden Äußerungen.

Möglichkeiten und Grenzen

Daß Sprache eigentlich ein höchst künstliches Gebilde ist, merken wir spätestens beim Erlernen einer Fremdsprache oder bei der Erinnerung daran, wie schwierig es war, die eigene Muttersprache zu erlernen oder sie gar souverän zu beherrschen. Auch die kürzlich verabschiedete Rechtschreibreform mag eine zweifelhafte Erleichterung für die Neuankömmlinge im Reich des gesprochenen und geschriebenen Wortes sein. Für die meisten von uns dürfte sie eher in die Rubrik neuerliche Mühe und Plage fallen, und wir Älteren quittieren mit einiger Dankbarkeit, daß uns noch eine gewisse Schonfrist bis ins nächste Jahrtausend eingeräumt wurde, während der die alte Schreibweise zumindest nicht falsch ist.

Sprache – eine abstrakte Verständigungskonstruktion

Dieses kleine Beispiel soll zeigen, daß wir uns mit den erlernten Codierungen, die Sprache heißen und deren Sinn darin besteht, Gegenständen, Gefühlen, Wünschen, Tätigkeiten konkrete Begriffe zuzuordnen, ein sehr gutes Verständigungsvehikel geschaffen haben, daß diese Verständigung aber im Grunde etwas sehr Abstraktes ist, das primär auf Auswendiglernen basiert. Sicher haben etliche Worte allein schon im Klang und in der Lautmalerei etwas damit zu tun, was sie zum Ausdruck bringen wollen und sollen – insbesondere die Sprache von Kleinkindern enthält Begriffsbestimmungen, die dem unmittelbaren Hören und Wahrnehmen entnommen sind, wie Piep-Piep für Vogel –, trotzdem reichen sie jedoch nicht an das in gewisser Weise elementare Wesen der Körpersprache heran. Für manches, was wir ausdrücken wollen, fehlen uns sogar im wahrsten Sinne des Wortes die Worte, so daß wir äußerst froh darüber sind, einen weiteren Sendekanal zur Verfügung zu haben. Verkompliziert wird die sprachliche Kommunikation nochmals durch die immer vorhandenen zwei ›Unterkanäle‹: die Sach- und die Beziehungsebene. Erstere dient der Vermittlung von Informationen, also Fakten; letztere bringt zum Ausdruck, wie wir zu demjenigen, dem wir etwas mitteilen wollen, stehen.

Worte dienen nicht immer dem besseren Verstehen

Darüber hinaus zeigen uns so simple Alltagserlebnisse wie das Lesen der Gebrauchsanweisung eines Videorecorders, daß der Gebrauch von Worten noch nicht unbedingt dem Verstehen dienen muß. Jemand, der dieses Ding beherrscht und uns einfach ganz bestimmte Handgriffe zur Nachahmung vorführt, würde bei uns auf deutlich mehr Gegenliebe stoßen.

Trotzdem ist die Sprache von ihrer Grundkonzeption her optimal geeignet, Inhalte und Informationen zu übermitteln und zu erfassen und damit gleichzeitig die Grundvoraussetzung für den Erwerb weitergehenden Wissens, so daß auch sie im Grunde mehrere Funktionen hat. Aber es ist eben nur eine Möglichkeit der Verständigung, und auch die weniger Sprachbegabten unter uns bekommen im Ausland etwas zu essen. Allerdings zeigt dieses letzte Beispiel, das sicherlich jeder von uns mit irgendeiner konkreten Erinnerung und Erfahrung verbinden kann, auch, wieviel Phantasie und geistige Anstrengung man aufbringen muß, wenn einem das Medium Sprache nicht zur Verfügung steht.

Eine Sammlung von Symbolen

Sprache kann man als eine Sammlung von Symbolen ansehen, über die in einer bestimmten Gemeinschaft zur Abbildung der Realität Einigung erzielt worden ist, wobei sie nach außen hin außerordentlich objektiv und neutral wirkt. Dabei wird völlig übersehen, daß auch oder gerade bei der Nutzung von Symbolen jeder Mensch diese aufgrund ihrer Abstraktheit inhaltlich mit unterschiedlichen Dingen assoziiert, die etwas mit seinen konkreten Erfahrungen und persönlichen Vorlieben oder Abneigungen zu tun haben. Beim Begriff ›Auto‹ beispielsweise kann man an einen Kleinwagen fürs Einkaufen denken oder damit das Traumauto verbinden, das man vielleicht nie sein eigen nennen wird.

Mißverständnisse All diese Einflüsse und unkalkulierbaren Eventualitäten führen auch zwischen Menschen der gleichen Sprache zu einer Fülle von Mißverständnissen. Kommen dann noch Besonderheiten dazu – die Öffnung der Mauer in Richtung Ostdeutschland und die Erfahrung eines teilweise anderen Vokabulars im Rahmen der gleichen Muttersprache haben uns da wieder eine Lehre erteilt – wird auch die verbale Verständigung immer komplexer und damit komplizierter. Im Extremfall heißt das, daß zwei Menschen, die exakt die gleichen Worte benutzen, etwas sehr Unterschiedliches damit meinen beziehungsweise darunter verstehen können.

Körpersprache – der alternative Sende- und Empfangskanal

Kommen wir also zu den Möglichkeiten und Grenzen des Alternativ-Kanals, der Körpersprache. Weil sie aufgrund ihrer biologischen und kulturellen Wurzeln ursprünglicher ist, unterliegt sie in sehr viel geringerem Maße der bewußten Kontrolle oder überhaupt der Bewußtseinsebene. Folgerichtig kann man sich auf deren ›Aussagen‹ unter dem Blickwinkel der Ehrlichkeit viel stärker verlassen. Dies gilt in ganz besonderer Weise für den Ausdruck von Gefühlen, sowohl auf der Sender- als auch auf der Empfängerseite, ein Ausdrucksbereich, für den die meisten Menschen die Körpersprache ohnehin als prädestiniert ansehen. Bevor man also im verbalen Bereich beim Ausdruck von Gefühlen verbal ins Stottern gerät, sucht man lieber körperliche Nähe, nimmt jemanden in den Arm oder macht auf andere Art deutlich, daß und welche Emotionen für den anderen vorhanden sind. Ganz besonders deutlich wird dies beispielsweise bei einem Trauerfall. Körpersprache vermittelt also tendenziell mehr die Bedeutung und Bewertung von Inhalten und Informationen.

Körpersprache unterstreicht die verbale Artikulation

Verstärkung der gewählten Worte Die Körpersprache dient jedoch vor allem in ihrer Verflechtung mit der verbalen Kommunikation der Untermalung und Unterstreichung der gewählten Worte. Je stimmiger die Kombination aus beidem ist – wütendes Gesicht und ein verbales Donnerwetter – desto nachhaltiger im Sinne von Glauben oder Verstehen ist die Wahrnehmung. Auch wenn uns Worte für den Ausdruck dessen, was wir mitteilen wollen, nicht differenziert genug sind, nutzen wir die Körpersprache. Insbesondere der Aspekt der in-

Worte können täuschen

terpersonalen Einstellung, also das Dokumentieren dessen, was ich von meinem Gegenüber halte, prägt sich auf der Wahrnehmungsseite außerordentlich fest als lang anhaltende Erinnerung ein.

Nehmen wir jedoch das Gegenteil wahr, dann fühlen wir zwar, daß da etwas nicht stimmt, sind aber meist relativ hilflos, wenn wir dieses Gefühl konkretisieren und in Worte fassen sollen. Dies gilt ganz besonders in Situationen, in denen man mit Fremden zu tun hat oder die eine Art Ausnahmesituation darstellen, wie beispielsweise in einem Bewerbungsgespräch. Gerade hierbei passiert es Kandidaten häufiger, daß sie aufgrund der Freundlichkeit während des Vorstellungsgespräches mit dem Eindruck das Unternehmen verlassen, den Vertrag schon fast in der Tasche zu haben. Wenn dann die ebenso freundliche Absage kommt, ist die Überraschung und damit die Enttäuschung groß, weil sich herausstellt, daß die übrigen Gesprächsteilnehmer nur höflich waren. Insofern ist das Reagieren im Rahmen einer erlebten Situation viel eindeutiger und damit einfacher als das Agieren, wenn ich also bewußt etwas körpersprachlich zum Ausdruck bringen will.

Der Einfluß von Sprache und Denken auf die Körpersprache

Jedes Land und jeder Kulturkreis haben mit ihrem Sprachverständnis der Sprache sowohl eine bestimmte Vielfalt gegeben als auch eine Struktur. Insbesondere die Menschen, die sehr viel reisen und diese Reisen dazu nutzen, sich mit unterschiedlichen Kulturen und Mentalitäten einschließlich der jeweiligen Sprachen auseinanderzusetzen, stellen immer wieder verblüfft fest, daß das kulturelle Verständnis eines Volkes sich im Wortschatz niederschlägt und daß bestimmte Worte in manchen Sprachen gar nicht existieren, da es dafür keine Notwendigkeit gibt; andere Begriffe jedoch in großer Vielfalt und Differenziertheit vorhanden sind. Gibt es viele Alternativworte für einen Gegenstand, so zeigen diese vor allem dessen Stellenwert, dienen aber außerdem der möglichst exakten Beschreibung einer Beobachtung, weil das Ergebnis vielleicht unter existenziellen Gesichtspunkten des Lebensumfeldes von großer Bedeutung sein kann. Menschen, die an der Küste leben, haben mehr Spezialbegriffe für Wasserzustände als die Binnenländer. Manche Begriffe lassen sich auch mit einschlägigem Wörterbuch nicht übersetzen, da sie ein Gefühl widerspiegeln, das es womöglich in anderen Kulturkreisen nicht als gleiche Empfindung gibt. Dazu nur zwei Beispiele: Sowohl das Wort ›bieder‹ als auch ›gemütlich‹ sind nicht in identischer inhaltlicher Weise ins Englische zu übersetzen.

Die Auswirkungen der Sprache

Verbale Sprache bedingt die Körpersprache, ...

Je nachdem wie eine Sprache aufgebaut und wie differenziert, kompliziert oder einfach sie ist, hat dies sehr konkrete Auswirkungen auf den non-verbalen Anteil. Bei einer eher stereotypen, wenig Differenzierungen zulassenden Sprache werden Anteil und Bedeutung der Körpersprache steigen, da sie zur Verständigung notwendig sind. Erfordert dagegen die Differenziertheit der Sprache bereits ein Höchstmaß an Konzentration und ist gleichzeitig ein Zurschaustellen von mimischen Gefühlsäußerungen verpönt wie beispielsweise in Japan, ist auch die non-verbale Begleitung der Unterhaltung entsprechend gering ausgeprägt oder wirkt zumindest reserviert.

Dadurch, daß alle Menschen Sprache mehr oder weniger mühsam lernen müssen, gewinnt sie erst im Laufe unseres Lebens an Bedeutung. Doch schon als Kinder sind wir bestrebt, einen für uns anfangs wegen fehlender Lebenserfahrung abstrakten Begriff, der ja eben nichts anderes als ein Symbol darstellt, auf das man sich geeinigt hat, so rasch wie möglich mit erlebtem Inhalt zu füllen. Dabei ist es vielfach unerheblich, ob wir dazu selbst konkrete Erlebnisse beisteuern können oder ob sie uns entsprechend anschaulich und damit nachvollziehbar von anderen Menschen erzählt wurden, denen wir Glauben schenken. So hat sicherlich jeder von uns seine Zeit gehabt, während der er fest an das Christkind, den Nikolaus oder den Osterhasen geglaubt hat. Und da auch Worte Gefühle bei uns auslösen können, beeinflussen sich die beiden Kanäle zwangsläufig gegenseitig, das heißt die Nennung eines Wortes oder eine verbale Aussage lösen eine bestimmte Mimik aus, die tendenziell positiv oder negativ gefärbt ist.

... denn Worte erzeugen gefühlsmäßige Reaktionen

Je älter wir werden und desto mehr Lebenserfahrung wir zu haben glauben oder tatsächlich haben, desto ausgeprägter sind nun einmal unsere Ansichten und desto mutiger werden wir unglücklicherweise, wenn es darum geht, bestimmten Worten eine negative oder positive Bedeutung zuzuordnen, selbst wenn wir dazu gar keinen konkreten Erlebnishintergrund haben. Ebenso folgerichtig beeinflussen diese Urteile oder auch Vorurteile unsere Körpersprache, sei es daß wir optisch wahrnehmbar geringschätzig über etwas reden, oder wir können sogar körpersprachlich negativ auf etwas Gehörtes reagieren, was für denjenigen, der verbal zu dem Thema Stellung genommen hat, etwas überaus Positives darstellte und der das auch körpersprachlich zum Ausdruck brachte. Insbesondere bei letzterer Konstellation sind die Konflikte zwischen den Gesprächspartnern schon programmiert. Beliebtes Thema dafür sind politische Diskussion zwischen Anhängern verschiedener politischer Richtungen.

Die Auswirkungen des Denkens

Damit sind wir schon beim Einfluß des Denkens und von Überzeugungen auf die körpersprachlichen Ausdrucksformen. Je nachdem, welchen Erfahrungsprozeß ich durchlaufen habe und wie gefestigt und konkret mein persönliches Weltbild ist, ob ich glaube, schon alle meine Urteile gefällt zu haben oder ob ich nach wie vor auf alles neugierig bin und nach der Erkenntnis lebe »Ich weiß, daß ich nichts weiß«, prägt genau diese geistige Haltung auch meine Körpersprache. Trifft letzteres zu, werde ich in Gestik, Körperhaltung, Mimik oder Blickkontakt anders auf Menschen zugehen, werde mehr Nähe suchen, um mich mit anderen auseinanderzusetzen, zu lernen, Neues zu erfahren und gegebenenfalls Altes zu revidieren. Bin ich jedoch der Ansicht, meine Glaubensgrundsätze wären die einzig Richtigen oder daß mein Erfahrungshorizont für den Rest meines Lebens ausreicht, werde ich eine in jeder Hinsicht sichtbare skeptische und abwartende Haltung einnehmen und werde primär lebhaft und offen, wenn ich es mit Gleichgesinnten zu tun habe.

Die Lebenseinstellung beeinflußt Körperhaltung und Körpersprache

Gerade jüngere und experimentierfreudige Mitarbeiter leiden nicht selten unter Vorgesetzten, die schon zu Beginn eines Gespräches rund um die Diskussion eines neuen Vorschlages körpersprachlich mit zum Himmel geschlagenen Augen und hörbarem Stoßseufzer oder akutem Stirnrunzeln signalisieren: »O Gott, schon wieder eine neue Idee. Kommen Sie erst mal in mein Alter mit meinen Erfahrungen, dann ...« Verbal übersetzt heißt das dann: »Das haben wir vor fünf Jahren schon mal ausprobiert, und da hat es auch nicht funktioniert.« Die Entmutigung und der Frust bei dem Mitarbeiter werden dabei aller Voraussicht nach stärker durch die körpersprachlichen Signale ausgelöst, als durch den zitierten Beispielsatz, gegen den man ja noch versuchsweise argumentieren könnte. Aber die Körpersprache sagt: Das hat keinen Zweck und ist nur vertane Zeit.

Der Nutzen und die verschiedenen Mitteilungsarten von Körpersprache

Auch oder gerade weil die Körpersprache eine eher unbewußte Art der Artikulation ist, die man im Prinzip auf physische Prozesse reduzieren kann, hat sie in der Regel sehr konkrete Zielsetzungen, weil diese physischen Aktionen eine oder mehrere kommunikative Bedeutungen haben. In erster Linie hat sie eine Begleitfunktion zur Sprache; sie kann sogar – wie das Taubstummen-Gestik-Alphabet zeigt –, ein vollwertiger Ersatz für Sprache sein.

›Reden‹ mit dem Körper

Es ist jedoch nicht nur eine Begleit›funktion‹, sondern es gibt auch regelrechte zwangsläufige Begleit›erscheinungen‹ des Sprechvorgangs. Wenn wir etwas sagen wollen, dann signalisieren wir das dadurch, daß wir uns sowohl im Stehen als auch im Sitzen leicht nach vorne beugen beziehungsweise bewegen und daß vor allem unsere Mimik durch starke Konzentration und Anspannung in Kombination mit einer angedeuteten Mundbewegung deutlich macht, daß wir uns in das Gespräch einschalten wollen. Auch nehmen wir durch intensiven Blickkontakt den Sprechenden direkt ins Visier, um uns mit unserem Anliegen auch auf diese Weise bemerkbar zu machen. Meist greifen dann jedoch gleichzeitig unsere erlernten Verhaltensweisen, daß man jemanden ausreden lassen muß und ihn nicht unterbrechen darf, weil dies unhöflich wäre.

Die Fähigkeiten eines guten Moderators

Hat man es nun mit einem Vielredner zu tun, der nahezu ohne Luft zu holen weiterspricht, hat man ein Problem, weil die eigenen Reflexe rund um das Bedürfnis, etwas sagen zu wollen gegen die Konventionen der Höflichkeit stehen. Dieses klassische Dilemma zeigt sich dann teilweise in schon kurios anmutenden Gesichtsbewegungen, die manchmal so aussehen, als ob ein Fisch auf dem Trockenen ständig nach Luft schnappt. Infolgedessen gehört es zu den vorrangig zu lernenden Fähigkeiten eines guten Redners oder Moderators, trotz eigener Ausführungen niemals zu übersehen, daß jemand unter den Zuhörern eine Frage stellen oder einen eigenen Beitrag leisten möchte. Gleichzeitig liefern Zuhörer und Gesprächspartner für den Sprechenden wertvolle Feedback-Hinweise, beispielsweise, daß erkennbar wird, daß ein Zusammenhang nicht verstanden wurde, daß jemand amüsiert und/oder hochkonzentriert auf die Ausführungen reagiert.

Auch die Gestik hat in bestimmten Kulturkreisen – wie beispielsweise Südeuropa oder den lateinamerikanischen Ländern – und Sprachsystemen als Begleitung der verbalen Kommunikation einen so hohen Stellenwert, daß man Menschen, denen man zur Auflage machen würde, auf dieses Ausdrucksmittel zu verzichten, in ihrem Artikulationsvermögen deutlich einschränken würde; ein Phänomen, das ganz besonders für Italiener zu gelten scheint.

Tonfall, Melodie und Stimmnuancen Die Begleitung und Untermalung des verbalen Teils von Kommunikation hat also gleich zwei Aspekte: Zum einen reden wir – je nach Herkunft und Erziehung mehr oder weniger intensiv – mit unserem ganzen Körper; das heißt in erster Linie durch Körperhaltung, Gestik, Mimik, räumliche Nähe und vor allem aber durch den Blickkontakt. Zum anderen haben wir eine Vielzahl von Möglichkeiten, verbale Aussagen vom Tonfall her zu begleiten und dadurch Feinheiten zum Ausdruck zu bringen und sogar mehr Aufmerksamkeit auf die Aussage zu lenken, als dies nur mit dem Satzbau und der Wortwahl alleine möglich wäre. Allerdings kann dieser Aspekt auch unerwünschte Folgen haben, nämlich dann, wenn man zu Anfang eines Vortrages durch das Zittern der Stimme und das häufige Räuspern die Nervosität und/oder Unsicherheit des Vortragenden feststellen kann. Auch Frauen haben hier gewisse Nachteile, wenn sie beispielsweise eine sehr hohe Stimme haben oder sehr leise sprechen; alleine dadurch werden sie häufig von männlichen Zuhörern nicht ernst genommen. Oder wenn eine Frau mit einer hohen Stimme wütend wird und in ihrer Wut anfängt, laut zu werden, was dann unglücklicherweise eher lächerlich wirkt. Frauen sollten also zumindest bei Vorträgen eher Mikrofone benutzen, um ihre Stimme nicht angestrengt und damit erst recht hoch klingen zu lassen.

Eine hohe Stimme wird oftmals überhört

Betonung Auch die Betonung bestimmter Worte in einem Satz machen diesen in vielen Fällen erst im Sinne des Sprechenden verständlich. Man kann Sätze konstruieren, die inhaltlich bei jeder Betonung eines anderen Wortes etwas anderes aussagen. Somit dient die

Betonung in gewisser Weise der semantischen Vervollständigung des Satzes und gibt ihm erst den richtigen Sinn. Dazu zählen ebenfalls Veranschaulichungen, indem man mit den Händen die Größe, Höhe oder die Form von etwas beschreibt.

Tonfall Schließlich können auch die übrigen Rahmenbedingungen einer Konversation durch den Tonfall bestimmt werden, indem beispielsweise eine Frage freundlich, mißtrauisch oder inquisitorisch klingt. Natürlich wird durch die Körpersprache auch die Ausdruckskraft des Redners positiv oder negativ beeinflußt. Es gibt ausgesprochen monotone Redner, die fast immer nach einiger Zeit bei ihren Zuhörern Fluchtgedanken auslösen; und es gibt die Vortragskünstler und Alleinunterhalter, bei denen alleine schon durch die Sprachmodulation alles spannend klingt und man erst auf dem Heimweg von der Party merkt, wie seicht eigentlich die Inhalte gewesen sind.

Der Ton macht die Musik

Da eine Konversation also normalerweise Hören und Sehen gleichzeitig umfaßt, gibt es eine Menge Leute, die sich bei ansonsten hervorragenden Artikulationsfähigkeiten mit dem Telefonieren äußerst schwer tun und das damit begründen, daß sie ihr Gegenüber nicht sehen könnten. Telefonieren ist demnach insbesondere bei den Menschen, die es gerne und gut tun, ein hervorragendes Medium für das Trainieren der Wahrnehmung von Stimmnuancen.

Ein Spiegel der Gefühle

Ganz sicherlich ist die Körpersprache ein hervorragender Indikator für alle Varianten von Gefühlsäußerungen – auch im Sinne des bereits beschriebenen Feed-backs –, und sie drückt damit gleichzeitig die persönliche Einstellung zum und Wertung des anderen aus. Damit erhält man wiederum Mitteilungen über diese andere Person beziehungsweise Personen.

Im gleichen Kontext – als Äußerung von Gefühlen – ist auch wieder ein Ersetzen von verbalen Aussagen durch die Körpersprache möglich und in manchen Fällen sogar eindeutig die bessere Lösung, wenn man beispielsweise sehr wütend ist und Dinge sagen möchte oder aufgrund des eigenen Temperaments sagen würde, die man dann mit der gleichen Regelmäßigkeit anschließend bereute.

Jeder von uns kennt außerdem die Momente, in denen Worte eine Stimmung zerstören würden oder man einfach unfähig wäre, das auszudrücken, was man empfindet. Viele gefühlsbetonte non-verbale Signale wie das Umarmen eines anderen, der freundliche Gruß von weitem oder auch andere Sympathiebezeugungen bedürfen in der Regel ohnehin keiner Kommentierung. Vielleicht wird es in Situationen, in denen Worte aufgrund ihrer Deutlichkeit zerstören und verletzen, von den meisten Menschen als wohltuend empfunden, daß Körpersprache immer noch die Chance zu einer größeren Bandbreite von Interpretationen zuläßt, was unter Selbstschutzgesichtspunkten durchaus verständlich ist.

Tarnen, Täuschen, Lügen

Schließlich gibt es den sehr bewußten Aspekt körpersprachlicher Äußerungen, den wir beispielsweise in Zeremonien – eine Konfirmation, ein Richtfest, Aufnahmerituale in Vereinen etc. – oder auch in Werbung und Politik finden. Gerade Politiker lassen sich auf diesem Sektor nicht selten von Experten trainieren, indem sie lernen, durch intensiven Blickkontakt Vertrauen zu erzeugen oder auch schlechte Nachrichten mit einem solch nichtssagenden Gesicht mitzuteilen, daß es aussieht, als wäre es das Selbstverständlichste auf der Welt. Auch Künstler, allen voran Schauspieler, machen sich bei ihrer Arbeit die Erkenntnisse der Körpersprache zunutze, indem sie ihre Zuhörer und Zuschauer Dinge glauben machen. Das Trainieren von Körpersprache, indem sie vom Unterbewußtsein auf die Bewußtseinsebene gehoben wird, ist dann auch die einzige Möglichkeit in diesem Bereich der Kommunikation lügen zu können.

Glaubwürdigkeit durch Beherrschung der Körpersprache

Die gesellschaftlichen ›Spielregeln‹

Nach den bisherigen Ausführungen dürfte die Zielsetzung dieses Kapitels bereits einigermaßen deutlich sein: Wir wollen uns damit befassen, wie unterschiedlich und damit mißverständlich auch eine so ehrliche Basiskommunikation wie die Körpersprache unter dem Blickwinkel gesellschaftlicher Tabus und Vorschriften sein kann. Schließlich gilt es, hierbei ständig zwischen der echten und unverfälschten Reaktion einerseits und den gesellschaftlichen, gruppenspezifischen und individuellen Konventionen zu unterscheiden, wahrlich kein leichtes Unterfangen.

Statussymbole definieren die Gruppenzugehörigkeit

Bereits die Gesellschaftsstruktur – je nachdem, ob sie sehr hierarchisch aufgebaut ist, ein großes Gefälle zwischen reich und arm aufweist oder es sich um eine homogene Gemeinschaft mit geringen Unterschieden handelt –, hat einen bemerkenswerten Einfluß auf die Körpersprache. Nehmen wir das Beispiel der Statussymbole: Kleidung (mit gut sichtbarem Schriftzug eines bestimmten Herstellers), Autos (ganz besonders große Dienstwagen), Sportarten (nach Tennis wird jetzt »unanständigerweise« auch schon Golf zum Breitensport), Teppiche oder Anzahl der Fenster im Büro (Habe ich auch tatsächlich die meiner Position entsprechende Bürogröße erhalten?); die Liste ließe sich nahezu unbegrenzt fortsetzen. Statussymbole sollen neben den sonstigen damit verbundenen Annehmlichkeiten vorrangig deutlich machen, daß man sich zu einer wie auch immer definierten Elite zählt und daß man offensichtlich Wert darauf legt, diese Gruppenzugehörigkeit auch nach außen hin zu zeigen. Beginnen dann nicht willkommene Gruppen diese Statussymbole zu übernehmen beziehungsweise Verhalten zu kopieren, muß sich die ›wahre‹ Elite wieder neue äußerlich sichtbare Dinge einfallen lassen.

Statussymbole unterliegen dem Wandel

Kulturelle Unterschiede – tückische Interpretationsfallen

Jeder von uns wäre vermutlich in der Lage, sei es auf der Basis persönlicher Wahrnehmung und Erfahrungen, sei es aus Zeitungen, einschlägigen Büchern oder auch Berichten anderer, »die es eigentlich wissen müßten«, zu bestimmten Nationalitäten eine kurze Skizzierung ›bekannter‹ Eigenheiten beizutragen. Nehmen Sie beispielsweise den bekannten Nachrichtensprecher Wickert mit seinem Buch über Frankreich oder die Journalistin Krone-Schmalz, die viele Jahre in der früheren Sowjetunion gelebt und gearbeitet und dies dokumentiert hat. Beide haben durch ihre lange Anwesenheit in den genannten Ländern sicherlich ein fundiertes Urteil auf der Basis zahlreicher Beobachtungen und Erlebnisse machen können. Doch sogar sie werden sich von den typisierenden Vorurteilen nicht völlig freisprechen können. Und obwohl bei den Äußerungen über andere Nationaleigenschaften und ›typische‹ Verhaltensweisen ein großer Teil davon Vorurteile sind, die mangels eigener Kenntnisse unreflektiert weitergegeben werden, ist selbstverständlich auch immer dieses berühmte Körnchen Wahrheit daran.

Andere Länder – andere Sitten

Deutschland gilt im Ausland beispielsweise sicherlich nicht zu Unrecht als das Land der Grenzen und Mauern, zumal, wenn man die Anzahl der gerichtlichen Nachbarschaftsprozesse betrachtet. Kommt man dagegen in die Niederlande, gibt es dort in den meisten Häusern auch zu ebener Erde noch nicht einmal Gardinen an den Fenstern. Engländer, zumindest die der gehobenen Schichten, stehen in dem Ruf, die Form oftmals über den Inhalt zu stellen, und jeder von uns erinnert sich sicherlich an Filme, in denen gezeigt wurde, wie ein richtiger Brite auch in der Wüste im Dinnerjackett speist. Skandinavier haben vermutlich aufgrund ihrer geringen Bevölkerungsdichte im wahrsten Sinne des Wortes keine Berührungsängste und eine eher unkonventionelle Art des Umgangs miteinander. Amerikaner in ländlichen Gebieten schließen auch heute noch vielfach ihre Häuser nicht ab und die Bereitschaft, Besuchern auch bei persönlicher Abwesenheit einfach das ganze Haus zur Verfügung zu stellen oder zumindest jemanden sofort nach Hause einzuladen, verblüfft uns weitaus zugeknöpftere West- und Mitteleuropäer immer wieder.

Kulturell unterschiedliche Arten, jemanden willkommen zu heißen

Offene Häuser – offene Kommunikation Alle Länder beziehungsweise deren Bewohner, die eine intensive Gastfreundschaft pflegen und/oder auf der Basis von günstigen Witterungsbedingungen wie Italiener, Spanier oder Griechen ›offene Häuser‹ haben, zeigen gleichzeitig in der Kommunikation wesentlich mehr körperliche Nähe und Berührungen, die damit ihre Einstellung zu Menschen untermauern. Das heißt also, daß das Distanzverhalten und der Code von erlaubten Berührungen sehr unterschiedlich sein können. Hinzu kommt eine wesentlich intensivere Gestik und Mimik, die für uns teilweise schon etwas Theatralisches hat, während der Urlaubszeit aber durchaus zu unserem Wohlbefinden beitragen kann. Aufschlußreich und auf eine gewisse Art erstaunlich ist dann, daß die gleichen Verhaltensweisen von den gleichen Menschen wiederum auf unser unübersehbares und vielfach sogar unüberhörbares Mißfallen stoßen, sofern sich diese in unserem Kulturkreis aufhalten beziehungsweise in Deutschland leben.

Körperliche Nähe ist in ›offenen‹ Häusern erlaubt

In Kulturkreisen, in denen es verpönt ist, daß die nun einmal sehr aufschlußreiche Körpersprache zu viel über die eigene Person preisgibt, sind eine Vielzahl von Konventionen und festgelegten Riten der bewußte Filter. Denken Sie in diesem Zusammenhang an die Begrüßungsrituale in Japan oder die katastrophalen Auswirkungen eines sogenannten Gesichtsverlustes in den meisten asiatischen Ländern.

Der Länderknigge

Nicht umsonst werden Mitarbeiter von Firmen, die ins Ausland versetzt werden, samt Partner in Seminaren auf die Besonderheiten ihrer zukünftigen Heimat beziehungsweise ihres Gastlandes vorbereitet. Manche der asiatischen Fluggesellschaften beispielsweise bieten ihren Gästen einen jeweiligen schriftlichen Landesknigge an, zumal sich herumgesprochen hat, daß schon mehr als ein wichtiger Geschäftsabschluß an solchen unwissentlichen Peinlichkeiten gescheitert ist. Unser Händeschütteln als Begrüßungsritual löst wiederum in anderen Kulturen Kopfschütteln aus. Aber sogar mit den auswendig gelernten imitierten Verhaltensweisen muß man höchst vorsichtig sein, da man so lange man den Hintergrund und die Sinnhaftigkeit dieser Geste oder Kopfbewegung nicht kennt, schon in Kleinigkeiten ›danebenliegen‹ kann.

Vorsicht bei imitierten Verhaltensweisen!

Der Unterschied zwischen männlicher und weiblicher Körpersprache

Zwischen Männern und Frauen gibt es hinsichtlich der Körpersprache mehr Unterschiede als einem Anhänger der Gleichberechtigung lieb sein kann. In den 70er Jahren hat sich eine Fotografin namens Marianne Wex die Mühe gemacht, in einer großen Vielzahl von Fotos verschiedene Phänomene dieser geschlechtsspezifischen Unterschiede herauszuarbeiten und speziell über Alltagssituationen nachzuweisen. So versucht sie beispielsweise, in sehr überzeugenden Fotos zu zeigen, daß immer dann, wenn Männer beispielsweise in ihrer Sitzhaltung ›typisch weibliche‹ Kriterien erfüllen, sie Außenseiter sind, feminine Männer, Unterprivilegierte, die dies in ihrer Körperhaltung zum Ausdruck bringen. Besonders plastisch erschien mir dies an einer recht typischen, weil tatsächlich häufig in ihren Filmen zu sehenden Aufnahme von Laurel und Hardy, also Dick und Doof.

Gleichberechtigung – auch eine Frage der Körpersprache

Obwohl das Buch, das nach einer entsprechenden Ausstellung 1979 erschienen ist, unbestritten stark feministische Züge trägt – in den 70er Jahren wurden die ersten heftigen Diskussionen und Auseinandersetzungen zum Thema Gleichberechtigung insbesondere im Beruf geführt –, enthält es eine Reihe von Aspekten, die heute noch oder in Anbetracht der angespannten Arbeitsmarktsituation wieder (?) gelten. Ganz besonders aufschlußreich sind ihre Fotografien von alten Skulpturen, über die Marianne Wex nachzuweisen versucht, daß das heute (beziehungsweise in den 70er Jahren) zu beobachtende Verhalten im Laufe der Jahrhunderte erlernt wurde und daß beispielsweise altägyptische Statuen oder römische ein viel selbstbewußteres Frauenbild zeigen als heute. Es scheint, daß es sich um eine lange Zeitgeschichte sich verändernder Machtstrukturen handelt. Daß Macht eine Menge mit Körpersprache zu tun hat, werden wir in einigen der folgenden Kapitel noch genauer untersuchen.

Was sofort ins Auge springt

Raumbedarf

Männer nehmen in ihrer Sitzhaltung, aber auch in ihren Armbewegungen und ihrer Gestik viel mehr Raum ein als Frauen. Ihnen wird auch offensichtlich mehr Raum zugestanden als Frauen. Die parallel gestellten Beine und Füße, die man meist bei sitzenden Frauen findet, haben, wie sich leicht beobachten läßt, nur vordergründig mit der unterschiedlichen Anzugsordnung zu tun. Zwar ist der seit Jahren übliche Minirock in unterschiedlichen Varianten ein selbstverschuldetes Handicap, aber selbst Frauen, die Hosen tragen, was ja heute ständig vorkommt, sitzen immer noch anders als Männer. Männer haben die Beine breit übereinandergeschlagen, vielfach liegt eines ganz quer über dem anderen, oder sie haben die Beine breit gespreizt, meist, um sich entweder entspannt zurücklehnen oder sich bei nach vorne gebeugter Haltung bequem mit den Armen oder den Ellenbogen aufstützen zu können. Dieses im wahrsten Sinne des Wortes raumgreifende Verhalten zeigt sich jedoch nicht nur in vermeintlich unbeobachteten Situationen, sondern vor allem in der Interaktion mit anderen. Auch, wenn Männer nur unter sich sind, läßt sich in einer Runde in aller Regel der Ranghöchste bereits durch sein räumliches Verhalten und seinen Platzbedarf identifizieren. Insofern hat großer Raumbedarf auch sehr viel mit Status und Macht zu tun.

Distanz

Zu diesem Statusunterschied gehören auch die häufigeren Berührungen. Damit meine ich nicht irgendwelche finsteren Absichten im Sinne sexueller Belästigung im Büro, sondern einfach die Selbstverständlichkeit, mit der Männer Frauen körpersprachlich zu lenken versuchen. Frauen werden häufig geschoben, gezogen oder in irgendeiner anderen Weise irgendwohin ›gebracht‹, nicht selten unter der Überschrift ›Kavaliersverhalten‹. Oder das einem Menschen eigene Revierverhalten, eine gewisse Distanz um den eigenen Körper herum, die als Sicherheitszone vor Fremden gilt, wird bei Frauen wesentlich häufiger und vielfach unwidersprochen verletzt, im übrigen grundsätzlich ein Zeichen von Statusunterschieden, auch unter Männern. Männern scheint insofern sowohl in der Öffentlichkeit als auch am häuslichen Herd eine sehr viel größere Bandbreite an akzeptablen Verhaltensweisen zugestanden zu werden, was sich eben auch auf die Körpersprache bezieht.

Die räumliche Distanz zu Frauen wird häufiger durchbrochen als bei Männern

›Typisch weibliche‹ Sitzhaltungen

›Typisch männliche‹ Sitzhaltungen

Blickkontakt

Ein weiteres Phänomen, das sich leicht beobachten läßt, ist der Blickkontakt. Männer erlauben sich problemlos, Frauen anzustarren; vielfach fällt es ihnen noch nicht einmal auf. Dabei beschränken sie sich auf ganz bestimmte Körperzonen, die sie besonders interessieren. Sie sind also damit keineswegs gute und präzise Beobachter. Männer können eine Frau so intensiv ansehen, daß im umgekehrten Falle, also von einem betroffenen Mann, mit Sicherheit eine aggressive Reaktion erfolgen würde. Frauen neigen außerdem vielfach leicht den Kopf, wenn sie jemanden – insbesondere einen Mann ansehen – was zum einen grundsätzlich nach freundlicher Sympathie aussieht und andererseits im Sinne von Unterwürfigkeit wirkt, weil sich jemand optisch kleiner macht als er – in diesem Falle als sie – ist. Dieses optische ›Zu-jemandem-aufschauen‹, wird verständlicherweise von Männer sehr geschätzt, signalisiert es doch, daß die Welt in gewisser Weise in Ordnung ist.

Rollenverhalten

Viel zu viele Frauen reagieren noch sofort wahrnehmbar anders, wenn ein Mann ein Zimmer betritt. Sofort werden reflexartig die Haare gerichtet und sich anders hingesetzt, das strahlende Lächeln mit dem bereits erwähnten schräggelegten Kopf inklusive. Doch seien wir nicht geschlechtsspezifisch ungerecht. Auch Männer richten ihre Krawatte, knöpfen die Jacke zu und setzen sich besonders aufrecht hin, wenn sie einer Frau imponieren wollen.

Körperhaltungen und -bewegungen

Viele Körperhaltungen und -bewegungen wirken bei Frauen gezierter, angespannter, schlicht unbequem, was sie im übrigen vielfach auch sind. Zwar sind wir im Laufe der Evolution das Korsett losgeworden, das allenfalls dazu diente, uns bei Belieben in Ohnmacht fallen zu lassen – manchmal durchaus nützlich –, aber wir haben es geschafft, uns durch Miniröcke, Schuhe mit hohen Pfennigabsätzen oder auch die zur Zeit aktuellen halsbrecherischen Plateausohlen und andere unhandliche Anziehsachen in vergleichbarer Weise wieder zu fesseln oder zumindest deutlich zu behindern.

Auswirkungen unterschiedlicher Sozialisation

Über die Tatsache, daß Mädchen auch heute noch anders erzogen werden als Jungen, brauchen wir sicherlich nicht mehr viele Worte verlieren. Es kann dabei schon als besonders ärgerlich gelten, daß ausgerechnet die Personen, die am meisten ändern könnten, die Mütter, die Erwartungshaltung so verinnerlicht haben, daß sie sie weitgehend unreflektiert weitergeben. Man liegt auch sicherlich in den 90er Jahren noch nicht gänzlich falsch mit der Behauptung, daß alles, was kleinen Jungen und Mädchen während ihrer ersten Prägephase anerzogen wird, indirekt gleichzeitig ein Vermitteln von vermeintlich angeborenen Statusunterschieden ist. Selbstverständlich gibt es heute mehr Ausnahmen von der Regel als vor 20 Jahren.

Besonders gut beobachten läßt sich das bei sozial hochangesehenen Vätern, die entweder gerne eine Tochter haben wollten oder sich frühzeitig aufgrund deren Begabung für eine hochqualifizierte Ausbildung und Förderung eingesetzt haben. Solche Väter wollen für ihre Töchter berufliche wie auch gesellschaftliche Anerkennung und bringen ihnen gerade als Mann bei, daß sie mindestens genauso gut, wenn nicht besser sind als männliche Wesen. Leider eine Ideal-Sozialisations-Rahmenbedingung, die nicht so sehr viele Mädchen haben.

Verletzung und Wahrung der räumlichen Distanz

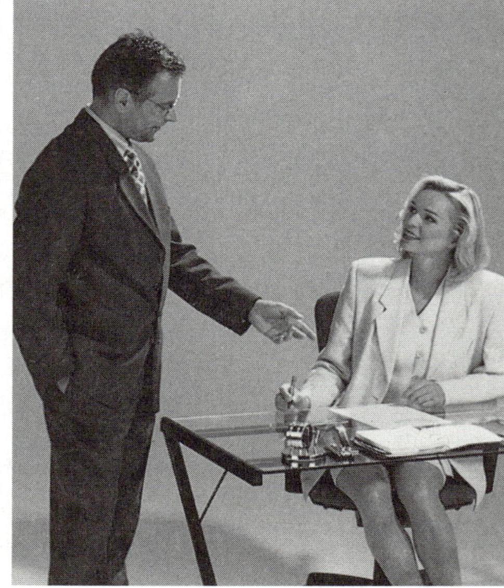

Optisch wahrnehmbare Drohgebärden werden meist von Männern benutzt

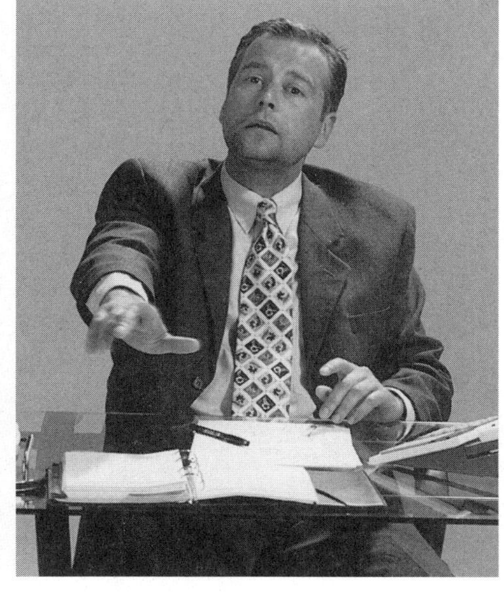

Ärger, Zorn und Aggression – nicht bei Frauen

Zu den Sozialisations-Spätschäden von Frauen gehört beispielsweise die mangelnde Fähigkeit, Ärger zum Ausdruck zu bringen, da ein Mädchen das eben nicht tut, während es bei einem Jungen gerade unter Entwicklungs- und Selbstbehauptungsgesichtspunkten antrainiert oder zumindest in den meisten Varianten geduldet wird. Da noch hinzukommt, daß weibliche Wesen eine höhere Stimme haben, wirkt das bei echter Wut noch zusätzlich kontraproduktiv. Frauen sind die meisten optisch wahrnehmbaren Drohgebärden, die Männern oftmals helfen, einen offenen Konflikt zu vermeiden, weitgehend fremd, was sie im übrigen nicht zu den besseren Menschen macht, da sie aus diesem Mangel heraus manchmal zu Alternativmethoden greifen, die unter Umständen weniger angenehm sind.

Der Instinkt entscheidet über die Ernsthaftigkeit

Ärger und Aggression in zivilisierter Form zu signalisieren, gerade um Schlimmeres zu verhindern, geht nur dann, wenn es aus echter Überzeugung geschieht. Da es ja entwicklungsgeschichtlich ein Drohsignal sein soll, das den anderen rechtzeitig warnt, nicht weiterzugehen, wird es auch sehr intensiv über die Instinktebene wahrgenommen. Sowohl Tiere als auch Menschen wissen über ihre instinktive Wahrnehmung ganz genau, ob eine wie auch immer geartete Drohgebärde ernstzunehmen ist oder nicht. Da Frauen sehr häufig dann, wenn sie wirklich wütend sind, gleichzeitig aufgrund ihrer Erziehung über diese Wut Schuldkomplexe haben, verpufft die Wirkung nach außen hin in den meisten Fällen.

Männer weinen nicht!

Ein ebenso ernstzunehmender Erziehungs-Schaden bei Männern ist es, daß sie im Ausdruck ihrer Gefühle – Tränen oder auch nur das verräterische Zucken der Mundwinkel, wenn einem zum Weinen zumute ist – mit den gleichen unsinnigen Argumenten, mit denen bei Mädchen die Aggressionsäußerungen unterbunden werden, oft regelrecht amputiert werden, was später zu außerordentlichen Problemen in Partnerschaften und auch in der beruflichen Auseinandersetzung und Kommunikation führen kann.

Männer werden auf diese Weise beispielsweise zu Experten der Masken-Mimik. Und da wir im Zusammenleben innerhalb einer Gesellschaft darauf angewiesen sind, uns auch im körpersprachlichen

Ausdruck auf einen Verständigungscode – vergleichbar der verbalen Sprache – verlassen zu können, führt es zwangsläufig zu Komplikationen, wenn es bereits zwischen Männern und Frauen Unterschiede gibt, die die Interpretation deutlich erschweren.

Lächeln – auch wenn frau es gar nicht danach ist

In die gleiche Rubrik möglicher falscher Signale fällt, daß Frauen sehr viel häufiger lächeln, auch wenn dies über den Kopf ausgelöst oftmals falsch ist und deshalb verkrampft wirkt, weil es gar nicht den wahren Gefühlen entspricht. Gleichzeitig werden durch Lächeln ein spezielles Wohlverhalten und eine Nichtbedrohung des anderen signalisiert, die gerade bei Frauen als weitgehend selbstverständlich angesehen werden. Lächeln kann in diesem Zusammenhang auch ein deutliches Zeichen von Unsicherheit sein und ausdrücken: »Bitte tu mir nichts, ich bin auch keine Gefährdung für dich.«

Anstand

Mädchen bekommen auch sehr frühzeitig gesagt: »Setz dich anständig hin!«, »Eine Dame macht keine großen Schritte!«, »Wie willst du mit diesem schlampigen Aussehen jemals einen Mann bekommen?«

Der Umgang miteinander

Der Umgang zwischen Männern und Frauen, manchmal vielleicht präziser: der von Männern mit Frauen, da leider immer noch viele Initiativen von den Männern ausgehen, ist in der Regel geprägt durch eine ganz spezifische Art von Höflichkeit. Es handelt sich dabei um eine etwas merkwürdige Mischung aus Erziehungsversuchen guten Benehmens mit teilweise sehr althergebrachten Prinzipien, die lange niemand mehr hinterfragt hat, und einer Haltung, die heutzutage eher ungezwungen und doch mehr auf Gleichberechtigung ausgerichtet ist.

Konventionen – Mittel der Orientierung

Vielfach gibt es im Verhalten und damit natürlich auch in der Körpersprache generationsbedingte Unterschiede, so daß es für eine Frau im Berufsleben heute nicht ganz leicht ist zu wissen, mit welcher Art von Mann sie es denn nun zu tun hat. Will er ihr in den Mantel helfen und die Tür aufhalten? Oder sieht er das gar nicht mehr ein, weil sie unter Umständen mehr verdient als er und die bessere Position hat? Da bei einem Zusammentreffen beziehungsweise -sein immer durch einen kurzen Blickkontakt abgeklärt wird, wer wo als erster vorbeigeht, kann es da schon einmal zu ungewollten Zusammenstößen an einer Tür oder einer Garderobe kommen, oder es entstehen Verzögerungen in den Bewegungsabläufen, weil sich jede Seite zunächst in diesen Punkten zu orientieren versucht.

Veränderte Konventionen lösen verkrampfte Situationen aus

Es gibt auch Männer, insbesondere die Älteren, die mit diesem inneren Konflikt – sich daran erinnernd was ihnen beigebracht wurde, wie eine Dame zu behandeln sei – und dem, was sie heute an Frauen im Beruf antreffen, die nun gar keine Ähnlichkeit mehr mit dem hilflosen Wesen haben, das vor der bösen Welt von ihnen beschützt werden soll, nicht mehr richtig fertig werden. Die Reaktionsmuster wirken dann für jeden Außenstehenden verkrampft, da es keine richtige gelernte Orientierungsrichtlinie gibt, die man wie so viele andere gesellschaftliche Spielregeln verinnerlichen und damit praktischerweise vergessen kann, weil man automatisch ›richtig‹ reagiert. In Anbetracht der extrem lange zurückreichenden Vorgeschichte der Körpersprache und ihrem Anteil an Instinktreaktionen ist es verständlich, daß es vielleicht noch nicht die perfekten Verhaltensmuster für das heutige Zusammenleben mit ganz anderen Situationen und Anforderungen gibt.

Rivalität kippt die Konventionen

Als Beobachter gewinnt man im heutigen Berufsalltag den Eindruck, daß viele Männer – wohl eher die Jüngeren – die Konventionen einhalten, so lange es nicht um essentielle Interessen ihrerseits geht. Werden Mann und Frau jedoch zu Rivalen im Berufsleben, weil gegebenenfalls eben nur einer befördert werden kann, hören die oft ohnehin längst zu Leerformeln und Floskeln verkommenen Benimmregeln fast immer auf.

Das Ignorieren von weiblicher Körpersprache

Ein sehr konkretes Beispiel dieser Praxis ist eine Konferenz oder ein informelles Meeting, an dem in den meisten Fällen mehr Männer als Frauen teilnehmen. Ich habe es immer wieder als mittleres Drama empfunden, wie außerordentlich leicht sich berufstätige Frauen in einer größeren Runde von vielen Männern ignorieren beziehungsweise teilweise richtig unterbuttern lassen. Meist beginnt es schon damit, daß die Wortmeldung einer Frau, sofern sie primär körpersprachlich durch Mimik (Lufholen), Vorbeugen des Oberkörpers und Gestik vorgebracht wird, viel häufiger ignoriert wird als die von Männern bei vergleichbarer oder sogar schwächerer Körpersprache. Frauen werden auch rascher in ihren verbalen Ausführungen unterbrochen – zumal sie meist leiser reden – beziehungsweise lassen sich unterbrechen.

Mangel an weiblichen Vorbildern

Da Frauen nach statistischen und erfahrungsbedingten Erkenntnissen immer noch in der Minderheit sind, wenn es um Positionen mit Führungsanspruch und echter Macht geht, hatten und haben sie zwangsläufig weniger Möglichkeiten, ein solches Verhalten zu trainieren. Und was noch viel wesentlicher ist: Frauen haben sehr wenig Anschauungs›material‹, also wenig Vorbilder für das Imitationslernen.

Ein weiteres Hindernis ist, daß die Art, wie Männer körpersprachlich – beispielsweise durch ihren Platzbedarf, ihre Sitzhaltung und vielfach auch ein bestimmtes Imponiergehabe – ihren gehobenen Status zum Ausdruck bringen, von den meisten Frauen als unnatürlich abgelehnt wird. Selbst, wenn Frauen es wollten und es den Männern tatsächlich gleichtäten, würde es mit einiger Wahrscheinlichkeit von den Männern wiederum als Kopieren ihres eigenen Verhaltens und damit als ›unweiblich‹ abgelehnt werden.

Tradiertes Verhalten

Frauen wiederum zeigen im Umgang mit Männern nach wie vor ein Verhalten, das auf erlernten und tiefsitzenden Traditionen beruht. Sind Frauen unter sich und betritt ein Mann den Raum, wird sofort auch ohne Spiegel das Aussehen überprüft, man wendet entweder direkt seine Aufmerksamkeit dem Mann zu oder ignoriert ihn so offensichtlich, daß damit (bewußt) genau das Gegenteil erreicht wird. Das Lächeln wird aufgesetzt oder zumindest vertieft, und die Frau scheint alles daranzusetzen zu gefallen. Dieses Verhalten verändert sich erst mit zunehmendem Alter, das Frauen trotz gewisser Nachteile von ihren Reflexen unabhängiger macht, ein Phänomen, was in vergleichbarer Weise auch auf Männer zutrifft.

Unabhängigkeit von Reflexen

Beobachtet man solche Alltagssituationen des Umgangs miteinander, könnte man ganz allgemein zu dem Ergebnis kommen, daß sich beide Geschlechter immer dann sehr schwer miteinander tun, wenn es nicht um eine klar definierte und seit Jahrhunderten genetisch vorprogrammierte wirklich geschlechtsspezifische Annäherung geht.

Elemente der Körpersprache und ihre Aussagekraft

Haben Sie auch gerne Sherlock Holmes-Bücher gelesen oder -Filme gesehen? Nun, das bereits angekündigte Kapitel, die Einzelelemente der non-verbalen Kommunikation darzustellen und sie in ihrer jeweiligen Ausdrucksfähigkeit und auch Eindeutigkeit zu untersuchen, soll Sie diesem großen Vorbild der Wahrnehmung und Interpretation ein wenig näher bringen. Selbstverständlich wirkt eine solche Darstellung gerade unter dem Blickwinkel der anfangs postulierten Komplexität und dem Zusammenspiel der einzelnen Facetten künstlich und damit unzulässig. Andererseits ist es sonst äußerst schwierig, Möglichkeiten und Grenzen aufzuzeigen und damit Hinweise zu geben, in welchen Fällen eine Überprüfung durch andere körpersprachliche Elemente und womöglich direktes verbales Fragen dringend geboten sind.

Äußere Erscheinung

Da ist zunächst die äußere Erscheinung, die eine fast zu große Bedeutung für den sogenannten ersten Eindruck hat. Je nachdem, welche Wertigkeit Kleidung, Aussehen etc. für den Beobachter haben, werden damit schon teilweise die Weichen für den nachfolgenden persönlichen Kontakt und die verbalen und vor allem die eigenen non-verbalen Äußerungen gestellt. Eine solche Wertung ist insofern begrenzt akzeptabel, als die äußere Erscheinung tatsächlich sehr viel über das Selbstverständnis des Betreffenden aussagt. Ob er oder sie sich durch die Kleidung oder Haartracht einer ganz bestimmten Gruppe oder auch einem ganz bestimmten Menschen zugehörig fühlt – der Textilhandel hat mit dem Partnerlook eine Menge Geld verdient –, wie er sich selbst sieht beziehungsweise gesehen werden möchte, über seine oder ihre Lebensumstände und deren Status und nicht zuletzt über die Persönlichkeit.

Kleidung

Wie jemand sich kleidet, beinhaltet aber auch Aussagen dazu, ob der Kleidung überhaupt ein größerer Stellenwert beigemessen wird, ob bestimmte Situationen ungewohnt sind, weil er oder sie sich darin bewegt, als ob mit ihr ein Eindruck vermittelt werden soll, der nicht unbedingt der Realität entspricht. Wer

Kleidung vermittelt immer Botschaften

schon einmal irgendwohin gegangen ist, wo er völlig falsch angezogen war, weiß, welche negativen Gefühle für einen selbst daraus resultieren können. Diese Aussage gilt ganz besonders deshalb, weil man sich in den meisten Fällen mit der Wahl seiner Kleidung auf eine bestimmte Gesprächssituation oder ein Ereignis einzustellen versucht. Die verzweifelten Blicke in den Kleiderschrank vor einer wichtigen Einladung oder beispielsweise einem Vorstellungsgespräch, sind sowohl aus eigenen als auch aus beobachteten Situationen wohlbekannt.

In einigen Berufsbereichen und Firmen wie beispielsweise großen Anwaltskanzleien oder internationalen Wirtschaftsprüfungsgesellschaften ist die Kleiderordnung so extrem streng, daß für die Herren bereits eine Kombination oder ein nicht-weißes Hemd nicht in Frage kommen. Insbesondere die ansonsten so lockeren Amerikaner sind in diesen speziellen Berufsbereichen bezüglich der Kleiderordnung wider Erwarten ganz besonders rigide. Vielleicht ist eine spezielle Art von Kleidung in diesem Zusammenhang der Preis, den man dann für den auch nach außen sichtbaren Status zahlen muß.

Beeinflußbare Erscheinungsmerkmale

Selbstverständlich zählt zu diesem körpersprachlichen Teilaspekt nicht nur die Kleidung, obwohl sie sicherlich allein von der Wahrnehmung, aber auch aufgrund der Chance der bewußten Auswahl in gewisser Weise zunächst dominierend ist. Ebenso fallen darunter Gesicht, Haare, Hände, Haut, Körperbau und Größe, Attraktivität (glücklicherweise höchst subjektiv), Schmuck, Abzeichen. Alles zusammengenommen ein sehr hoher Aussagewert, vor allem weil diese Aspekte in einem erheblichen Umfang beeinflußbar sind und bis auf wenige Ausnahmen der persönlichen Kontrolle unterliegen. Wie die meisten von uns von Urlaubsreisen – insbesondere in exotische Länder – her wissen, sind die Schönheitsideale auf diesem Globus höchst unterschiedlich.

Der Natur ein Schnippchen schlagen Auch die Anstrengungen, die Menschen unternehmen, um beispielsweise eine vermeintliche Benachteiligung durch die Natur künstlich auszugleichen, sagen ihrerseits wieder eine Menge aus:

- Männer, die mit ihrer Körpergröße nicht zurechtkommen und im Rahmen des Erlaubten und Möglichen Schuhe mit höheren Absätzen tragen, um Unsicherheiten zu überspielen.
- Männer und Frauen, die um den Preis vorzeitigen Alterns und von Hautkrankheiten regelmäßig auf der Sonnenbank liegen und damit zeigen wollen, daß sie die Zeit und das Geld haben, häufig Urlaubsreisen zu unternehmen und/oder daß sie noch ›relativ‹ jung, vor allem aber sehr fit sind.
- Frauen, die in völlig überzogener Weise in den Farbtopf des Makeups oder zum Duftwasser greifen, was meist ein Zeichen der Unterschicht ist.

Auch lässige Kleidung ist eine Art Uniform

- Jugendliche, die glauben, sich mit ihrer betont lässigen Kleidung von den Erwachsenen abheben zu können, ohne sich dessen bewußt zu sein, daß gerade sie eine Art Uniform tragen, die sie auf bestimmte Gruppenmeinungen hin als extrem angepaßt ausweist.
- Der Zustand der Hände sagt etwas darüber aus, wie derjenige seinen Unterhalt verdient, und Hände – insbesondere der Zustand der Fingernägel – und Haare zeigen vor allem auch, welche Pflege man ihnen angedeihen läßt.
- Symbole und Abzeichen signalisieren bestimmte Gruppenzugehörigkeiten und damit gegebenenfalls auch Status – bei Männern ganz besonders beliebt: das Rotary- oder Lions-Club-Abzeichen.

Der Einfluß von Abzeichen und Symbolen Interessanterweise werden von besonders markanten – im Sinne gut sichtbarer – Gegenständen im Zuge selektiver Wahrnehmung andere menschliche Eigenschaften abgeleitet. So galt beispielsweise lange Zeit ein Brillenträger als intelligent, als Überbleibsel aus einer Zeit, in der Brillen zum einen der Oberschicht vorbehalten waren und zum anderen schlechte Augen dem seltsamen Laster des Lesens und damit der Bildung zugeordnet wurden.

Dabei kann der Einfluß von solchen Zeichen der Gruppenzugehörigkeit so weit gehen, daß sich Menschen – beispielsweise in einer Uniform – anders verhalten als ohne sie. Ja, manche Berufe werden sogar von eher schüchternen Menschen gerade deshalb gewählt, weil man in einer Uniform ›eben jemand ist‹. Plötzlich ist man ›Amtsträger‹ und Respektsperson, hat so etwas wie abgeleitete Macht und braucht sich vor nichts mehr zu fürchten. Eine zusätzliche Komponente vieler Uniformen sind die Körpergröße erhöhende Helme oder auffällige Mützen, die diese Personen noch respektabler erscheinen lassen.

Vorurteile Aber gerade bei der zwangsläufig sehr vordergründigen Wahrnehmung der äußeren Erscheinung beruht vieles auf Vorurteilen und bisherigen mehr oder weniger fundierten Erfahrungen, das heißt der Besuch der Sonnenbank kann beispielsweise seine Ursache schlicht in der Behandlung einer Schuppenflechte haben.

Körperliche Merkmale

Auch diejenigen körperlichen Merkmale, von denen jeder weiß, daß sie nicht der persönlichen Kontrolle unterliegen wie beispielsweise, wenn jemand die Augen nah zusammenstehen hat oder eine ungünstige Nasenlänge und/oder -form aufweist, können bei anderen zu sehr unmittelbaren Reaktionen der Antipathie führen. Vergleichbar dem Kapitel über die kulturellen Unterschiede, wenn Vertretern bestimmter Nationen Eigenschaften zugeordnet werden, haben die meisten Menschen ein ähnliches Schubladendenken in bezug auf die äußere Erscheinung wie den Körperbau. So gelten Dünne zwar als modisch, aber gleichzeitig als schüchtern; Dicke werden als gemütlich angesehen, auch wenn wir es im Einzelfall mit einem Choleriker zu tun haben. Athletisch gebauten Menschen unterstellt man zunächst einmal Selbstsicherheit und Durchsetzungsvermögen.

Die ›Ablesbarkeit‹ von Intelligenz ist sehr fraglich

Neben dem Körperbau werden insbesondere dem Gesicht Aussagen über Persönlichkeitsaspekte zugeordnet. Insbesondere die Frage der ›Ablesbarkeit‹ der Intelligenz hat sowohl die Persönlichkeitsforscher als auch die Forscher der Kinesik, bisher meines Wissens mit wenig überzeugenden Ergebnissen, beschäftigt.

Ich könnte diese Aufzählung noch eine ganze Weile fortführen, doch wird sicherlich die Botschaft bereits deutlich: Gerade diejenigen Bereiche der Körpersprache, die unserer persönlichen Kontrolle und unserem Einfluß unterliegen, sagen sehr vieles über uns aus, zumal sie im Gegensatz zu den übrigen Bereichen sozusagen auf den ersten beziehungsweise zweiten Blick wahrnehmbar sind.

Körperhaltung und -bewegung

Ein weiteres Element der Körpersprache ist die Körperhaltung, wobei fast der evolutionsgeschichtlich erstaunlichste Teil im aufrechten Gang besteht, da wir die einzigen Lebewesen sind, die diese Haltung beherrschen. Rund um Körperhaltung gibt es interessanterweise mit die meisten sprachlichen Metaphern und Volksweisheiten wie beispielsweise: »Da steht jemand mit beiden Beinen auf der Erde«, um seinen Realitätssinn zum Ausdruck zu bringen; oder jemand »hat seinen Standpunkt«, der seine klaren und eigentlich unverrückbaren Ansichten dokumentiert; oder »Der Mensch hat Rückgrat«, um seine innere Stabilität auszudrücken; aber auch das Gegenteil: »Das ist ein Kriecher«, wenn jemand durch seine leicht vorwärts gebeugte – wie es so schön heißt: servile – Haltung gegenüber Vorgesetzten oder einfach Stärkeren zum Ausdruck bringt, daß er sich jederzeit anzupassen oder den Rückzug anzutreten bereit ist.

Körperhaltung – Ausdruck von Gefühlen und Befindlichkeit

Die Körperhaltung liefert also vor allem Interpretationshilfen dafür, wie sicher, souverän, überlegen sich jemand fühlt – oder eben genau das Gegenteil, ist also ein Ausdruck von Gefühlen und persönlichen Befindlichkeiten. So spiegelt sich der Grad von Fröhlichkeit, guter Laune

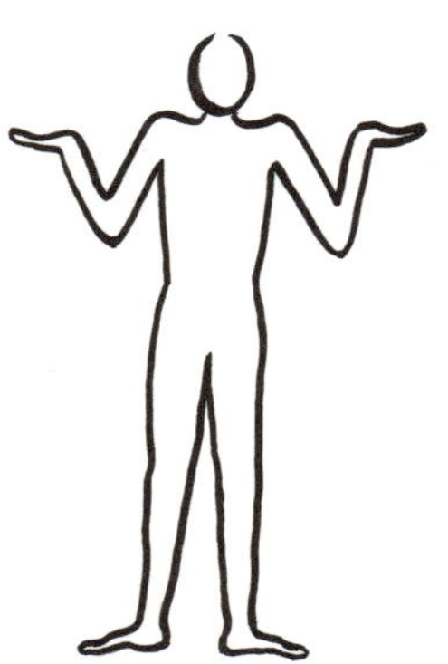

– desinteressiert
– darstellend
– resigniert
– zweifelnd
– fragend

– selbstzufrieden
– ungeduldig
– darstellend
– zwanglos
– wütend

– schüchtern
– unsicher
– bescheiden
– beschämt
– traurig

– erstaunt
– dominant
– mißtrauisch
– unentschlossen
– zurückhaltend

– verwirrt
– nachdenklich
– distanziert

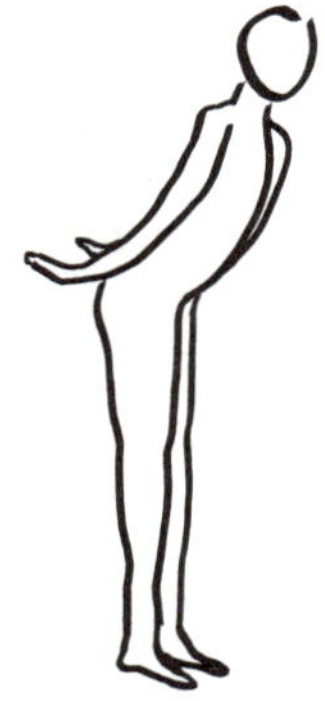

– beobachtend
– neugierig
– gespannt

– aufmerksam
– entspannt
– überlegen

– nachdenklich
– etwas deprimiert

– aufmerksam
– entspannt
– überlegen

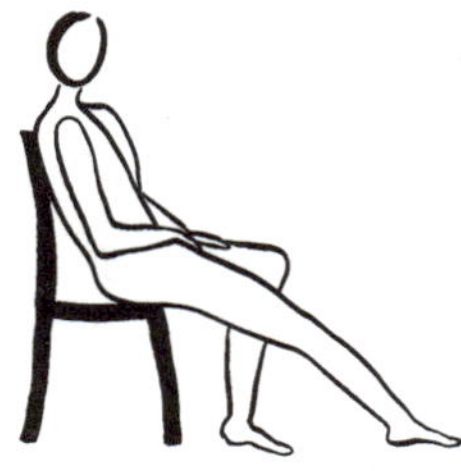

– nachdenklich
– etwas deprimiert

in einer sehr aufrechten, offenen Haltung oder Traurigkeit und Resignation in einer leicht gebeugten, in sich gekehrten, also optisch eher geschlossenen Haltung wider. Auch die Konzentration auf einen anderen, schlichte Neugier, Irritation oder auch nur Nachdenklichkeit lassen sich leicht ablesen. Es gibt bei dieser Thematik erstaunliche Übereinstimmungen in der Interpretation bei entsprechenden Versuchen.

Nervosität ist ebenfalls eine gut sichtbare körpersprachliche Aussage: Nervöse Menschen sitzen beispielsweise selten locker und entspannt, vielfach auf der berühmten Stuhlkante, so als ob sie jederzeit zum Sprung ansetzen wollten, um wegzulaufen. Es gibt aber auch das Gegenteil. Diejenigen, die eigene Nervosität überspielen wollen, setzen sich manchmal so betont lässig hin – zum Beispiel Beine weit ins Zimmer – daß es schon fast flegelhaft wirkt. Sie hängen mehr in ihrer Sitzgelegenheit, so als wollten sie damit deutlich machen, daß sie so rasch nichts erschüttern kann. Richtig ist ganz allgemein, daß rangmäßig höhergestellte Menschen wie Vorgesetzte in ihrer Körper- und Sitzhaltung mehr Raum für sich in Anspruch nehmen, etwas lässiger sitzen und sich von der Körperhaltung her offener geben, weil sie sich für weniger verletzlich halten. Das heißt also, daß mit der Körperhaltung sehr eindeutige Aussagen über Statusunterschiede getroffen werden können.

Sympathie oder Antipathie Daneben bringt die Körperhaltung auch Sympathie und Antipathie zum Ausdruck. Beispielsweise kann bei einer Stehparty eine kleine Gruppe von Leuten, die sich untereinander kennen und schätzen, durch einen eng geschlossenen Kreis nach außen hin signalisieren, daß man unter sich bleiben will und andere Gäste, die auf der Suche nach Gesprächspartnern sind, als Eindringlinge empfinden würde. Nimmt jemand diese Signale nicht wahr oder will sie bewußt unterlaufen, wird er von dieser Gruppe durch Mißachtung bestraft, die sich darin zeigen kann, daß nur äußerst widerwillig Platz für den Neuen gemacht wird, daß er dann per Blickkontakt ausgegrenzt und sozusagen über ihn hinweg oder durch ihn hindurch miteinander kommuniziert wird, oder es wird erkennbar das Thema gewechselt, oder – ganz besonders unangenehm – das vorher lebhafte Gespräch mit vielen körpersprachlichen Untermalungen und Gelächter ebbt plötzlich ab und wird äußerst einsilbig. In solchen Momenten möchte der Neuankömmling entweder im Erdboden versinken und sich so rasch wie möglich unsichtbar machen, oder er beginnt aus einem Trotzverhalten heraus, selbst die Gesprächsführung zu übernehmen, meist jedoch mit äußerst zweifelhaftem Erfolg, wie die leicht vereisten Gesichter der übrigen zeigen. Ebenso kann die Körperhaltung – beispielsweise durch die offene Ausrichtung auf Neuankömmlinge in einem Lokal – signalisieren, daß jemand auf der Suche nach Kontakt ist oder zumindest jederzeit offen für neue Begegnungen.

Bestrafung durch körpersprachliche Mißachtung

Geprägt durch den Beruf Natürlich gibt es auch auf dem Gebiet der Körperhaltung wieder gewisse Konventionen, die beim ›Lesen‹ berücksichtigt werden müssen und sicherlich auch den einen oder anderen ›Berufsschaden‹, der zu bestimmten Haltungen und Bewegungsabläufen führt, die dann nicht mehr als natürliche Ausdrucksform gewertet werden können. Ein Berufssoldat oder der Empfangschef eines Hotels haben sicherlich ihre Prägungen davongetragen, der eine durch eine extrem gerade und tendenziell abrupte Form des Auftretens und Bewegens, der andere durch ständige Zuvorkommenheit und Höflichkeit, die zeigen, daß die persönlichen Gefühle von Amts wegen ständig unterdrückt werden müssen.

Der Gang

Der Gang gehört als Ausdrucksmittel ebenfalls zur Körperhaltung und -bewegung und läuft in gewisser Weise in bezug auf den Ausdruck von Gefühlen synchron zur Körperhaltung. Es gibt diesen fast unwiderstehlichen schwungvollen Gang, der jedem, der es noch nicht weiß sagen soll, »Ich bin glücklich und werde heute einen äußerst erfolgreichen Tag haben.«. Aber ich kann mich auch so schleppend bewegen, daß es so aussieht, als hätte ich an Armen und Beinen größere Gewichte hängen, Gewichte, die ich innerlich dann wahrscheinlich tatsächlich mit mir herumschleppe. Auch Erotik kann im Gang von Frauen eine sehr intensive Rolle spielen, wobei meist ein Geheimnis bleibt, ob diejenige Dame auf diesem Gebiet ein Naturtalent ist, oder ob sie lange vor dem Spiegel geübt hat, um diese Wirkung zu erzielen. Schließlich kennen wir womöglich aus der eigenen Kindheit oder wenigstens aus Filmen, wenn aus Mädchen junge Damen gemacht werden sollen, daß das elegante Gehen – vielleicht sogar mit einem Bücherstapel auf dem Kopf – richtig trainiert wird.

Zu berücksichtigen sind bei diesen Wertungen naturgemäß Alter und/oder gewisse Gebrechen, die den Gang und auch die Körperhaltung beeinflussen können.

Der schleppende, verkrampfte und der schwungvolle, entspannte Gang

Räumliches Verhalten (Sitzordnung, Revierverhalten)

Eine besonders spannende Angelegenheit ist das räumliche Verhalten eines Menschen. Haben Sie auch so Ihre Vorlieben, wenn Sie einen Kino- oder einen Vortragssaal betreten? Die meisten Menschen zieht es automatisch nach rechts oder links, und sie würden sich unwohl fühlen, würden sie durch irgendwelche Umstände dazu gezwungen, auf der ›falschen‹ Seite zu sitzen. Die Mitte wird meist nur dann bevorzugt, wenn sie wie im Kino oder bei einem Vortrag mit Overhead-Folien – den besten Sichtwinkel bietet.

Ähnliches gilt für den Sitzplatz, den sich jemand an einem Tisch aussucht. In einem Restaurant wird sich zum Beispiel derjenige, der abgesehen von der Bedienung von niemandem angesprochen zu werden wünscht, so hinsetzen, daß er keinen unmittelbaren Blickkontakt hat; sucht er dagegen Gesellschaft wird er – ob bewußt oder unbewußt – dafür sorgen, daß er den größten Teil des Raumes einschließlich der Eingangstür im Gesichtsfeld hat.

Distanz

In Verhandlungssituationen zeigen Sitzpositionen zusammen mit den räumlichen Distanzen beispielsweise, wie die Beziehung gestaltet werden soll (Stichworte: der ›Unnahbare‹ oder der ›Überlegene‹) oder wie sich Atmosphäre beziehungsweise der Umgang miteinander im Laufe des Gespräches entwickelt haben. Falls es unter Berücksichtigung von Raum und Mobiliar die Möglichkeit überhaupt gibt, ist es nicht unüblich, daß Menschen im Laufe einer Unterhaltung ihre Sitzpositionen verändern, näher an jemanden heranrücken oder sich auch distanzieren, um deutlich zu machen, daß man mit jemandem eigentlich nichts mehr zu tun haben will, die Unterhaltung wegen anerzogener Höflichkeitsregeln oder weil es taktisch unklug wäre, aber nicht sofort beenden kann. Ganz generell kann gesagt werden, daß zu große Distanzen Unsicherheit schaffen, weil zu wenig Kontakt möglich ist. Ist dagegen der Abstand zu klein, entsteht das Gefühl, es werde einem »zu nah auf den Pelz gerückt«. Das irritiert und führt durch Ablenkung fast immer zu Nervosität und Konzentrationsschwierigkeiten im Gespräch.

Sowohl zu große Distanz als auch zu große Nähe erschweren das Gespräch

Bewegungen im Raum

Der Oberbegriff ›räumliches Verhalten‹ beinhaltet neben der Bewegung innerhalb einer räumlichen Anordnung – beispielsweise von Möbeln – das persönliche Orientierungsverhalten und nicht zu vergessen: das Territorialverhalten. Bewegungen in einem Raum sind in erster Linie Interaktionssignale. Man geht auf jemanden zu, weil man sich mit ihm unterhalten oder sich neben jemanden setzen will. Man steht auf oder geht weg und beendet so eine Interaktion. Man schafft also mit dem persönlichen räumlichen Verhalten Rahmenbedingungen für verschiedene Formen der Kommunikation. Hierbei im übertragenen Sinne ›den richtigen Ton‹ zu treffen beziehungsweise die richtigen Akzente zu setzen, gehört unbedingt zum Repertoire der sozialen Fertigkeiten oder auch der sozialen Intelligenz. Obwohl es beispielsweise nicht unüblich ist, beim intensiven Nachdenken vielleicht rund um eine möglichst kreative Problemlösung in einem Zimmer auf und ab zu laufen, macht genau dieses Verhalten im Zuge einer unmittelbaren Kommunikation den anderen wohl eher nervös, weil man nicht so genau einschätzen kann, was sich dahinter verbirgt.

Das eigene Territorium abschreiten

Sitzordnung

Nehmen wir das sehr konkrete Beispiel einer Sitzordnung an einem Tisch, besonders interessant: ein nicht zu kleiner rechteckiger Tisch. Ist an einem solchen Tisch keine konkrete Sitzordnung vorgegeben, ist für einen Neuankömmling also nur noch ein Platz frei, dann wählen die meisten Menschen, die Ziel und Zweck der bevorstehenden Kommunikation kennen, übereinstimmend die gleichen Sitzpositionen: Für eine lockere, durchaus intensive, aber angenehme Konversation setzen sich die Gesprächspartner jeweils an der kurzen und langen Seite über Eck.

Über Eck Bei dieser Sitzposition sind die Möglichkeiten der persönlichen Auseinandersetzung alleine schon wegen des Höchstmaßes an Flexibilität optimal. Man hat intensiven Blickkontakt und kann sich problemlos auf den anderen konzentrieren. Gleichzeitig hat man genügend körperliche Bewegungsfreiheit und kann diese bedenkenlos nutzen, da durch das Tischende eine Art natürlicher Distanz gewahrt ist und ungewollte Berührungen unterbleiben. Gleichzeitig sind Berührungen möglich, sollten sie zu irgendeinem Zeitpunkt erwünscht oder erforderlich sein.

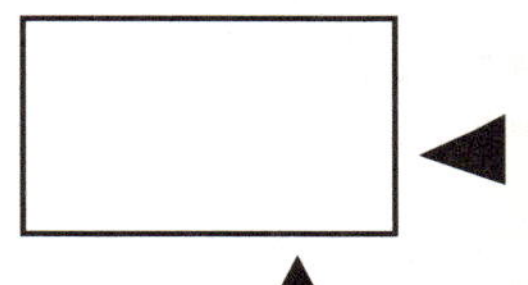

Durch die durch das Möbelstück Tisch erzwungene Distanz und den Winkel von 90 Grad sind auch Überlegungen besser möglich, sollte man beispielsweise mit einer Frage konfrontiert werden, die eine Suche nach einer qualifizierten Antwort erfordert. Es ist also gesprächstechnisch erlaubt und bei dieser Sitzordnung problemlos möglich, auch einmal geradeaus zu schauen und sich auf Überlegungen zu konzentrieren. Man kann somit ohne negative Folgen für die Unterhaltung den Blickkontakt zeitweise abbrechen, was übrigens ohnehin reflexartig geschieht, wenn wir uns auf einen Gedankengang und/oder die richtige Antwort konzentrieren müssen.

Ein runder Tisch signalisiert Gleichberechtigung

Neben der von vornherein ›gleichen‹ Sitzordnung an einem runden Tisch, dürfte dies wohl die ›demokratischste‹ Sitzordnung sein, zumindest signalisiert sie sehr viel Gleichberechtigung. Runde oder auch hufeisenförmig angeordnete Tische finden sich häufig bei politischen Gremien oder Zusammenkünften, bei denen schon der kleinste diplomatische Fehler einer Rangordnung gravierende Konsequenzen haben könnte. Zwar gibt es auch an runden und hufeisenförmige Tischen in den meisten Fällen einen ›Vorsitzenden‹ oder Moderator, doch wird mit dieser Sitzordnung nichtsdestotrotz eine gewisse Gleichheit aller und wenig Gefälle zum Sprecher dokumentiert. Beispielsweise ist der Vorsitz in einigen politischen Gremien entweder ohnehin turnusmäßig wechselnd, oder es handelt sich um den Gastgeber in einem bestimmten Land, der nur deshalb den Vorsitz führt, ansonsten aber gleichberechtigtes Mitglied der Runde ist. Gleichzeitig soll mit diesen Sitzordnungen deutlich gemacht werden, daß die unmittelbare Kommunikation sowohl zum eventuellen Vorsitzenden als auch untereinander allein schon durch den in dieser Form ebenso ungehinderten Blickkontakt begünstigt wird.

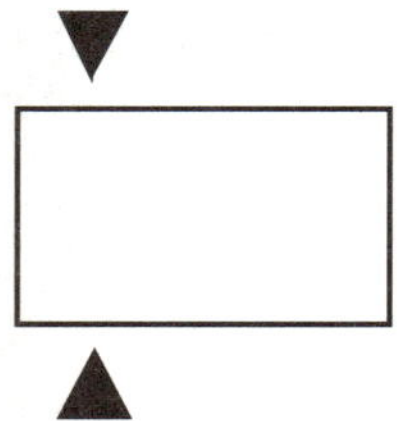

Vis-à-vis auf naher Distanz Setzen sich zwei Menschen am kurzen Ende des rechteckigen Tisches vis-à-vis, dann bedeutet das zumindest für eine Verhandlungssituation in der Regel, daß man sich auf eine Diskussion einstellt, die zwar in der Sache sehr kontrovers werden kann, die aber durch einen gewissen Basis-Konsens gekennzeichnet ist, der beispielsweise die Wertschätzung der Person des Diskussions-›Gegners‹ nicht tangiert. Gleichzeitig sagt eine solche Sitzposition: »Ich will mich voll auf dich/Sie konzenzentrieren und mich mit deinen/Ihren Argumenten, deinem/Ihrem Anliegen wirklich auseinandersetzen.« Aufgrund der Qualität des Blickkontaktes ist auch das Zuhören gut gewährleistet, weil man jederzeit mitbekommt, wenn der andere etwas sagen/beitragen möchte.

Handelt es sich um einen sehr persönlichen Kontakt, was man beispielsweise von körperlichen Berührungen ableiten kann, dann kann es auch bedeuten, daß sich hier zwei Menschen extrem intensiv miteinander beschäftigen und durch ihre Sitzposition bewußt ihre Umwelt, insbesondere ihre Mitmenschen, zumindest zeitweise ausgrenzen wollen. Meist handelt es sich aber dennoch um Gesprächspositionen, das heißt diese zwei wollen unter Zuhilfenahme sehr intensiven Blickkontaktes miteinander reden und nicht nur »in Zweisamkeit mit Händchenhalten machen«.

Vis-à-vis auf großer Distanz Setzen sich jedoch zwei Personen an das lange Ende des Tisches gegenüber – sofern dies vom Sprechen und Hören, das heißt bei der Größenordnung des Tisches her noch möglich ist –, dann stellen sich beide nicht nur auf Wettbewerb ein und untermauern ihre höchst unterschiedlichen und »weit auseinanderliegenden« Standpunkte, sondern wollen damit gleichzeitig um jeden Preis verhindern, daß der Gegner »einem in die Karten schauen« , einen Blick in die eigenen Unterlagen werfen kann. Ob nun von Konventionen vorgegebene förmliche Distanz, die wohl zu früheren Zeiten in der Oberschicht gepflegt wurde, wenn man einschlägigen Filmen mit endlos langen Tischen in Speiseräumen Glauben schenken darf, oder bewußt gewählte, emotionale oder rational begründete, immer bleibt es eine Distanz, die Dinge wie Zuwendung, Vertraulichkeit, Berührungen von vornherein nicht ermöglicht beziehungsweise klar verhindert.

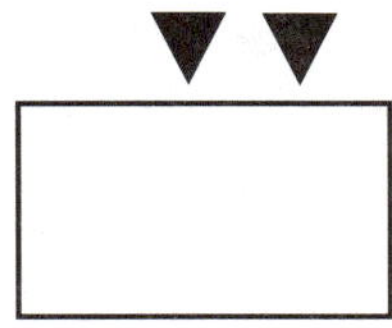

Nebeneinander Ein Signal für intensive Kooperation ist die Sitzordnung nebeneinander am langen Ende des Tisches. Hier gilt genau das Gegenteil der vorherigen Variante. Diese Sitzanordnung wird als praktisch und hilfreich empfunden, wenn man sich mit den gleichen schriftlichen Unterlagen beschäftigen und den Gesprächspartner an den eigenen Erkenntnissen teilhaben lassen will. Es kann auch die Bitte um Hilfestellung bei einer Problemlösung beinhalten, der Hinweis auf die Einweisung eines neuen Mitarbeiters und Kollegen oder die Einstimmung auf eine gemeinsam zu bewältigende Aufgabe sein. Gleichzeitig macht die zu unterstellende grundsätzliche Übereinstimmung bei dieser Sitzposition deutlich, daß auf ständigen Blickkontakt, der ja auch der Einordnung des gesprochenen Wortes dient, verzichtet werden kann, weil nicht nur Konsens, sondern auch Vertrauen herrschen. Das Nebeneinandersitzen eröffnet naturgemäß auch wieder vielfältige andere Möglichkeiten, die der Berührung oder des Flüsterns, das heißt andere können zugunsten der eigenen verschworenen Gemeinschaft ausgegrenzt werden. Alles ist von vornherein auf Verstehen, Nähe, Konsens ausgerichtet.

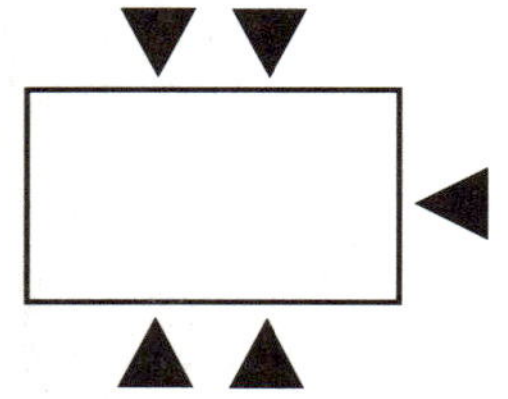

Der ›Vorsitz‹ Die Sitzordnung ist – wie jeder weiß – auch eine hervorragende Methode, Macht und Einfluß zu signalisieren, gerade weil man sie auf diese Weise sehr subtil und sozusagen unaufdringlich zeigen und sogar immer noch behaupten kann, der durchaus erwünschte und beabsichtigte Effekt sei völlig ohne Hintergedanken und ohne Darüber-Nachdenken erfolgt.

Wie der Begriff schon zum Ausdruck bringt, nimmt der »Vorsitzende« in der Regel am Kopfende eines Tisches Platz. In seiner nächsten Nähe sitzen die nächstwichtigen Entscheidungsträger oder Spezialisten, die vom Chef für die Beantwortung wichtiger Fragen sozusagen zur fachlich-inhaltlichen Hilfestellung benötigt werden. Interessant ist, daß sich jemand alleine schon durch die Sitzposition am Kopf eines Tisches, die den besten Überblick garantiert, ohne Schaden für das persönliche Ansehen erlauben kann, Fachfragen vor aller Augen und Ohren an andere zu delegieren und damit ja implizit zuzugeben, daß er oder sie etwas nicht weiß. Trotzdem unterstreicht es in diesem Kontext eher noch die Machtposition, als daß es sie erschüttern könnte. Mit dem Platz am Kopfende des Tisches ist natürlich auch meist verbunden, daß derjenige mehr Platz zur Verfügung hat und leichter aufstehen und den Raum verlassen kann; denn auch diese persönliche Freiheit ist ein Zeichen von Machtbefugnis.

Die Machtposition steckt am Kopfende des Tisches

Alleine sitzen Die Sitzordnung – auch die ohne Tisch – kann noch andere Dinge aussagen. Sitzt eine Person, beispielsweise in einer Kantine oder in einem Vortragsraum weitgehend isoliert, gibt es je nach sonstigen Begleiterscheinungen mehrere Interpretationsmöglichkeiten. Nähern sich andere dieser alleinsitzenden Person mit einem gewissen erkennbaren Respekt, handelt es sich auch dieses Mal um jemanden mit Macht und Einfluß. Wird diese Person zwar freundlich begrüßt, aber wendet sich der Hinzugekommene verhältnismäßig rasch anderen Personen oder Dingen zu, dann kennt man denjenigen nicht so genau, also allenfalls vom Sehen, wie beispielsweise in einer sehr großen Firma mit vielen Beschäftigten. Es gibt jedoch bei der gleichen Ausgangssituation auch eine feindselige Art, jemanden zu ignorieren und damit bewußt zu isolieren. Man zeigt: »Da gehört jemand nicht dazu«, oder er hat in irgendeiner Weise gegen Spielregeln verstoßen, was auf diese Weise geahndet wird.

Sitzordnung und gesellschaftliche Rolle

Da nun in vielfältiger Weise dokumentiert worden ist, welchen hohen Stellen- und Aussagewert das räumliche Verhalten und insbesondere die Sitzordnung haben, erscheint es sicherlich ganz plausibel, daß diese Erkenntnisse bei der Wahrnehmung gesellschaftlicher Rollen bewußt genutzt und angewandt werden. Ein sehr gutes Beispiel dafür ist der Gerichtssaal. Auch heute noch ist es vielfach üblich, daß der Platz des Richters auf einem, wenn auch vielleicht nur geringfügig angehobenem Podest steht. Der Umstand, daß mit dem Argument, mehr Demokratie walten zu lassen, dieses Podest zumindest bei einfachen Gerichtsverfahren entfernt worden ist, bestätigt trotzdem die grundlegende Aussage, daß es gerade im Berufs- beziehungsweise öffentlichen Leben Bereiche und (Sitz-)Plätze gibt, die mit einer besonderen sozialen Rolle verbunden sind.

Podeste und große Schreibtische schaffen Distanz

Ein vergleichbarer Effekt zu dem genannten Podest oder ganz allgemein: einer Erhöhung, die bei der Kommunikation ein Hochblicken erfordert, kann in gleicher Weise auf ebener Erde durch erzwungene räumliche Distanz erzielt werden, indem beispielsweise ein Riesenschreibtisch zwischen mir und dem anderen liegt, der dadurch in jeder Hinsicht zum Bittsteller oder lästigen Eindringling klassifiziert wird und der sich dann bis auf wenige störrische Ausnahmen auch (hoffentlich) so fühlt.

Sitzhaltung Auch die Sitzhaltung oder die Art, wie wir uns hinsetzen und – Stichwort ›räumliches Verhalten‹ – wieviel Raum wir für uns in Anspruch nehmen sind kaum mißzudeutende Anhaltspunkte für die Wahrnehmung. Es gibt Menschen, die sich in Sitzgelegenheiten werfen, um dort im wahrsten Sinne des Wortes (ihren) Platz (ein)zunehmen. Jugendliche wollen meistens damit signalisieren, daß sie sich um gutes Benehmen, so wie man es sicherlich auch ihnen versuchsweise beigebracht hat, nicht scheren (wollen) und hiermit ihre Unabhängigkeit und ihre Selbständigkeit für alle sichtbar dokumentieren. Dabei kann man häufig sogar noch ein wenig wahrnehmen, daß das Ignorieren des anerzogenen Verhaltens einige dieser Jugendliche richtig Überwindung kostet und nicht ganz so glatt – Verzeihung! abgespult wird, wie eigentlich beabsichtigt. Andere – leider vielfach Frauen – tun genau das Gegenteil: Sie beschränken sich auf die Stuhl- oder Sesselkante, lehnen sich jedenfalls keineswegs bequem zurück und setzen ihren Körper damit einer zusätzlichen physischen Belastung aus, die eine psychische Anspannung zwangsläufig noch verstärkt und für jeden Beobachter Unsicherheit, mangelndes Selbstbewußtsein, Nervosität, eben Anspannung bedeutet.

Das ›Auf-der-Kante-sitzen‹

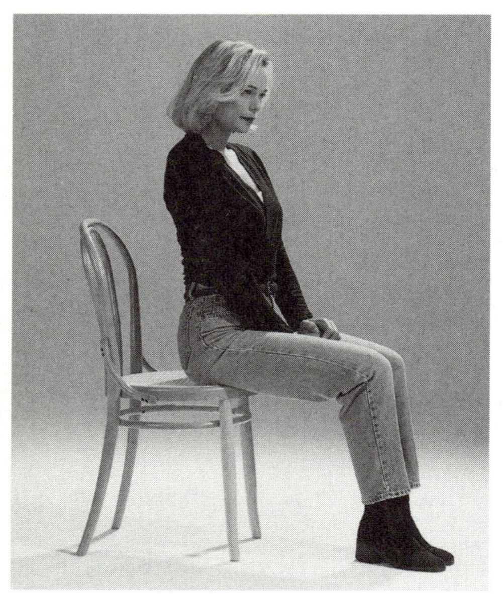

Je bequemer jemand sitzt beziehungsweise dafür sorgt, daß er entsprechend bequem sitzen kann, desto souveräner ist er – und selbstverständlich auch sie – in der Regel und umso mehr kommt dieses Selbstbewußtseins bei Zuhörern und Beobachtern an. Das ›Auf-der-Kante-sitzen‹ kann jedoch in Kombination mit mehr oder weniger heftigen Fußbewegungen oder dem Nebeneinanderstellen der Beine, die vorher übereinandergeschlagen waren, auch bedeuten, daß jemand weg möchte, weil ihn die Unterhaltung zu nerven beginnt oder er einfach keine Zeit mehr hat. Ein präziser Beobachter wird ein solches Verhalten registrieren und verbal hinterfragen, vielleicht in der Weise: »Kann es sein, daß Sie unter Zeitdruck stehen?«

Auch die Bewegungen, die man mit dem Oberkörper durchführt, spielen bei der Gesamt-Interpretation eine Rolle. Ein vorgeneigter Oberkörper in einem Gespräch signalisiert Aufmerksamkeit oder den Hinweis, daß jemand etwas sagen möchte, kann auch in Kombination damit Skepsis oder Mißtrauen im Sinne: »Das will ich jetzt genauer wissen.« oder: »Da bin ich aber jetzt gespannt, wie Sie diese Behauptung beweisen wollen!« ausdrücken. Mit dem Zurücklehnen wird angedeutet: »Für mich ist der Fall erledigt.« oder: »Auf mich kann man dabei nicht zählen.« oder auch: »Dieses Argument bringt er jetzt schon zum vierten Mal.«.

Revierverhalten

Kommen wir nun zu einem weiteren wichtigen Aspekt des räumlichen Verhaltens: dem Territorial- oder Revierverhalten. Das einfachste Beispiel dafür ist die eigene Wohnung oder das eigene Haus. Zumindest in Westeuropa haben diese vier Wände, zwischen die man sich nach einem Tag in der feindlichen Außenwelt beruhigt zurückzieht, einen sehr hohen Stellenwert. Menschen brauchen in der Regel Rückzugsmöglichkeiten und Zufluchten für ihr seelisches Gleichgewicht. Nicht umsonst bezeichnet der Brite sein Heim als seine Burg. In diesen Wohnungen oder Häusern gibt es Räume, die dem ›Publikum‹ zugänglich gemacht werden, in die man Besucher einlädt, und andere, die man nur selbst betreten darf oder in die man nur die beste Freundin hineinläßt. Welche Räume also zum persönlichen ›Territorium‹ gehören, sagt zum einen vieles über den Gastgeber aus, läßt aber auch für einen selbst Interpretationsspielräume, welche Räume ich als Besucher oder ständiger Gast betreten darf, ja, welche mir vertraut sind. Außerdem weiß sicherlich jeder aus unmittelbarer eigener Erfahrung, daß dieses persönliche Territorium eine optimale Spielwiese der Selbstdarstellung ist.

Manche Räume bleiben für Fremde verschlossen

A propos Wiese! Haben Sie auch schon Nachbarn gehabt, die die Rasenkanten ihres Vorgartens noch mit der Nagelschere beschnitten haben oder deren Vorgarten in einer Weise gegen vermeintliche Eindringlinge geschützt war, daß man schon gar keine Lust mehr hatte zu klingeln, um das Päckchen abzugeben, das der Briefträger unglücklicherweise bei uns deponiert hat? Nun ja, die Einschätzung der dort wohnenden Personen hatte sicherlich mehr als nur entfernte Ähnlichkeit mit deren tatsächlichem Verhalten im Umgang mit anderen.

Persönliche ›Räume‹

Selbstverständlich ist Territorialverhalten, also das Schützen des Raumes, den man für sich zu benötigen glaubt, etwas völlig Normales, nicht nur, weil wir auch gerade das von unseren animalischen Vorfahren übernommen oder besser: beibehalten haben, sondern vor allem, weil wir es insbesondere in dichtbesiedelten Gegenden zum Rückzug benötigen. Dabei müssen verschiedene ›Räume‹ berücksichtigt werden.

Da ist zum einen der persönliche Raum, also der Bereich, der unmittelbar den Körper umgibt und diesen mit einschließt. Wie bereits mehrfach erläutert, gibt es hier erhebliche kulturelle Unterschiede.

Die Verteidigung des persönlichen Raums

Wenn wir jedoch in unserem Kulturkreis bleiben, dann kann man mit Sicherheit voraussagen, daß fast alle Menschen allergisch und mit massiver Abwehr darauf reagieren, wenn dieser Raum verletzt wird. Es sei denn, es gibt dazu eine ausdrückliche Aufforderung oder eine zweifelsfreie Beziehung, die dies erlaubt, wie im nachfolgenden Kapitel im Detail beschrieben wird.

Daran schließt sich das persönliche Territorium an, das ein etwas größerer Bereich ist, aber das dem einzelnen in gewisser Weise alleine gehört und das mehr oder weniger primär von ihm genutzt wird, wie beispielsweise ganz bestimmte Räume der eigenen Wohnung.

Schließlich gibt es noch ein darüber hinausgehendes Territorialverhalten, das jedoch auf Gruppen und nicht mehr auf einen einzelnen ausgerichtet ist, allerdings dem einzelnen auf welche Weise auch immer ein Zugehörigkeitsgefühl vermittelt. Das kann die Heimatstadt oder auch das Dorf sein, in dem man aufgewachsen ist, das mag der geborene Rheinländer sein oder anders fundierte Zugehörigkeiten.

Territorialverhalten

Das Territorialverhalten – wenn auch je nach Kultur mit unterschiedlichen Distanzen – ist bei fast allen Menschen so ausgeprägt, daß mit Instinkten und Reflexen auf Verletzen der unausgesprochenen, aber von jedem gleichermaßen empfundenen Spielregeln reagiert wird. Interessante Versuche, die Sie jederzeit in der Öffentlichkeit wiederholen oder sogar mit bereits gemachten eigenen Erfahrungen untermauern können, zeigen, daß Menschen anfangen, sich unwohl zu fühlen, wenn dieses Territorium vermeintlich angegriffen wird.

Provozieren Sie einmal eine ›Gegenwehr‹!

Sie können beispielsweise in einem Restaurant, in dem Sie aus Platzgründen den Tisch mit einem Fremden teilen müssen, einmal versuchen, auf dem Tisch liegende Gegenstände wie Besteck oder Teller, eine Blumenvase, Streichhölzer oder Aschenbecher über die Hälfte des Tisches (unausgesprochenes faires Arrangement) hinaus in das Territorium des anderen zu schieben. Sie werden mehrere Varianten von ›Gegenwehr‹ registrieren: Die Gegenstände werden ebenso unmerklich zurückgeschoben, jemand protestiert offiziell, daß Sie ihm seine ihm zustehende Hälfte streitig machen, oder – wenn beispielsweise ein Zurückschieben nicht geht oder Sie einen besonders zurückhaltenden und schüchternen Nachbarn haben – wird er zunehmend nervöser. Er wird beginnen, auf seinem Sitzplatz hin und her zu rutschen und wird durch eine Vielzahl von Körpersignalen mitteilen, daß er sich unwohl oder gar bedroht fühlt. Sind Sie von seiner Wahrnehmung her der oder die Stärkere, wird er nicht bis zum Dessert warten, selbst wenn er nur deshalb das Restaurant gewählt hat, sondern er wird aller Voraussicht nach vorher bereits nach der Rechnung verlangen und Sie an Ihrem Tisch alleine lassen.

Im Grunde genommen ist die Verteidigung des eigenen Territoriums, das nie so ganz klar definiert werden kann, da Menschen auf diesem Gebiet höchst unterschiedliche Bedürfnisse haben, ein Phänomen, das wir immer wieder mit Spannung in Dokumentarfilmen über Tiere zur Kenntnis nehmen. Dabei ist es uns anscheinend nicht oder nur sehr wenig bewußt, wie ausgeprägt dieses Verhalten auch bei uns Menschen ist.

Nähe – Distanz – Körperkontakt

Jedesmal, wenn Menschen in einen kommunikativen Kontakt zueinander treten oder eine wie auch immer geartete Beziehung aufnehmen, müssen und werden sie – analog zum bereits beschriebenen Territorialverhalten – instinktiv entscheiden, in welchem Ausmaß sie einander physisch näherkommen wollen, wobei die jeweiligen Eckpunkte in der unmittelbaren Berührung beziehungsweise Berührungsnähe einerseits und der Hörweite andererseits zu sehen sind. Zwangsläufig signalisieren die jeweiligen Varianten, die ja in dieser Form auch von anderen wahrgenommen werden, die Einstellung zueinander und das ›Verhältnis‹, das zwischen den Partnern herrscht. Auch hier spielen kulturelle

Aspekte eine erhebliche Rolle. In einigen Gesellschaften ist es durchaus üblich, den Gesprächspartner bei der Unterhaltung zu berühren, in anderen wiederum ist gerade dies ausgesprochen verpönt. Doch beschäftigen wir uns vorrangig mit den Rahmenbedingungen, die in unserem eigenen Kulturkreis vorherrschen.

Die vier Kreise der Distanz

Zu den vielen Spielregeln auf diesem Gebiet der Körpersprache gehört insbesondere die vermutlich für die meisten überraschende Erkenntnis, daß sich das gesamte zwischenmenschliche Leben im Großen und Ganzen in vier Kreisen rund um ein Individuum abspielt und diesen zugeordnet werden kann:

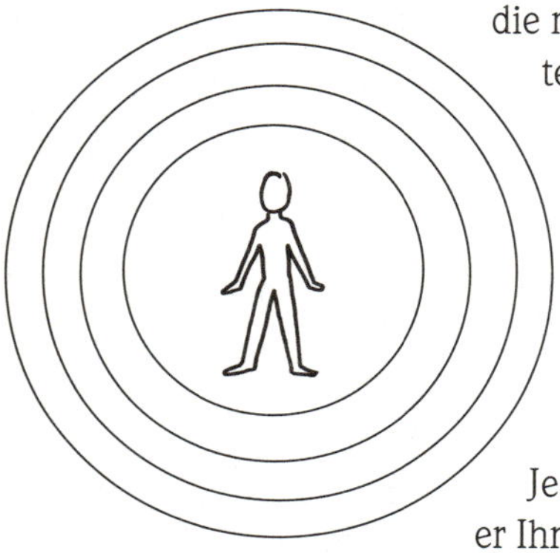

- die Intimdistanz,
- die persönliche Distanz,
- die soziale Distanz und
- die öffentliche Distanz.

Je nachdem, wie gut Sie jemanden kennen und wie nahe er Ihnen innerlich steht, desto näher lassen Sie ihn äußerlich an sich heran. Verhält sich jemand in einer bestimmten Gesprächssituation nicht adäquat zu der für ihn vorgesehenen Distanz – unterläuft oder überschreitet er sie – führt das zu Irritationen und Verunsicherung und wirkt sich damit auf die gesamte Kommunikationssituation negativ aus. Auch der Winkel, in dem die beiden oder auch mehrere Gesprächspartner zueinander stehen, spielt eine große Rolle. Bei frontalem Kontakt empfindet man mehr Nähe oder hält gegebenenfalls auch weniger davon aus, als wenn jemand seitlich, das heißt in einem etwa 90-Grad-Winkel zu einem steht oder sich nähert. Hierbei wird die Nähe als nicht gleich intensiv empfunden, da es immer noch Ausweichmöglichkeiten gibt. Persönlichkeitsstrukturen – eher introvertiert oder sehr kommunikativ – beeinflussen das Verhalten in diesem Punkt ebenfalls. Introvertierte halten größere Distanzen und grenzen sich aus Selbstschutz mehr ab als Extrovertierte. Selbsterklärend dürfte sein, daß sich Menschen, die sich sympathisch sind, stärker annähern, als diejenigen, die sich – wieder ein bekannter Begriff: »nicht riechen« können. Da der Geruch nur bei größerer Nähe eine Rolle spielt, ist dies sicherlich ein sehr treffender Ausdruck.

Jemanden »nicht riechen zu können« entspricht dem Wunsch nach größerer Distanz

Frontaler Kontakt vermittelt größere Nähe als der seitliche

Das, was unter der Überschrift ›Räumliches Verhalten‹ als Territorialverhalten beschrieben ist, ist insofern weitgehend identisch mit diesen Kreisen rund um Individuen, die selbstverständlich den eigenen Körper als Berührungs- und gleichzeitig Tabuzone mit einschließen. Nähe ist immer eine Mischung aus ganz individuellen Gewohnheiten und interpersonalen Einschätzungen einerseits und gesellschaftlichen Normen und Spielregeln andererseits. Insofern variiert räumliche Nähe natürlich auch mit den Bedingungen des Umfeldes: Findet eine Party mit 50 Gästen im eigenen Wohnzimmer statt oder ist der Zug überfüllt, weil draußen Eis und Schnee liegt, sind das Ausnahmesituationen, die auch anders zu bewerten sind.

Intimdistanz Der engste Kreis wird ›Intimdistanz‹ genannt und reicht im Durchschnitt von 0 bis etwa 50 Zentimeter. Diese Entfernung – oder besser: Nähe – hat den Vorzug oder auch einfach nur die Besonderheit, daß man einen Menschen mit allen zur Verfügung stehenden Sinnen wahrnehmen kann. Sie können – und wollen in der Regel – ihn oder sie berühren, im wahrsten Sinne des Wortes spüren wie beispielsweise seine Körperwärme, und Sie können ihn – mit po-

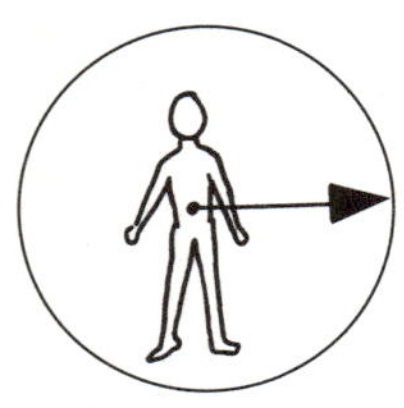

sitiven oder negativen Auswirkungen – riechen. Darüber hinaus gibt es zwangsläufig extrem intensiven Blickkontakt, denn im Grunde haben Sie bei großer Nähe nur noch die Ausschnittvergrößerung eines Menschen, da Sie nicht mehr alles von ihm wahrnehmen können, was im übrigen auch ein bestimmtes Vertrauen voraussetzt, da Ihnen Informationsmöglichkeiten genommen werden. Sie dürfen und müssen gegebenenfalls leise reden, was wiederum seinerseits den Eindruck der Intimität erhöht. Letzteres gilt auch, wenn das Kausalverhältnis umgekehrt ist und Sie sich jemandem nähern, um leise reden zu können, weil der Umstand, daß da nicht jeder eine bestimmte Botschaft hören soll, ebenfalls schon einen besonderen Grad von Vertrautheit schafft.

Berufliche Notwendigkeit zur Nähe

Zu unterscheiden ist dabei zwischen der beschriebenen von einer oder von beiden Seiten angestrebten Vertrautheit einerseits und der Nähe, die manchmal von beruflichen Notwendigkeiten bestimmt wird, andererseits. Ein Kellner, der uns unser Essen serviert, muß uns dazu zwangsläufig so nahe kommen, daß auch eine Berührung nicht ausgeschlossen ist. Oder eine Sekretärin oder ein Mitarbeiter, der seinem Chef anhand einer Unterlage etwas zeigen muß, dürfen ungestraft in diesen innersten Kreis vordringen.

Persönliche Distanz Der nächste Kreis heißt ›persönliche oder auch zwanglos-persönliche Distanz‹ und hat einen Radius zwischen 50 und 150 Zentimeter. Bei dieser Entfernung müssen Sie in der Regel einen Menschen kennen (aber nicht unbedingt lieben), beispielsweise jemand, mit dem Sie zusammenarbeiten und mit dem Sie gemeinsam ein Problem besprechen. Die normale Lautstärke ist geboten, und Sie können jemanden auch noch berühren, beispielsweise, um Übereinstimmung oder Zugewandtheit zu dokumentieren. Auch ermöglicht diese Distanz, den anderen insgesamt wahrzunehmen und nicht nur als die beschriebene Ausschnittvergrößerung. Das hat den durchaus ernstzunehmenden Begleiteffekt, daß Ihnen für die Wahrnehmung auch im Sinne einer Überprüfbarkeit verbaler oder anderer non-verbaler Aussagen ein größeres Spektrum zur Verfügung steht. Je weniger Ihnen jemand vertraut ist, desto wichtiger ist dieses Spektrum für Ihre Meinungsbildung und Ihr endgültiges Urteil.

Soziale Distanz Die ›soziale oder gesellschaftliche Distanz‹, die zwischen 1,5 und 4 Metern liegt, dokumentiert eine unpersönliche Beziehung zueinander. Obwohl man jemanden in der Regel optisch noch ganz gut wahrnehmen kann, muß man doch in der Lautstärke schon ein Phon zulegen, um sich noch verständigen zu können, und damit verbieten sich auch zwangsläufig ganz bestimmte Inhalte. Andererseits kann man durch diese Entfernung Macht und Gefälle zwischen Personen gut zum Ausdruck bringen, indem man jemanden zwingt, eine Aussage entsprechend laut zu machen oder eine Antwort zu wiederholen, damit sie alle verstehen können.

Ab dieser Distanz sind Frauen naturbedingt in gewisser Weise benachteiligt. Zum einen, weil eine hohe Stimme laut nicht wohltuend klingt, zum anderen, weil die wenigsten Frauen gelernt haben, sich laut zu artikulieren und dadurch auf sich aufmerksam zu machen. Dies ist mit einer der Gründe – natürlich in Verbindung mit inhaltlich ungeschickter Artikulation – warum in Sitzungen die durchaus guten Vorschläge von Frauen so häufig untergehen oder sich viele Frauen ›untergebuttert‹ fühlen. Diese Entfernung ist häufig damit verbunden, daß noch zusätzlich Gegenstände wie Tische, Stühle, oder anderes zwischen den agierenden Personen stehen und die Sachlichkeit im Umgang miteinander zusätzlich untermauern.

Öffentliche Distanz Schließlich ist da noch die ›öffentliche Distanz‹, die bei 4 Metern anfängt und die bis etwa 8 Meter reicht, wenn noch eine unmittelbare Ansprache möglich sein soll oder die auch darüber hinaus geht, was mit den heutigen Mitteln der Kommunikation – ich denke da an riesige Videowände bei Parteitagen, Aktionärstreffen oder Musikveranstaltungen – problemlos möglich ist. Ohne die genannte technische Unterstützung sind bei dieser Entfernung sowohl Sprechen, Hören als auch Sehen deutlich eingeschränkt, und deshalb ist es auch der einzige der beschriebenen ›Kreise‹, in dem man ohne großes Risiko körpersprachlich ›lügen‹ kann.

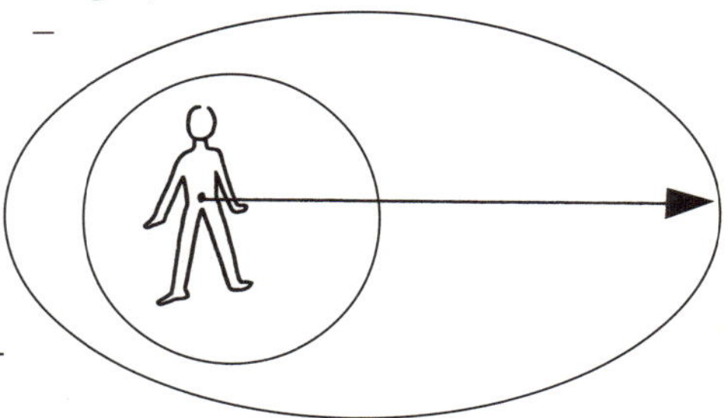

Denken Sie beispielsweise an das demonstrative ›Ehrenwort‹ eines Politikers, in diese oder jene Affäre ganz bestimmt nicht verwickelt zu sein. Wobei hier allerdings die erwähnten heutigen technischen Möglichkeiten der bildlichen Wiedergabe auch feinster Kleinigkeiten berücksichtigt werden müssen, was für einige Politiker, Manager oder Schauspieler eine kolossale Umgewöhnung bedeutet.

Körperkontakt Kommen wir nun zur ursprünglichsten und vermutlich ältesten Form der sozialen Kommunikation: dem unmittelbaren Körperkontakt. Waren Berührungen bei den bisherigen Aspekten eher eine ›Kann-Bestimmung‹, das heißt sie waren möglich, gehörten aber nicht unbedingt dazu, sollen sie jetzt unser Hauptthema sein. Um es einmal ein wenig überspitzt auf den Punkt zu bringen: Wenn ich einen Mitmenschen streichele oder schlage, bedarf keine der beiden Berührungsarten einer weitergehenden Interpretation. Die Botschaft der interpersonalen Einstellung ist überdeutlich.

Körperliche Berührung ist Tabuzone Nummer eins

Berührungen – ein heikles Thema Obwohl einerseits die elementarste Art der Mitteilung von Gefühlen, ist die körperliche Berührung in allen Gesellschaften – wenn auch mit sehr unterschiedlichen Spielregeln – die Tabuzone Nummer eins. Diese Tabuzonen werden dabei mit zunehmendem Alter vielfältiger und auf mehr Körperbereiche ausgedehnt. Das, was Kindern problemlos erlaubt ist, ist schon Jugendlichen und insbesondere Erwachsenen verboten, und das Gefühl, das zum Ausdruck gebracht werden soll, wird zunehmend von anderen non-verbalen – beispielsweise intensiverer und längerer Händedruck mit gleichzeitigem Berühren der Schulter des anderen mit der eigenen freien Hand in Kombination mit einem Gesichtsausdruck, der Wärme und Zugewandtheit zeigt – und vor allem verbalen Signalen – mündlicher Ausdruck der Wertschätzung – ersetzt.

Hinzu kommt, daß es bei den Berührungen eine sehr große Bandbreite gibt, die ihrerseits wiederum in erheblichem Umfang kulturellen Besonderheiten unterliegt. Anthropologen unterscheiden beispielsweise zwischen kontaktreichen – Lateinamerikaner, Südeuropäer – und kontaktarmen Kulturen wie Asiaten, West- und Mitteleuropäer, Amerikaner. Diese teils großen Unterschiede zwischen den einzelnen Gesellschaften führen nicht nur im Urlaub zu manchmal ernstzunehmenden Irritationen und Störungen.

Kulturelle Unterschiede

Südeuropäer beispielsweise gehen mit Körpersprache insgesamt und besonders mit Berührungen – auch unter Männern – viel selbstverständlicher um als wir Mitteleuropäer. Körpersprache, die bei uns vielfach als nicht zu vermeidende Begleiterscheinung gilt, wird dort als zentrales Ausdrucksmittel eingesetzt. Das hat naturgemäß zur Folge, daß unsere Reflexe, also beispielsweise die des Zurückweichens bei Berührungen durch Fremde oder allenfalls flüchtig Bekannte, auf die Reflexe der anderen Seite treffen, die dies als Zurückweisung von Herzlichkeit, Freundschaftsangebot oder einfach nur spontaner Emotion auffassen. Inwieweit sich die jeweiligen Seiten einander annähern können, weil der eine im Gastland des anderen für längere Zeit lebt, hängt auch von der jeweiligen Persönlichkeit ab. Sollte man sich nun gerade mit Begeisterung in diese andere Welt hineingefunden haben, fangen dann die Probleme bei der Rückkehr ins Heimatland wieder an.

Die Auslöser Auslöser für Körperkontakte sind meist die Hände und Arme, der Mund, der gesamte Oberkörper oder Füße und Knie, die sich wiederum gewöhnlich an Hand, Arm, Schulter, Kopf, Oberkörper oder auch Beine des anderen richten. Die jeweilige Bedeutung einer bestimmten Berührung ist – auch wenn sie in den meisten Fällen ein unmittelbarer Ausdruck von Gefühlen ist – als gesellschaftlicher Code erlernt und wird infolgedessen durch soziale Regeln gesteuert. Abgesehen von Aggressions- oder abwehrbezogenen körperlichen Berührungen, signalisieren sie doch in ihrer Mehrheit Zuneigung und menschliche Wärme. Fehlt diese Basiskommunikation insbesondere in den ersten Lebensjahren, wird das eine langfristige negative Prägung auslösen. Ich kenne etliche Erwachsene, die noch heute davon sprechen – und darunter leiden –, daß sie von ihren Vätern niemals in den Arm genommen worden sind, weil es generationsbedingt zu deren Sozialisation als Männer gehörte, keinerlei Emotionen zu zeigen.

Geschlecht und soziale Beziehung Neben dem bereits erwähnten Alter bestimmen vor allem das Geschlecht und die soziale Beziehung zwischen den jeweiligen Kommunizierenden die entscheidende Rolle. Innerhalb der Verwandtschaft oder unter sehr guten

Berührung als unmittelbarer Ausdruck von Gefühlen

Freunden sind andere Dinge erlaubt als nur unter Bekannten. Berührungen drücken praktisch immer eine besondere Qualität, das heißt vor allem Intensität einer Beziehung aus.

Bei zu großer Enge werden die anderen zu ›Nichtpersonen‹

Daher sind zwischen relativ fremden Personen zumindest in unserem Kulturkreis Berührungen extrem selten. Lassen sie sich im Gedränge in der Öffentlichkeit einmal nicht vermeiden, werden sie anders als üblich bewertet: eben nicht als Berührung im Sinne eines sozialen Verhaltens und damit Ausdrucksmittels. Im Gegenteil, je näher man Menschen rücken muß, die man ansonsten niemals in dieser Nähe dulden würde, desto kleiner und schmaler macht man sich. Reicht das immer noch nicht aus, um einer Berührung zu entgehen, hilft man sich damit, daß man jemanden für sich zur ›Nichtperson‹ macht, indem man beispielsweise durch ihn hindurchblickt, ihn also offiziell gar nicht wahrnimmt. Es dürften etwa die gleichen Mechanismen sein, mit denen zu früheren Zeiten die oberen Zehntausend ihre Dienstboten behandelt haben. Hier wurden auch intime Dinge ohne Scheu in Anwesenheit von ›Domestiken‹ besprochen, da diese tendenziell eher zu den Gegenständen im Raum und nicht zu den richtigen Menschen gezählt wurden.

Wenn Berührungen ›erlaubt‹ werden müssen Außen vor stehen bei diesen Vorgaben und Betrachtungen diejenigen Menschen, die andere von Berufs wegen berühren müssen und dadurch auch dürfen, wobei diese Art von Berührung von vornherein neutralisiert wird: das sind sämtliche heilenden Berufe von Arzt über Krankenschwester bis hin zu Therapeuten und Masseuren. Auch andere soziale Berufe wie Sozialarbeiter fallen darunter. Trotzdem können wir auch mit diesen geistigen Hilfsmitteln der Notwendigkeit einer Berührung unsere unwillkürlichen körperlichen Reaktionen darauf nicht völlig unterdrücken. Ob beim Zahnarzt oder bei anderen Gelegenheiten dieser Art verkrampft sich unser Körper dermaßen, daß wir dadurch häufig mehr Schmerzen haben, als eigentlich nötig.

Arten körperlicher Berührungen

Wir sollten aber noch versuchen, ein wenig Systematik in die körperlichen Berührungen zu bringen:

- Zu den angenehmen Varianten körperlicher Berührungen zählen die des Streichelns, Liebkosens, Kopf anlehnen, Festhaltens im Sinne von Schutz und Geborgenheit und fürsorglichen Verhaltens, die allerdings schon eine bestimmte Vertrautheit wie zwischen Eltern und Kindern oder zwischen Liebenden voraussetzen.
- Der gesamte sexuelle Bereich ist eine besonders intensive Sonderform dieser Art von Berührungen.
- Auch freundschaftliche Berührungen wie, jemandem zum Trost den Arm um die Schulter zu legen, jemandem anerkennend auf die Schulter zu klopfen oder während eines Gespräches durch die kurze Berührung des Armes Sympathie zu signalisieren, werden von den meisten Menschen als angenehm empfunden. Allerdings mit der Einschränkung, daß die Gefühlswelt zwischen Sender und Empfänger zumindest in den Grundzügen identisch sein muß.

Signalisieren von Sympathie

Ein Chef, den ich nicht respektiere oder der mir unsympathisch ist, wird mir durch schulterklopfende Anerkennung keine Freude bereiten – eher wird es gegenteilige Reaktionen hervorrufen.

Dirigistische Beeinflussung durch Berührung

- Berührungen können auch vielfältige dirigistische Inhalte haben, das heißt die Bewegungsrichtung von jemandem beeinflussen, indem man ihn führt, festhält, hinter sich herzieht oder auch schubst.
- Die wenig angenehme Seite des Berührens und Berührtwerdens ist der körperlich spürbare Ausdruck von Aggressivität: schlagen, treten, zu Boden werfen und mit dem Gewicht des eigenen Körpers festhalten und natürlich die dadurch ausgelöste Gegenwehr und Verteidigung.
- Berührungen dokumentieren auch häufig Statusunterschiede. Der Ranghöhere erlaubt sich – meist ohne das persönliche Wagnis einer Gegenwehr – den Rangniederen zu berühren. Das Extrembeispiel dafür dürfte die sexuelle Belästigung am Arbeitsplatz sein. Aber natürlich gibt es eine Vielzahl von anderen, teils sehr subtilen Varianten, die gerade eher denjenigen, der sich dagegen zur Wehr setzt, ins Unrecht setzen, als umgekehrt. Auch der Umstand, daß Männer Frauen – auch ohne sexuelle Absichten – häufiger

Dirigistische Führung

Sexuelle Belästigung

berühren als umgekehrt hat etwas mit dem unausgesprochenen und manchmal befürchte ich: unausrottbaren, weil tief verinnerlichten Machtgefälle zwischen den Geschlechtern zu tun.

- Und schließlich ist da das Spektrum der Riten und Gebräuche. Es beginnt mit Begrüßungs- und Verabschiedungsgewohnheiten wie dem bei uns üblichen Händeschütteln bis hin zu teils sehr komplizierten Abläufen in anderen Kulturen. Dazu zählen aber ebenso öffentliche Rituale – insbesondere im kirchlichen Umfeld – wie beispielsweise die Taufe eines Neugeborenen.

Durch Traditionen erlaubte Berührungen

Nehmen wir als Fazit mit, daß jede Form von Körperkontakt ein ganz besonders intensiver Ausdruck von Emotionen ist, der gleichzeitig von sehr vielen Konventionen und Spielregeln überlagert ist.

Gestik

Die Gestik ist – obwohl sie vergleichbar dem nächsten Aspekt, der Mimik, mit am besten sichtbar ist – eigentlich ein vergleichsweise aussageschwächeres Element der Körpersprache. Es gibt bekanntermaßen Menschen, die aufgrund ihres Temperaments viel und intensiv »mit den Händen reden«. Andere sind in dieser Hinsicht eher sparsam, wieder andere setzen Gestik sehr gezielt zum Unterstreichen ihrer Aussagen ein. Natürlich gibt es auch in diesem Bereich Hinweise, die relativ klar interpretierbar sind, wie das Fingerklopfen auf der Tischplatte für Ungeduld, Langeweile und/oder zunehmenden Ärger. Keineswegs bedeutet jedoch das Arme-Übereinander-Verschränken grundsätzlich ›Mauern‹ oder Zurückhaltung.

Insgesamt gesehen, wird Gestik, vielleicht weil sie uns so selbstverständlich erscheint, im Rahmen des Gesamteindrucks von Körpersprache recht wenig beachtet und damit selten ausgewertet. Leider gibt es auch keine gesicherten Erkenntnisse darüber, ob es beispielsweise angeborene Gesten gibt, die bestimmte Gefühlszustände zum Ausdruck bringen. Vermutlich dürfte zumindest der größte Teil im kulturellen Umfeld erlernt sein. In diesem Zusammenhang gibt es ganz witzige Beispiele, wenn Kinder Erwachsenengesten imitieren und dadurch manchmal ungewollt karikieren oder ausgesprochene Marotten aufzeigen.

Gesten sind vor allem erlernt

Gestik kann ähnlich monoton wirken, wie ein schlechter Redner. Es gibt Menschen, die während eines zweistündigen Gespräches immer wieder die gleichen Gesten machen, was ebenso nervt, wie die ständige Wiederholung eines Lieblingsbegriffes oder einer Redewendung oder wenn der Satz jedesmal mit einem »Ääh« beginnt. Seltsamerweise haben die wenigsten Menschen eine ausdrucksvolle, weil abwechslungsreiche und gezielte Gestik.

Untermalung der verbalen Mitteilung

Den intensivsten Gebrauch machen wir von der Gestik trotz dieser Einschränkungen sicherlich in der Untermalung und vor allem Illustration dessen, was wir verbal mitteilen. Dabei gibt es Gesten, die von fast allen gleichermaßen so reflexartig benutzt werden, um eine Äußerung sozusagen bildlich zu untermauern, daß sie nahezu untrennbar mit der verbalen Aussage verbunden scheint. Am deutlichsten wird das beim Telefonieren. Obwohl uns unser Gesprächspartner nicht sehen kann, machen wir sehr häufig die gleichen Hand- oder Fingerbewegungen. Bei der Aussage: »Das weiß ich leider nicht.« stellen wir eine Hand leicht geöffnet halb senkrecht und ziehen gleichzeitig die Arme bis zu den Schultern hoch. Ganz besonders typisch ist dieses Phänomen, wenn uns für einen Gegenstand nicht die richtigen beschreibenden Worte oder der spezielle Begriff selbst einfällt, dann fangen wir automatisch an, mit den Hände zu umschreiben. Stellen Sie sich vor, Ihnen will das Wort ›Kettenkarussell‹ partout nicht einfallen. Dann machen Sie mit Ihrem ausgestreckten Zeigefinger nach unten kreisförmige Bewegungen mit einer Hand, um zu zeigen, daß es sich um ein Ding handelt, das sich dreht. Bei der Beschreibung einer Wendeltreppe wird der gleiche Zeigefinger wegen des Wortes ›Treppe‹ und damit Aufstieg nach oben gerichtet und ebenfalls wieder die Hand gedreht.

Das Umschreiben von Worten

Daneben gibt es die Gesten, die vergleichbar dem Tonfall eine Aussage konkretisieren oder abrunden und deutlicher als mit Worten ›sagen‹, was wir meinen. Sagt also beispielsweise eine Frau zu ihrem Mann: »Gib mir noch einen Abschiedskuß«, will dabei aber ihren frisch aufgetragenen Lippenstift retten, wird sie mit der Hand und ihrem ausgestreckten Zeigefinger beispielsweise auf ihre linke Wange zeigen und dabei gleichzeitig den Kopf entsprechend geneigt vorstrecken.

Beispiele ›beredter‹ Gestikformen

Wir können mit Händen und Armen: Richtungen zeigen, bestimmte Gegenstände oder einzelne Menschen identifizieren, Worte beziehungsweise Aussagen betonen und markieren, Inhalte konkretisieren und Beispiele demonstrieren, Dinge und Menschen abwehren und sogar »unsere Hände in Unschuld waschen«, Nichtwissen oder Hilflosigkeit einräumen, beeindrucken, glatt ablehnen, relativieren, ein Angebot oder einen Kompromiß unterbreiten, auf unserer Position beharren und insistieren, Schutzwälle gegen ›Angriffe‹ bauen, mitteilen: »teurer Freund bis hierher und nicht weiter«, Weisungen erteilen und herumkommandieren, Anerkennung ausdrücken, andere bremsen und zurückhalten, jemanden von etwas abhalten, werben und Sympathie zeigen, nachdrücklich werden, aggressiv und damit bedrohlich sein, Statusunterschiede zum Ausdruck bringen oder untermauern, angreifen, Übereinstimmung mitteilen, ungeduldig sein, Zufriedenheit oder sogar Begeisterung zeigen, Zuneigung und Wunsch nach Nähe dokumentieren, offen sein für Vorschläge, Nachdenklichkeit signalisieren, abwarten, Unbehaglichkeit und Nervosität preisgeben, jemanden zu sich bitten, Schlußstriche ziehen, Punkte setzen, Freude zeigen, Aufregung ausdrücken oder versuchen, sie zu verbergen, und so weiter …

Beispiele gestischen Ausdrucks: Betonung, Schadenfreude und Aggression

Gestik – ›Verräter‹ des Innenlebens

Diese mit Sicherheit unvollständige Aufzählung zeigt außerdem bereits, daß Gesten auch durchaus unbeabsichtigt Gefühlszustände zum Ausdruck bringen. Konkrete Beispiele dafür können sein. Das Spielen mit den Händen oder Gegenständen als Ausdruck von Nervosität. Das Umklammern von Dingen, bis vielleicht sogar die Finger weiß werden, als Ausdruck verhaltener Wut. Das Streicheln von meist weichen oder zumindest glatten – also fühlbar angenehmen – Gegenständen als Zeichen von Einsamkeit. Das Ballen der Faust als Ausdruck von Aggression. Das Pressen der Augen über der Nasenwurzel mit zwei Fingern als Signal von Müdigkeit und Erschöpfung. Das unwillkürliche Kratzen am Kopf für Ratlosigkeit. Oder auch das Hochwerfen der Arme für Begeisterung über einen Erfolg.

Das Spiel der Hände untermalt das Gespräch

Mit Händen reden

Gestik hat in einigen Fällen und Situationen aber auch bereits ein sehr ausgeprägtes Eigenleben entwickelt. Das Extrembeispiel dafür ist sicherlich, daß der Mensch mit entsprechendem Lernaufwand die Gestik sogar so weit perfektionieren kann, daß daraus eine eigenständige Kommunikationsform wird beziehungsweise sie Sprache voll ersetzen kann wie beim Taubstummenalphabet oder bei bestimmten, zumindest innerhalb einer Gesellschaft inhaltlich klar definierten Gesten wie dem Victory-Zeichen oder jemandem den berühmten Vogel zu zeigen.

Jenseits von Willkür und Kontrolle

Gestik wird nur in sehr geringem Maße kontrolliert, es sei denn, jemand hat gerade in einem Seminar gelernt, daß diese oder jene Bewegung mit Händen oder Armen nicht positiv wirkt. Aber wie immer, wenn wir etwas nicht oder nur in geringem Umfang unserer Kopfkontrolle unterwerfen, steht der Wahrheitsgehalt in umgekehrt proportionalem Verhältnis dazu. Das heißt konkret, daß die Gestik gut dazu geeignet ist, während einer Unterhaltung herauszufinden, ob mir jemand etwas vormacht. Erinnern wir uns in diesem Zusammenhang an das bekannte Anglerlatein, wenn der gefangene Fisch von Erzählung zu Erzählung vor allem mit Hilfe der Gestik immer größer wird. Auch die Frage, ob jemand tatsächlich meint, was er sagt, läßt sich durch Wahrnehmung der Gestik mit größerer Wahrscheinlichkeit prognostizieren.

Ohne Gestik wirkt Begeisterung nicht echt

Da gerade die bildliche Untermalung einer Beschreibung mehr oder weniger automatisch erfolgt, kann die dann fehlende Gestik bei einer dramatischen Urlaubsbegebenheit oder einem anderen wirklich großen Erlebnis vergleichbar dem Anglerlatein darauf hinweisen, daß derjenige vermutlich ein gutes und spannendes Buch darüber gelesen, die Sache aber aller Wahrscheinlichkeit nicht selbst erlebt hat und damit auch gestisch nicht konkretisieren und ausmalen kann. Besonders große Begeisterung kommt ohne Gestik kaum aus.

Wie unwillkürlich Gestik in den meisten Fällen ist, merken wir auch bei dem Versuch, Aussagen zu treffen und dabei die Hände still liegen zu lassen, oder uns zu zwingen eine Kommunikation über ein beliebiges Thema mit einer vorgegebenen Stellung der Hände zu führen.

Begrüßungsgesten

Gestik hat natürlich auch durchaus praktische Funktionen wie alle möglichen Varianten der Begrüßung, wo die Gestik mit der körperlichen Nähe und dem Körperkontakt kombiniert wird. Es ist geradezu ein Segen, daß uns auf diesem Sektor durch die Kombinierbarkeit der verschiedenen Körpersignale eine so breite Gefühlsskala zu Gebote steht. So kann ich beispielsweise mit ausgestreckter Hand auf jemanden zugehen, um zu signalisieren, wie sehr ich mich freue ihn zu sehen. Ich kann mich unscheinbar fühlen, indem ich mit vor meinem Körper hängenden Armen und übereinandergelegten Händen darauf warte, daß der Neuankömmling mich ebenfalls sieht und begrüßen will; erst dann strecke ich die Hand aus. Begrüße ich jemanden und halte ihn dabei gleichzeitig fest – die Grußhand in beiden Händen oder die eine Hand gleichzeitig am Oberarm des anderen –, nehme ich ihm bewußt oder unbewußt gleichzeitig die Reaktionsmöglichkeit des Zurückweichens, die mir gerade bei meinem Ausdruck von Sympathie höchst unwillkommen wäre.

Freudige und abwartende Begrüßungen

›Große‹ Gesten

Dann gibt es schließlich noch die sogenannten ›großen Gesten‹, von denen mancher Redner meint, daß erst sie ihn ins rechte Licht rücken. Im Theater haben sie eine durchaus ernstzunehmende Funktion, indem sie das Gesagte so untermalen, daß eine Aussage auch bei schlechter Akustik in einem großen Raum selbst auf den hintersten Rängen verstanden werden kann.

Mimik

Die Mimik eines Menschen, die in der Tat zu den ausdrucksfähigsten Teilen des Körpers gehört, bekommt zwar meist einen hohen Stellenwert in der Aussagekraft beigemessen; dies entspricht aber allenfalls einer ›Kann‹- und keiner ›Muß‹bestimmung. Sie kann zwar außerordentlich viel ›sagen‹, ist jedoch gleichzeitig das Element der Körpersprache, das vermutlich wegen seines hohen Aussagewertes und weil eben jeder weiß, daß es während einer Interaktion besonders genau beobachtet wird, in einem erheblichen Umfang der persönlichen Kontrolle unterliegt, wovon ausgiebig Gebrauch gemacht wird. Der Begriff ›Pokerface‹ dürfte in diesem Zusammenhang jedem vertraut sein und diese Aussage auf den Punkt bringen.

Sie unterliegt meist der persönlichen Kontrolle

Studien zu diesem Thema können Sie besonders gut abends in der Straßen- oder U-Bahn machen, wenn sich jedermann in der anonymen Menge unbeobachtet glaubt und nur noch müde sein darf oder mimisch den Ärger des Tages rekapituliert, jedenfalls keine ›Rolle‹ mehr spielen muß. Tagsüber – besonders im Beruf – leisten sich das die wenigsten Menschen. Jeder kennt sicherlich den Ausdruck: »Damit hat er sein wahres Gesicht gezeigt.«

Sein »wahres Gesicht« zeigen

Mimik ist ein Medium der Kommunikation, das schon Säuglinge interessiert, die auf Lächeln positiv reagieren und vertraute Gesichter frühzeitig erkennen können, in den ersten Monaten aber eigentlich auf jedes freundliche Gesicht ebenso freundlich reagieren. Dazu gehört auch die Entwicklungsphase des sogenannten ›Fremdelns‹, während der das Geschrei losgeht, wenn ein fremdes Gesicht sich über Kinderwagen oder Bettchen beugt – gleichgültig wie freundlich dieses Gesicht ist.

Funktionen und Nutzen

Manche Mimiken sind wahrscheinlich angeboren

Die Wissenschaft hat sich bei der Mimik an verschiedensten Formen einer Kategorisierung versucht: nach den inhaltlichen Mitteilungen wie Glücklichsein, Überraschung, Interesse, Trauer, Furcht, Wut, Ekel, Verachtung, die, wie Sie sich vielleicht erinnern werden, zu den vermutlich angeborenen Ausdrucksformen gehören, da sie in allen Kulturen nahezu gleichermaßen ausgedrückt und von anderen interpretiert werden. Daneben gab es den Versuch, die Mimik nach den grundlegenden Gesichtsbewegungen einzuordnen wie mehreren Augenbrauenbewegungen, verschiedenen Lidpositionen, Mundstellungen etc. Aber ich denke, wir kommen vielleicht ohne eine solche Kategorisierung weiter, indem wir uns bewußt machen, was Mimik eigentlich an Ausdrucksnutzen hat.

Ausdruck und Übermittlung von Gefühlen Ohne die beschriebene Gesichts-Kontrolle hat Mimik die Funktion, unseren Gefühlszustand auszudrücken und damit gleichzeitig dem anderen zu übermitteln.

Feedback zum gesprochenen Wort Darüber hinaus stellt sie dadurch eine permanente Rückmeldung zum gesprochenen Wort dar, ob der verbale Teil verstanden wurde, ob der andere dem zustimmt oder eher ablehnend oder überrascht ist, und was es da sonst noch an mimischen Kommentierungen gibt, die teils schon in den vorherigen Teilen angesprochen worden sind.

Mimik als Auslöser von Konflikten

Einstellung zum Partner Die Mimik zeigt aber vor allem – sofern ich sie nicht umfassend kontrolliere –, welche Einstellung ich gegenüber meinem Gesprächspartner oder auch anderen Menschen, mit denen ich gar nicht unmittelbar in Kontakt treten muß, habe. Hier ist schon manches scharfe Wort wegen tatsächlicher oder vermeintlicher Überheblichkeit und Geringschätzung ausgetauscht worden. Ich kann mich sogar an eine Begebenheit aus den Anfängen meiner Schulzeit erinnern, als im von mir extrem gehaßten Handarbeitsunterricht eine Lehrerin eine ›5‹ für mich in ihr Buch eintrug, nur dafür, wie ich sie angesehen hatte, nachdem sie mich trotz oder vielleicht wegen meiner höchst mühevollen Strick-Arbeit meiner Ansicht nach ungerechtfertigterweise kritisierte.

Mimik – stärkster Anzeiger der Emotionen

Wir können also bei der Mimik von einer sehr elementaren Ausdrucksform von Gefühlen ausgehen. Gerade, weil das so ist, versuchen wir, diesen Gefühlsausdruck so stark wie möglich unter Kontrolle zu halten, weil wir eben in unserem Kulturkreis auch unser Gefühls-Innenleben unter Kontrolle und damit im Zaum halten. Einzelne Ausdrucksformen entziehen sich dabei jedoch glücklicherweise unserer Zensur. Sie sind als unmittelbare Auswirkung des Nervensystems nicht zu beherrschen, die Reaktionen erfolgen unwillkürlich, sind aber unglücklicherweise von anderen zu lesen. Dazu gehört allem voran die Erweiterung unserer Pupillen bei positiven emotionalen Zuständen, eben freudiger Erregung. Dieses Phänomen haben sich – wie könnte es anders sein – die Werbepsychologen zunutze gemacht, indem sie über diese Reflexe bei Versuchspersonen überprüfen, ob eine Botschaft auf die entsprechend erwünschte Gegenliebe stößt.

Meister der Maske Trotz dieser kleinen ernüchternden Einschränkung dient unser Gesicht – vermutlich häufiger als uns bewußt ist – als regelrechte Maske. Ist es doch in unseren Breiten weitgehend verpönt oder zumindest außergewöhnlich, seine wahren Gefühle zu

Weibliche und männliche Mimik: Angst

Trauer

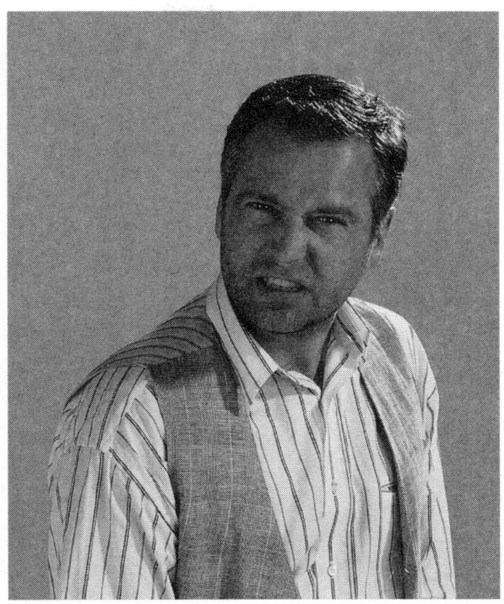

Wut

Freude und Glück

zeigen. Daher haben wir unser Beerdigungs-Gesicht, insbesondere dann, wenn wir selbst nicht zu den Betroffenen gehören, unser Party-Gesicht voller Frohsinn ob der ausgezeichneten Stimmung, unser Dienst-Gesicht: »Bloß nicht zeigen, für wie blödsinnig wir diese Anordnung halten« und viele andere mehr.

Jemand, der bei uns seine wahren Gefühle über sein Gesicht zum Ausdruck bringt, gilt vielen als eine Art Exot. Meist unterstellen wir dann große finanzielle Unabhängigkeit »Der muß niemandem nach dem Mund reden«, im übrigen ein sehr vielsagender Ausdruck; oder eine Art freischaffenden Künstler, gegen dessen Prinzipien es verstößt, seine persönliche Freiheit und Unangepaßtheit nicht auch körpersprachlich zum Ausdruck zu bringen.

Wenn die Maske nicht mehr abzulegen ist Unsere übergroße Disziplin auf diesem Sektor bringt uns sogar manchmal in die wenig schöne Situation, diese ›Maske‹ nicht mehr nach Belieben ablegen oder austauschen zu können. Alles an uns wirkt dann plötzlich aufgesetzt und gekünstelt; die gewählte Maske wird sozusagen zum automatischen Reflex. Das Lächeln beispielsweise wirkt dann im wahrsten Sinne des Wortes verkrampft oder hat nicht mehr den erwarteten Ausdruck von echter Herzlichkeit, weil die auf diese Haltung trainierten Muskeln sich plötzlich anders bewegen sollen. Ich kann mir auch genau das Gegenteil vorstellen. Jemand der bei einem Bestattungsunternehmen arbeitet und immer nur mit Trauernden zu tun hat, nie lächeln darf, weil das von den Kunden in ihrer Betroffenheit als pietätlos angesehen würde, dürfte ein ähnliches Problem haben. Die Kontrolle reicht manchmal so weit, daß wir Menschen, die in ihrer Mimik offen sind, ganz spontan mit Mißtrauen begegnen oder zumindest in der Interpretation sehr unsicher werden.

Einem solchen Lächeln fehlt jede Herzlichkeit

Momentaufnahmen der Gefühle Gesichtsausdrücke – bewußt im Plural gesagt, auch wenn das Wort nicht schön klingt – sind in aller Regel winzige Momentaufnahmen. Kaum etwas kann sich so rasch verändern oder von uns durch die wieder einsetzende Kopfkontrolle bewußt verändert werden. Nichts kann uns einem aufmerksamen Beobachter gegenüber auch so rasch entlarven, wenn wir verbal etwas ausdrücken, das unsere Mimik Lügen straft.

Blickkontakt

Die stärkste Interpretationsfähigkeit und Aussagekraft ist mit dem Blickkontakt verbunden, der in den meisten Fällen mit intensiver Mimik einhergeht. Bei diesem Teil der Körpersprache ist Lügen – zumindest bei entsprechender Nähe – nahezu ausgeschlossen. Erinnern Sie sich, daß Sie immer dann, wenn Sie einmal geschwindelt haben, tunlichst jeden Blickkontakt zu Ihrem Gegenüber vermieden haben? Wurden Sie dann doch durch entsprechend eindringliches Nachfragen dazu gezwungen, den anderen anzusehen, war die Konsequenz in der Regel der hochrote Kopf. Damit konnte man sich dann alle weiteren Bemühungen, halbwegs intelligente Geschichten zu erfinden, sparen.

Intensiver Blickkontakt macht Lügen fast unmöglich

Eine durchaus vergleichbare höchst peinliche Situation in diesem Zusammenhang ist das Zuspätkommen in einer geschlossenen Gesellschaft, beispielsweise in der Kirche während eines Gottesdienstes. Da die Blickrichtung ganz wertneutral und sachlich ausgedrückt die Richtung der Aufmerksamkeit deutlich macht, ist es schon ein traumhaftes Gefühl, wenn die Tür zu allem Überfluß auch noch knarrt, sich alles umdreht, einen abschätzig anblickt und der Pfarrer vielleicht auch noch seine Predigt oder was immer er gerade tut, unterbricht und den Nachzügler mit hochgezogenen Augenbrauen und gerunzelter Stirn – also Blickkontakt plus Mimik – ziemlich vorwurfsvoll anblickt. Die meisten Menschen, selbst diejenigen, die uns ansonsten als recht abgehärtet gegen Konventionen bekannt sind, werden in diesen Momenten ganz klein und wünschen sich eine Falltür im Boden, um lautlos darin verschwinden zu können.

Indiz für die Arten der Beziehung

Da die Abfolge der Augenbewegungen einer der wichtigsten Begleitaspekte jeglicher sozialen Interaktion darstellt, werden damit zwangsläufig eine Vielzahl von Informationen an den anderen weitergegeben. Versucht man hier, eine Art Kategorisierung ohne die Feinheiten, die einem einigermaßen kommunikativen Menschen zu Gebote stehen, dann lassen sich mit den Augen beziehungsweise dem Blickkontakt verschiedene ›Arten‹ von Beziehungen herstellen:

Sympathiebekundung Da ist zum einen die Sympathiebekundung oder etwas hochtrabender ausgedrückt: affiliative Motivation.

Gegenseitige Sympathie-bezeugung durch intensiven Blickkontakt

Menschen, die wir mögen und sympathisch finden, schauen wir länger und intensiver an. Meist ist dieser Blickkontakt gleichzeitig mit einem Lächeln verbunden, das von einer kleinen Andeutung bis zu fast schon liebevollem Ausdruck, wie beispielsweise zwischen Mutter und Kind, reichen kann. Intensive freundliche Blicke werden so grundsätzlich als Zeichen von Zuneigung decodiert, daß derjenige, der sich auf diese Weise gemocht und angenommen fühlt, alleine schon deshalb den anderen auch sympathisch findet oder mehr mag.

Jemand, der einen Vortrag hält oder Moderator in einer Gruppe ist, muß aus professionellen Gründen eigentlich ständig gegen sein Gefühl ankämpfen, primär und überwiegend diejenigen Teilnehmer anzublicken, die ihm freundlich zulächeln und die seine Aussagen womöglich noch mit zustimmendem Nicken begleiten. Dieser angenehmen Bestätigung der eigenen Bemühungen kann man sich nur mit sehr großer Disziplin entziehen. Manche Fehler der Referenten gehen so weit, daß sie per Blickkontakt potentielle Störfaktoren – Zuhörer, die etwas fragen wollen, die anderer Ansicht sind etc. – im wahrsten Sinne des Wortes ausblenden. Das heißt, der Referent dreht sich so, daß entweder kein Blickkontakt möglich ist, oder es gibt diesen Blick, der durch Mensch hindurchgeht, als ob sie aus Glas oder gar nicht vorhanden wären.

Erotik Sozusagen der Sonderfall emotionaler Sympathiekundgebung dürfte die sexuelle Beziehung oder auch allgemeiner die Erotik sein, die meist mit diesem speziellen besonders vielsagenden und tiefgründigen Lächeln einhergeht und als ›Sahnetupfer‹ die geweiteten Pupillen aufweist, die reflexartig funktionieren und die wir nicht unter Kontrolle haben.

Positive Gefühle erweitern die Pupillen

Diese Reflexe werden durch zwei verschiedene Auslöser bewirkt: zum einen ganz unromantisch durch den Lichteinfall. Werden wir geblendet oder müssen wir in helles Licht schauen, dann verengen sich die Pupillen. Bei geringer Helligkeit geschieht das Gegenteil. Die wesentlich spannendere Ursache ist ein wie auch immer geartetes positives Gefühl, wenn wir auf einen Gegenstand und eben auf einen Menschen blicken. Es funktioniert auch, wenn wir an etwas ganz besonders Angenehmes denken. Sie haben mit Sicherheit schon einmal jemanden beim Tagträumen erlebt, der oder die dann plötzlich und ohne äußere Einwirkung dieses versonnene, fast unwiderstehliche Lächeln auf dem Gesicht hatte. Viele reagieren ausgesprochen sauer, wenn man sie aus diesen Betrachtungen herausreißt, und meist muß man schon mehrere Anläufe machen, bis man überhaupt wahrgenommen oder gar gehört wird.

Pacing – was sich liebt, das spiegelt sich Wenn Sie einmal verliebte Paare beobachten, diskret natürlich, können Sie – beiderseitige Begeisterung vorausgesetzt – fast den Eindruck von Simultandolmetschern haben, was den gesamten Ablauf der Körpersprache bis hin zur Begleitung des gesprochenen Wortes betrifft. Zu keinem anderen Zeitpunkt kann man es sich leisten, so intensiv zu schweigen und sich trotzdem blendend zu verstehen. Nicht umsonst gibt es den Begriff »der vielsagenden Blicke«. Die erwähnte Pupillenerweiterung funktioniert dann ebenfalls spiegelbildlich. Menschen, die so signalisieren, daß sie sehr positiv gestimmt sind, wirken dadurch attraktiver, was wiederum die erweiterten Pupillen beim anderen hervorruft usw. – also fast schon ein Perpetuum Mobile. Es entbehrt dabei nicht einer gewissen Ironie, daß Paare gerade zu dem Zeitpunkt, zu dem sie sich eigentlich noch gar nicht gut kennen, sozusagen körpersprachlich synchron handeln.

Körpersprachliche Synchronie bei verliebten Paaren

Je länger die Beziehung jedoch dauert, desto asynchroner werden in den meisten Fällen Bewegungen, Mimik und eben Blickkontakt. Gerade in Restaurants kann man bei ›Alt-Ehepaaren‹ bereits von weitem und ohne ein Wort zu verstehen den Zustand der Beziehung nur anhand der Körpersprache und insbesondere vom Blickkontakt ablesen. Auch hier wird vielfach durch den Partner durchgeschaut, oder der Blick macht die Runde, ohne daß ein erkennbares Interesse oder gar Neugier auf das Geschehen ringsum festzustellen wären.

Drohsignale – Dominanz Ein weiteres wichtiges Ausdrucksmoment in der Palette der Blickkontakte sind alle Varianten von Droh-

Drohsignale: gerunzelte Stirn und unfreundlicher Blick

Drohsignale können auch Dominanzbezeugungen sein

signalen und Dominanzbezeugungen. Ich kann jemanden mit gerunzelter Stirn unfreundlich anblicken, kann jemanden auf höchst unerfreuliche Weise fixieren und anstarren, durch ihn hindurchblicken oder mein Mißfallen auf andere Weise kundtun.

Bedingt durch die enge Begleitung des Blickkontaktes durch die Mimik gibt es hier manchmal etwas verwirrende Botschaften. Wenn Sie sich an das erinnern, was ich zur Mimik gesagt habe, daß hier die ›Maske‹ durchaus üblich ist, kann die Mimik den Blickkontakt entweder deutlich verstärken, oder es gibt diesen optisch wahrnehmbaren Widerspruch, daß die Mimik freundlich ist, die Augen aber Blitze schleudern. Auch Intensität, das heißt sehr unmittelbarer Blickkontakt, und die Dauer sind für die Wahrnehmung von Bedrohungen von entscheidender Bedeutung. Besonders das Anstarren aus einer relativ geringen Distanz, das dann noch von Schweigen begleitet wird, wird als äußerst bedrohlich empfunden.

Feedback Der Blickkontakt hat außerdem eine der wichtigsten Rückkopplungsfunktionen bei einer verbalen Unterhaltung. Man kann Verstehen oder genau das Gegenteil signalisieren, durch forschendes, fragendes Hinsehen zeigen, daß man noch anderes hinter den Worten vermutet, oder man will zusätzliche und/oder detailliertere Informationen und vieles andere mehr. Ich bin der Überzeugung, daß Ihnen dazu auf Anhieb eine Vielzahl von Beispielen in eigener Sache einfallen werden.

Überzeugung Ganz besonders intensiv wird der Blick genutzt, wenn man jemanden von etwas überzeugen oder ihm – negativ ausgedrückt – etwas aufschwatzen will. Da eine bestimmte Dauer und Intensität – von Liebespaaren einmal abgesehen – eigentlich eine Verletzung der üblichen Spielregeln darstellt, führt diese Art von Blickkontakt zwangsläufig beim Gesprächspartner zu Irritationen und lenkt damit den Zuhörer von wahrscheinlich sehr wenig überzeugenden Argumenten ab. Der Verstand wird sozusagen über die Körpersprache zumindest teilweise ausgeschaltet. Vielleicht erinnern Sie sich an die berühmte Szene zwischen Mogli und der Schlange in dem Disney Zeichentrickfilm »Das Dschungelbuch«. Sie ist für mich ein Paradebeispiel für eine solche Situation. Im Extrem beherrschen dieses Phänomen Hypnotiseure. Es gibt aber auch ›normale‹ Menschen, die trotzdem andere nach Belieben manipulieren können und die dazu intensiven Blickkontakt nutzen. Manche können sogar, wie es so schön heißt, »ohne mit der Wimper zu zucken« lügen.

Verachtung und Standesunterschied

Wie bereits mehrfach angedeutet, kann ich jemanden trotz oder gerade mit Hilfe von intensivem Blickkontakt regelrecht ignorieren und damit gleichzeitig erhebliche Verachtung oder zumindest (vermeintliche) Statusunterschiede deutlich machen. Erinnern Sie sich an das Beispiel mit den Dienstboten, die im eigentlichen Sinne des Wortes nicht vorhanden sind, durch die man deshalb durchschaut, selbst wenn sie einen gerade bedienen? Diesen Blick, der durch jemanden durchgeht, ihn eigentlich gar nicht wahrnimmt und ins Leere geht, wenden wir beispielsweise auch an, wenn wir auf der Straße einen Bettler sehen. So etwas stört unsere Kreise, hat diesen unangenehmen Aufforderungscharakter, dem wir dadurch zu entgehen versuchen, um nicht Geld geben

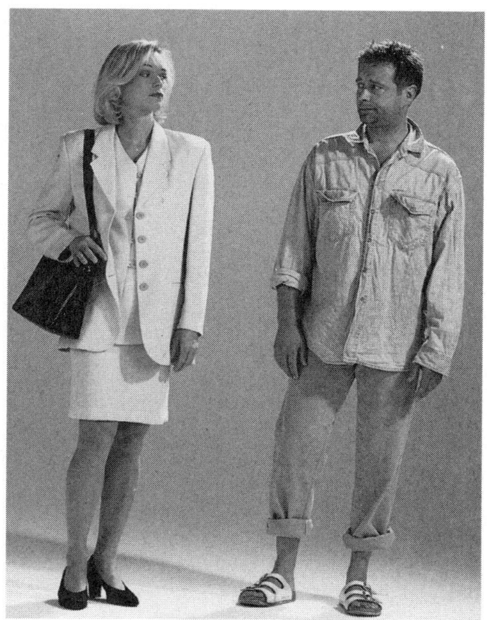

Verachtung soll Statusunterschiede deutlich machen

zu müssen oder sich anschließend sogar schlecht zu fühlen, weil man es nicht getan hat.

Etwas Ähnliches passiert, wenn jemand aus Ihrer Sicht etwas Dummes gesagt hat. Sie signalisieren dann mit der Art Ihres Blickkontaktes ihre gesamte Verachtung ob dieses Schnitzers. Ja, Sie können sogar per Blickkontakt andeuten, daß Sie sich womöglich in jemandem getäuscht haben, dies also nicht nur eine dumme Antwort war, sondern sich jemand in Ihren Augen damit als Dummkopf entlarvt hat. Je nach früherer Wertschätzung steht dann in den Augen auch die gesamte Enttäuschung über die eigene (vermeintlich) falsche Einschätzung. Meist zeigen wir dann über den Blickkontakt auch noch, daß wir eine bewußte Täuschung durch entsprechende Schauspielerei unterstellen.

Die Augen – Gefühls- und Stimmungsbarometer

Der Blickkontakt ist also schon einmal unser wichtigstes Gefühls- und Stimmungsbarometer für andere, was selbstverständlich auch ›Aussagen‹ wie Überraschung oder Erschrecken, Staunen, Ängste oder Verlegenheit beinhaltet. Mit den Augen nehmen wir nun einmal in der Regel zuerst wahr, sie alarmieren – wenn notwendig – auch unmittelbar unseren Verstand. Auch eine gewisse Anspannung im Sinne von Unsicherheit oder dem Bewußtsein einer heiklen Situation schlagen sich in wesentlich häufigeren Blickkontakten, wenn auch mit kurzer Blickdauer nieder. Bei kaum einem anderen Element der Körpersprache gibt es so viele feststehende Redewendungen wie: »Das war Liebe auf den ersten Blick!« oder: »Wenn Blicke töten könnten.« oder: »Ich will Ihnen kurz meine Sicht der Dinge darlegen.«

Augenbewegungsmuster im Zweiergespräch

Wenn wir uns einmal die Augenbewegungsmuster, die in unserem westlichen Kulturkreis typisch für den Ablauf einer Unterhaltung zwischen zwei Personen sind, genauer ansehen, werden wir folgendes feststellen:

Kontaktaufnahme Die Kontaktaufnahme, das heißt die Interaktion beginnt in der Regel mit einem längeren Augenkontakt, der abprüft, ob der andere überhaupt zu einem Kontakt und damit zu einem Gespräch bereit ist. Die erste Phase des Gespräches ist dadurch gekennzeichnet, daß man sich und dem anderen noch die Option offenhält, den Kontakt weiterzuführen beziehungsweise eine Unterhaltung überhaupt zu beginnen. Diese Möglichkeit wird dadurch überprüft, indem derjenige, der die Unterredung wünscht, beispielsweise verbal fragt, ob er stört, ob der andere gerade Zeit hat oder was es sonst an Fragen dieser Art gibt. Während dieser ersten Momentaufnahmen läßt sich der Kontakt dann noch weitgehend problemlos und ohne Verärgerung abbrechen, während dies zu einem späteren Zeitpunkt nur noch mit sehr überzeugenden Begründungen möglich sein wird. Die meisten Menschen sehen dann, wenn sie ein Gespräch beginnen zunächst wieder weg.

Während des Gesprächs Ist das Gespräch dann im Gange, schauen beide Partner abwechselnd in die Nähe der Augen oder unmittelbar in die Augen des anderen. Dabei schaut der Zuhörer – sofern er nicht zum Ausdruck bringen will, daß er gelangweilt ist und ihn das alles nicht interessiert – den Redner intensiver und länger an als umgekehrt. Beim Zuhörer heißt das: »Ich konzentriere mich auf dich und höre dir ganz genau zu!« Tut man beim Zuhören jedoch genau das Gegenteil und blickt betont an jemandem vorbei, dann heißt das mit einiger Wahrscheinlichkeit: »Ich nehme das zwar jetzt so zur Kenntnis, bin aber eigentlich mit dem Inhalt oder einer konkreten Aussage nicht einverstanden. Der Redner dagegen muß, um sich auf seine unter Umständen schwierigen Ausführungen zu konzentrieren, ab und zu den Blickkontakt abbrechen und schaut dann ins Weite, ohne irgend etwas oder irgendwen zu fixieren. Schaut er beim Reden dem Zuhörer trotzdem genau in die Augen, dann hat das eine äußerst nachdrückliche und unterstreichende Wirkung. Ich sage damit: »Ich bin mir mit dieser Aussage oder Behauptung ganz sicher.«

Die Unterbrechung des Blickkontakts

Je näher sich die beiden Gesprächspartner räumlich sind (siehe auch Seite 51), desto häufiger wird der Blickkontakt zeitweise abgebrochen, was darauf zurückzuführen ist, daß über den Augenkontakt ständig Informationen fließen, die denjenigen, der sich gerade auf eine Aussage oder eine Formulierung konzentrieren muß, in dieser Konzentration stören.

Ein weiteres gutes Argument für die Unterbrechung des Blickkontaktes ist außerdem, wenn bei einem der Gesprächspartner die

Intensiver Blickkontakt beim Zuhören

Unterbrechung des Blickkontakts durch den Redner

Befürchtung besteht, daß zu viele Gefühle – wie beispielsweise aufsteigende Tränen – signalisiert werden, die dann unter Umständen genau das Gegenteil dessen ausdrücken, was man verbal sagen will oder glaubt sagen zu müssen.

Blickkontakt als Störfaktor

Der Vielredner Als zu eliminierender Störfaktor wird der Blickkontakt insbesondere von einem Vielredner empfunden werden, weil er seinen Redestrom gar nicht unterbrechen möchte und deshalb zwangsläufig auch die non-verbale Botschaft des anderen, der auch mal gerne etwas sagen oder fragen möchte, zu vermeiden trachtet. Eine aufschlußreiche Anschauungssituation dazu ist ein Vorstellungsgespräch, bei dem das beschriebene Verhalten auf beide Seiten zutreffen kann. Manche Interviewer reden 70 Prozent der Zeit ohne Punkt und Komma. Oder ein Bewerber kann so sehr von seinem eigenen Lebenslauf fasziniert sein, daß er Rückfragen – sie könnten ja unangenehm werden, weil jemand etwas genauer wissen will – per Nicht-Blickkontakt gar nicht erst zuläßt. Da nützt dann noch nicht einmal hörbares Luftholen, wenn es nicht gesehen werden soll. Von diesen unangenehmen Zeitgenossen einmal abgesehen, signalisiert ein unterbrochener Blickkontakt während eines Gespräches selbstverständlich auch: »Ich bin noch nicht fertig mit meinen Ausführungen.«

Längerer Abbruch des Blickkontaktes Wird der Blickkontakt vom Zuhörer über einen längeren Zeitraum abgebrochen, selbst wenn ich den Augenkontakt suche, hat das meist nichts Gutes zu bedeuten. In den meisten Fällen habe ich meinen Gesprächspartner sozusagen per Nicht-Blickkontakt verloren, er interessiert sich entweder nicht mehr für mich oder nicht für das, was ich zu sagen habe. Gibt es dann noch Statusunterschiede wie zwischen Chef und Mitarbeiter, weiß ich als Mitarbeiter, daß ich die Realisierung meiner Idee meist vergessen kann. Handelt es sich um Gleichrangige, dann kann unter Umständen nur die Höflichkeit jemanden davon abgehalten haben, die Konversation zu beenden. Da Konvention ihn an der Flucht hindern, tritt er die Flucht durch die Unterbrechung der ›Nabelschnur‹ für den Gedankenaustausch an.

Eine lange Unterbrechung zeugt von Desinteresse

Wenn es heikel oder zu persönlich wird Vergleichbares – häufigere Unterbrechung des Blickkontaktes – geschieht auch bei sehr persönlichen ›ans eigene Fell‹ gehenden oder heiklen Themen, bei denen einem die Artikulation dessen, was man eigentlich sagen will, äußerst schwerfällt oder gar peinlich ist und man neben einem trockenen Hals fast einen Knoten in der Zunge hat. Stellen Sie sich doch nur die Situation vor, Sie wären innerhalb einer Arbeitsgruppe ausersehen worden, einem Kollegen zu sagen, daß er unbedingt etwas gegen seinen Körpergeruch tun müsse. Die meisten von uns dürften Schwierigkeiten haben, den Kollegen dabei überhaupt anzusehen. Der Mensch hat also auch bei der Körpersprache gegebenenfalls ein tiefsitzendes Vermeidungsverhalten.

Vermeidungsverhalten bei der Körpersprache

Beendigung des Geprächs Beendet wird die Unterhaltung schließlich durch einen erneuten intensiven Blickaustausch, der prüft, ob keiner mehr etwas sagen will, ob es ein Ergebnis beziehungsweise einen Konsens gibt, das bzw. der festgehalten werden sollte oder ob man sich zu diesem Thema nochmals auseinandersetzen muß. Man gibt sich sozusagen gegenseitig vielfach mit einem kurzen Nicken, das gleichzeitig die Verabschiedung bedeutet, die Erlaubnis zu gehen.

Gesellschaftliche Spielregeln

Anstarren – unerwünscht Die erste Regel lautet: Wenn wir jemanden nicht kennen, andererseits aber keinen Grund haben ihn oder sie als Mensch nicht zu respektieren, dürfen wir weder anstarren, noch wie beschrieben, durch Blickkontakt ignorieren. Wir greifen dann zu etwas, was man vielleicht als höfliche Unaufmerksamkeit beschreiben könnte. Das bedeutet konkret: Wir zeigen dem anderen, daß wir ihn gesehen und zur Kenntnis genommen haben, schauen ihm dabei jedoch nicht direkt in die Augen, sondern nur vage in diese Richtung und wenden den Blick relativ schnell wieder ab.

Ein sehr gutes Beispiel dafür ist die Begegnung mit einem Fremden auf der Straße, der aber auf der gleichen Straßenseite geht und mit dem wir uns – praktische Notwendigkeit – kurz darüber verständigen müssen, wer an welcher Seite vorbeigeht. Dieser spezielle Verständigungs-Blickkontakt ist bis auf eine Distanz von etwa 3 Metern erlaubt. Bis dahin muß diese Frage geklärt sein, weil dann bei Fremden der Blick wieder gesenkt werden muß, da sonst die Distanz für eine ›Nichtbeziehung‹ zu gering ist. Klappt diese Regelung aus irgendwelchen Gründen nicht, kann es zu zwei Reaktionen kommen: Die eine ist, daß man zusammenprallt oder – wie man immer wieder am Samstag in der überfüllten Innenstadt beobachten kann – zwei Menschen ganz nah voreinander stehen und manchmal drei bis vier Anläufe machen müssen, um aneinander vorbeizukommen, weil man bei falschen Signalen auf diese kurze Entfernung dann sofort zusammenstößt. Die andere Möglichkeit ist, daß zwar das Aneinandervorbeigehen geklärt ist, daß aber jemand über die 3 Meter hinaus den Blickkontakt festhält. Dies führt bei Menschen, die wissen, daß sie ein schlechtes Personengedächtnis haben, manchmal dazu, daß sie der Überzeugung sind, jemanden gerade nicht wiederzuerkennen und um sich nicht zu blamieren und der Unhöflichkeit schuldig zu machen, werden sie sozusagen vorsichtshalber grüßen, was dann wieder zu Irritationen auf der Gegenseite führt.

Das Aneinandervorbeigehen muß vorher geklärt werden

Der rasche, wenn auch aufmerksame Blick mit anschließendem Senken der Augen bedeutet im übertragenen Sinne: »Ich vertraue dir, daß du mich nicht angreifst, und ich habe deshalb keine Angst vor dir und muß dich nicht weiter beobachten.«

Beobachten – so lange, wie der andere es nicht merkt In Fällen persönlicher Neugier, wenn mich also brennend interessiert, was der andere denn da macht, gilt die Faustregel: Ich darf so lange einen Seitenblick riskieren, wie ich einigermaßen sicher sein kann, daß der andere es nicht merkt. Werde ich ertappt, weil der andere zurückblickt, dann muß ich als erster den Blick senken. Tut der dagegen nur so, als ob er es nicht merke, kann das gegebenenfalls peinliche Konsequenzen haben, indem sich plötzlich und für den Beobachtenden aus heiterem Himmel der andere verbal unwirsch bemerkbar macht. Das kann dann manchmal schon zu sehr deutlichen Reaktionen führen. Starren wir dagegen jemanden ganz offen an und nehmen sein Unbehagen oder auch seine negative Reaktion billigend in Kauf, dann wollen wir denjenigen in irgendeiner Weise erniedrigen. Das kann bewußt oder auch sogar unbewußt geschehen, hat aber immer den gleichen gefühlsmäßigen Hintergrund. Ausnahmeregelungen gelten in diesem Zusammenhang für Kinder, die intensiver beobachten und auch an-

Anstarren kann sehr erniedrigend wirken

starren dürften, selbst wenn man sich als Erwachsener trotzdem unbehaglich dabei fühlt, weil man ihnen eine gewisse Neugier im Zuge eines allgemeinen Lernprozesses zubilligt.

Gerader Blick – eine ehrliche Haut Schauen wir unserem Gegenüber geradeaus und intensiv in die Augen, dann bedeutet das in unserem Kulturkreis Aufrichtigkeit, Ehrlichkeit und insgesamt positive Absichten. Halte ich diesem sehr intensiven und gleichzeitig kritischen Blick stand, ›sage‹ ich damit, daß dies die Wahrheit ist und ich nichts zu verbergen habe. Ein gewisses Training auf diesem Gebiet ist zumindest in unserem Kulturkreis sehr wichtig, weil wir insbesondere im Berufsleben Menschen, die einer Konfrontation insbesondere körpersprachlich durch schuldbewußtes Senken des Kopfes und/oder Schritte rückwärts schon ausweichen, für nicht durchsetzungsfähig halten, was der Karriere sehr abträglich sein kann. Die richtige körpersprachliche Begleitung einer Konfliktsituation – aufmerksames Zuhören, Nichtzeigen von Ärger oder gar Wut, keine Distanzbildung oder spontane, ruckartige Körperbewegungen – ist schon eine Kunst für sich und wird nur von wenigen Menschen beherrscht.

Himmelwärts und der Blick zum Boden Der Blick himmelwärts zeigt, daß wir auf irgendeinen rettenden Einfall warten; und der betont niedergeschlagene Blick signalisiert Verlegenheit, Unsicherheit bis hin zu einer gewissen Art von Unterwerfung, indem man sich ›niedriger‹ fühlt als der andere.

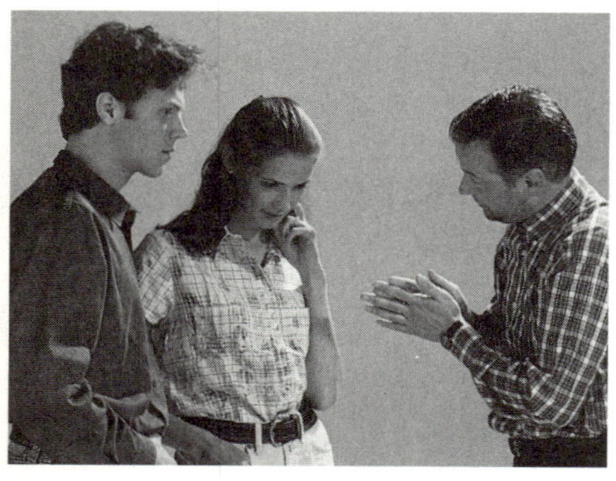

Ein anderes Beispiel ist die Fahrt in einem überfüllten Aufzug, in dem man sich wie in einer Sardinenbüchse fühlt. Wenn Sie an Ihr letztes Mal im Aufzug denken, wo haben Sie damals hingeblickt? Ich würde jede Wette eingehen, auf den Boden oder an die Decke oder die gegenüberliegende Wand. Warum? Nun, weil Sie auf einer viel zu nahen Distanz mit fremden Menschen zusammen waren. Da Sie jedoch an der mangelnden Distanz in diesem Falle nichts tun konnten, mußten Sie sich davor ›schützen‹, durch Blickkontakt auf diese kurze Distanz Informationen auszutauschen. Blickt Sie trotz dieser Spielregel in dieser Situation jemand intensiv an, können Sie davon ausgehen, daß derjenige es darauf anlegt, ein Gespräch mit Ihnen zu beginnen.

Blickkontakt und räumliches Verhalten sind eng miteinander verknüpft

Man sieht daran, daß Blickkontakt in sehr enger Beziehung zum räumlichen Verhalten steht. Examenskandidaten oder Bewerber empfinden aufgrund ihrer ganz besonderen Situation zu viel Nähe als bedrohlich, weil dann der Blickkontakt jede Unsicherheit, jedes Nichtwissen, Zögern oder die verräterischen Schweißperlen auf Oberlippe und Stirn sofort schonungslos enthüllt. Blickkontakt auf zu große Distanz jedoch läßt einen Menschen – wie die meisten das empfinden – irgendwie allein, signalisiert wenig Interesse für den anderen und macht deshalb unsicher, weil man bedingt durch diese Distanz ja auch zwangsläufig selbst einen Wahrnehmungs-Nachteil hat.

Tonfall

Schließlich gibt es noch ein Element, das im Grenzbereich zwischen gesprochener und non-verbaler ›Sprache‹ liegt, den Tonfall. Jeder weiß, daß mit diesem Instrument moduliert werden kann und viele Aussagen möglich sind. Der Tonfall, als Interpretationshilfe für Worte und Aussagen ist meist von sehr intensiven anderen körpersprachlichen Elementen begleitet und ruft praktisch immer erhebliche Reaktionen auf der Empfängerseite hervor. Wie heißt es so schön: »Der Ton macht die Musik«.

Wir reagieren so intensiv auf das ›Wie‹ einer Aussage, daß es nicht selten anschließend Streit über den Inhalt gibt, weil wir den gar nicht mehr präzise rekapitulieren können. Das heißt, der Inhalt des Satzes kann völlig ungefährlich gewesen sein, aber der Ton in Verbindung mit anderen körpersprachlichen Signalen, kann uns schon auf den nächsten Baum getrieben haben. Gerade in sprachlich heiklen Situationen, wenn man jemanden sozusagen von Amts wegen kritisieren muß oder wenn man sich bei jemandem entschuldigen will, wird vielfach mehr auf den Ton gehört als auf die einzelnen Worte, vor allem aber auf die

Oftmals werden die Worte gar nicht wahrgenommen

Übereinstimmung von beiden. Da es bei jeder Kommunikation eine Sach- und eine Beziehungsebene gibt, wird verbal und non-verbal auf unterschiedlichen Kanälen gesendet und beide Kanäle verstärken sich gegenseitig.

Persönliche Beziehung beeinflußt die Interpretation des Gesagten

Insbesondere beim Tonfall gibt es – je nach Zustand einer Beziehung – die meisten Vorurteile, die zum Problem der überaus selektiven Wahrnehmung führen. Halten wir jemanden für autoritär, dann werden wir vieles von dem, was er sagt – fast gleichgültig wie sinnvoll es inhaltlich war – zunächst einmal reflexartig abwehren. Dieses Phänomen führt manchmal so weit, daß bei dem häufig zu beobachtenden anschließenden verbalen Streit, die Worte im Nachhinein sozusagen zum tatsächlichen oder vermeintlichen Tonfall passend gemacht werden. Hat sich also ein Satz vorwurfsvoll oder autoritär angehört, hat derjenige anschließend einen Satzbau und Worte in Erinnerung, die oftmals in der Realität gar nicht gesagt wurden. Oder ein anderes Beispiel: Obwohl ein bestimmter Satz ein deutliches ›Bitte‹ enthielt, aber in seiner Aufforderung durch die Satzmodulation als unzulässige Weisung und damit als Zumutung erlebt wurde, schwört der anderer Stein und Bein, daß das Wort ›Bitte‹ in dem Satz gefehlt habe und daß er ja nur deshalb so allergisch darauf reagiert habe.

Die vier Kommunikationsebenen

Friedemann Schulz von Thun unterscheidet sogar insgesamt vier verschiedene Kommunikationsebenen:

- den Sachinhalt – worüber ich informiere;
- die Selbstoffenbarung – was ich von mir selbst preisgebe;
- die Beziehungsebene – was ich von dir halte und wie wir zueinander stehen und
- den Appell – wozu ich dich veranlassen möchte.

Alle vier Ebenen betreffen jeweils den Sender und den Empfänger und werden in ihren Aussagen stark durch den Tonfall beeinflußt. Ich habe dem Buch ein ganz konkretes Beispiel entnommen, das nachstehend abgebildet wird und in dieser Hinsicht fast selbsterklärend ist.

Verkehrung der Aussage in ihr Gegenteil

Ironie Ein Paradebeispiel für die Bedeutung des Tonfalls ist auch das Instrument der Ironie. Es gibt auf diesem Sektor wahre Virtuosen, die es beherrschen, eine verbal-inhaltlich freundliche Aussage durch Betonung in ihr exaktes Gegenteil zu verkehren. Gleichzeitig treiben sie ihre Mitmenschen dann auch dadurch zur Raserei, weil sie aufgrund des gesprochenen Wortes in jeder Hinsicht unangreifbar sind, obwohl jeder im Raum weiß, was eigentlich ausgedrückt werden sollte. Menschen, die diese Kunst beherrschen, haben – wenn sie nicht gerade als Satiriker im Fernsehen auftreten – meist wenig Freunde.

Ranghohe Menschen reden meist lauter

Was Lautstärke mit Status zu tun hat Schließlich können von Art und Lautstärke eines Gespräches auch Statusunterschiede abgeleitet werden. Menschen niederen Ranges sprechen eher leise und erkennbar vorsichtig, und signalisieren damit, daß sie bei einem Irrtum jederzeit zum Rückzug des Gesagten bereit sind. Ranghohe Menschen – nach Position und/oder sozialer Klasse – reden eher laut. Manchmal hat man sogar den Eindruck, daß es ihnen gleichgültig ist, ob sie etwas Dummes sagen, weil sie wissen, daß es ihnen kaum schaden kann, selbst wenn es aufgrund der Lautstärke mehr Leute gehört haben. Wer kennt nicht den berühmten Adenauer'schen Ausspruch: »Was kümmert mich mein dummes Geschwätz von gestern!«.

Stimmodulation ist unentbehrlich

Stimmodulation Reden wir noch abschließend kurz über Rhetorik. Diejenigen Menschen, die aus irgendwelchen Gründen vor größeren Gruppen auftreten und/oder Reden halten müssen, sehen für sich am ehesten einen konkreten Handlungsbedarf in Form von Training. In guten Rhetorik-Seminaren wird neben der verbalen Artikulation einschließlich guter Atemtechnik sowie Gestik und Mimik vor allem auch auf die eine Rede oder einen Vortrag begleitende Stimmodulation eingegangen.

Wir alle wissen aus eigener Erfahrung, welch eine Qual eine schlecht vorgetragene, inhaltlich ansonsten durchaus interessante Rede sein kann. Manche Menschen können die spannendsten Dinge mit der Nüchternheit eines Nachrichtensprechers oder der Monotonie eines tropfenden Wasserhahnes erzählen. Vielfach werden dadurch entweder Ängste überspielt, oder – was vielleicht noch schlimmer ist – es kann ein Zeichen dafür sein, daß derjenige überhaupt nicht hinter dem steht, was er da erzählt. Unter Umständen hat sogar die Rede jemand anderer geschrieben. Auf unser Thema übertragen heißt das positiv ausgedrückt: Wenn ich eine Botschaft mit Inhalt füllen kann, weil sie mir wichtig ist oder ich sie zumindest inhaltlich verstanden habe beziehungsweise billige, führt alleine das schon zu einer eben diese Inhalte verständlichmachenden Sprachmodulation. Wobei im negativen Sinne naturgemäß auch der Umkehrschluß in Betracht zu ziehen ist.

Anwendungsbereiche für körpersprachliche Signale

Haben wir in den bisherigen Kapiteln nach den einzelnen Facetten der Körpersprache unterschieden und sie in ihrer Aussagefähigkeit überprüft, wollen wir uns jetzt in der Gesamtheit aller ausführlich erläuterten körpersprachlichen Elemente in verschiedenen Zielsetzungen widmen, als erste mehrdimensionale Anwendung des bisher Gesagten, bevor wir im daran anschließenden Teil – sozusagen in der Kür – zu ganz komplexen Alltagssituationen kommen.

Äußerung von Gefühlen

Sie erinnern sich vielleicht daran, daß der mimische Ausdruck von Grund-Gefühlen wie Fröhlichkeit, Angst, Trauer oder Erschrecken in vielen Aspekten angeboren und damit relativ unmißverständlich ausgedrückt wird und interpretierbar ist. Doch ist die Mimik natürlich nur eine Dimension, die Gefühle zum Ausdruck bringen kann. Gefühle sind für die meisten Menschen etwas so Elementares, daß diese Gefühlsäußerungen auch ohne Publikum ständig stattfinden. Insofern muß hier unterschieden werden, ob unabhängig von irgendwelchen Adressaten ein Gefühl beziehungsweise eine Gefühlsskala ausgelebt wird oder ob einer Person oder mehreren etwas bewußt oder unbewußt signalisiert werden soll.

Auch die Zwischentöne der Gefühle kommen mit Körpersprache zum Ausdruck

Neben den bereits genannten Grund-Gefühlen beherrschen Menschen, wenn sie nicht gerade durch besondere Umstände und aus einem gewissen Selbstschutz heraus in ihrem Gefühlshaushalt ›erstarrt‹ sind – wie beispielsweise nach einem Unglück – noch eine weit größere Gefühlsskala, die sehr feine Ausdrucks-Nuancen zuläßt. Insbesondere diese Nuancen, wie beispielsweise ein bestimmter Grad an Unzufriedenheit, ein konkretes Ausmaß von Schmerzen, Zweifel und Skepsis, der Grad an persönlichem Selbstvertrauen werden meist dadurch identifiziert und ausgewertet, indem sie als Mimik in Kombination mit anderen körpersprachlichen Signalen wahrgenommen werden.

Überprüfung und Abgleich der Körpersignale Wenn wir einmal bei dem Beispiel des Selbstbewußtseins bleiben, so steht dieses in enger Wahrnehmungsverbindung mit Körperhaltung, räumlichem Verhalten und vor allem der Gestik einer Person. Insbesondere bei Gefühlsausdrücken, egal welcher Art, wird von den oder dem anderen mit einer sehr großen Sensibilität und viel Instinkt darauf geachtet, ob die einzelnen körpersprachlichen Signale übereinstimmen; Sie kennen mit Sicherheit dieses typische ›Bauchgefühl‹: man weiß, daß etwas nicht stimmt, aber man könnte es verbal eigentlich nicht so recht begründen. Diese weitgehend instinktive Absicherung hat bei der Wahrnehmung von Gefühlen aufgrund der größeren Verletzbarkeit des Menschen eine Menge mit Selbstschutzmechanismen zu tun und ist deshalb besonders ausgeprägt.

Auswertung der Mimik als erste Orientierung Die Mimik kann insofern im Rahmen einer Interaktion oder Kommunikation im Normalfall als eine Art erster Anlaufstelle gelten, die Menschen hilft, eine grobe Richtung dieser Gefühle – freundlich oder feindlich, überlegen oder zurückhaltend, gleichgültig oder aufmerksam – zu erkennen. Dieser Einordnungsprozeß setzt meist eine etwas längere Beobachtungszeit voraus und hat vor allem zu berücksichtigen, ob man es mit jemandem zu tun hat, der von Berufs wegen mit großer Wahrscheinlichkeit eine ›Maske‹ trägt.

Diese Auswertung der Mimik dient zur Einschätzung der Situation

Diese Orientierung ist auch deshalb wichtig, weil man ja in der Regel in einer Interaktion eine verbale Kommunikation beginnen will, und das heißt – Sie erinnern sich an meine Aussagen über den Blickkontakt – daß der Blick bei der Konzentration auf das, was man sagen will, immer wieder unterbrochen wird. Wenn man also mit jemandem reden und ihm etwas mitteilen will, will man zunächst einmal sicher sein, den richtigen Gesprächspartner in der hoffentlich richtigen Stimmung anzutreffen, und man versucht, gleichzeitig einzuschätzen, ob man demjenigen Vertrauen entgegenbringen kann.

Jeder von uns kennt sicherlich die Situation: Man kommt völlig euphorisch über ein Erfolgserlebnis nach Hause, möchte das gerne mit jemandem teilen und derjenige, der einem jetzt zuhören und nach Möglichkeit anschließend noch auf die Schulter schlagen soll, hat am gleichen Tag seine Bitte um die längst überfällige Gehaltserhöhung abschlägig beschieden bekommen. Ich wette, der eigene Bericht wird dann sehr schnell bis auf weiteres in der Versenkung verschwinden, weil man das gefühlsmäßige Kontrastprogramm in Anbetracht der eigenen Hochstimmung gar nicht so leicht verkraften kann.

Verifizierung des ersten Gefühlseindruckes Unter weniger spektakulären Ausnahmesituationen beginnt man nach Wahrnehmen der gefühlsmäßigen Grundrichtung dann mit dem Verifizieren oder Falsifizieren dieses ersten Eindrucks, indem die übrigen uns zugänglichen Signale wahrgenommen, ausgewertet und miteinander abgeglichen werden. Alleine im Gesicht gibt es mit Mund, Augenbrauen, Haut und Gesichtsbewegungen vier verschiedene Anzeigen. Hinzu kommen die Augen mit Öffnungsweite und Pupillengröße und vor allem die Dauer des Blickkontaktes. Dieses Anzeigen der Aufmerksamkeitsrichtung signalisiert zusammen mit einer offenen Körperhaltung, daß derjenige grundsätzlich zu einem Gespräch bereit ist.

Eine offene Körperhaltung zeigt die Bereitschaft zu einem Gespräch

Ergänzende Gestik und Körperhaltung Die Gestik ergänzt das Ganze mit ihren Arm- und Handbewegungen; so kann die halbhochgestellte Hand, die mit der Innenseite zum anderen hindeutet, zusammen mit der Entfernung eines großen Schreibtisches zusätzlich zur Mimik sehr schroffe Abwehr ausdrücken. Die Körperhaltung zeigt einen gewissen Anspannungs- oder Entspannungsgrad, ist gerade oder gebeugt oder im Sitzen zurückgelehnt. Wenn wir bei dem gerade genannten Beispiel einer schroffen Ablehnung bleiben, dann gehört dazu entweder ein weit zurückgelehnter Oberkörper, um die Distanz zu diesem Gespräch, dieser Idee etc. zum Ausdruck zu bringen. Oder der Oberkörper ist stark vorgebeugt, und die gleichzeitig gestikulierende Hand mit ausgestrecktem Zeigefinger greift den Redner unmittelbarer an als der sich zurücklehnende und dadurch abweisende Mensch. Und schließlich ist da noch der Tonfall, der die Aussagen moduliert und diese mit einem einheitlichen oder widersprechenden Rhythmus begleitet.

Wenn Körpersprachelemente sich widersprechen

Die Komplexität kann dabei so weit gehen, daß die einzelnen Körpersprachelemente sich in ihren Gefühlsaussagen zumindest teilweise widersprechen oder auch einfach nicht eindeutig sind. Nehmen wir das Beispiel des zurückgelehnten Oberkörpers. Ob er gefühlsmäßige Distanz und Mißbilligung signalisiert oder einfach nur eine entspannte Sitzhaltung ist, um besser zuhören zu können, läßt sich ebenso nur wieder in Kombination mit den anderen körpersprachlichen Aussagen ermitteln.

Der Austausch von Gefühlen und den daraus jeweils resultierenden Reaktionen läuft dabei in den meisten Alltagssituationen unkommentiert ab: wir registrieren etwas und reagieren unsererseits darauf, ohne daß darüber geredet werden muß. Dabei hilft uns eine gewisse Erwartungshaltung, die die Wahrnehmungs- und Verarbeitungszeit erheblich verkürzt. Andererseits stürzt uns eine von dieser Erwartungshaltung deutlich abweichende Wahrnehmung gleich in erhebliche Verwirrung, die sich dann wieder in der eigenen Mimik widerspiegelt.

Gefühle färben ab Ein weiterer wichtiger Aspekt in der körpersprachlichen Wahrnehmung und im Ausdruck von Gefühlen ist das Phänomen, daß diese Wahrnehmung nicht selten sozusagen auf den anderen ›abfärbt‹. Ist jemand überschäumend glücklich und strahlt dieses Gefühl ›aus jedem Knopfloch‹, dann kann so etwas ansteckend wirken, auch wenn der andere eigentlich an diesem Tag keinen besonderen Grund zur Freude hatte – ausgenommen natürlich, derjenige hat eine sehr schlechte Nachricht mitgeteilt bekommen. Man kann dann insbesondere über die Mimik sehr gut beobachten, wie sich der Gesprächspartner – oder besser gesagt seine Gefühle und Laune – im Laufe des Kontaktes richtig verändert. Selbstverständlich funktioniert dieser Prozeß auch in die andere Richtung, sofern man auf jemanden trifft, der aus nachvollziehbaren Gründen über irgend etwas trauert oder frustriert ist. Trotz eigener guter Laune, zeigt man seinem Gegenüber Mitgefühl und versucht, ihn vielleicht sogar zu trösten.

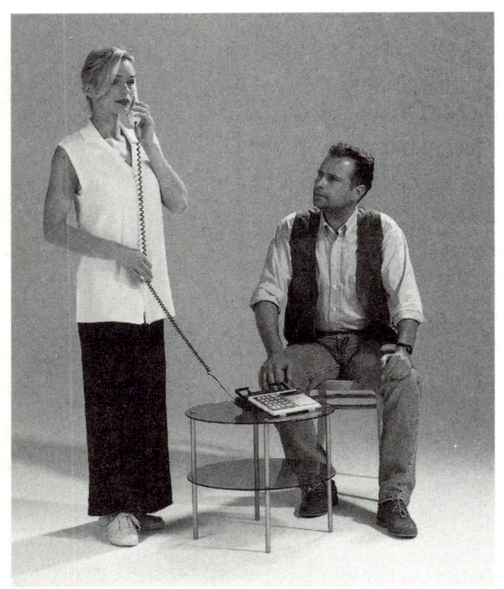

Die Mitteilung einer schlechten Nachricht erzeugt Mitgefühl (s. Abb. folgende Seite)

Der Ort, die Situation – wichtige Schlüssel zur korrekten Interpretation

Hilfreich für die fehlerfreie oder zumindest fehlerarme Interpretation von Gefühlen ist der Kontext, in dem wir jemanden wahrnehmen. Dieser Kontext ist insbesondere bei vordergründig widersprüchlichen Wahrnehmungen eine Art zusätzlicher Kompaß der Orientierung. Seltsamerweise haben die meisten Menschen außerordentliche Hemmungen, Gefühlsunsicherheiten in der Wahrnehmung verbal zu hinterfragen und damit relativ einfach zu klären. Diese Ängste des verbalen Hinterfragens führen zwar einerseits zu einer gut trainierten Gefühlswahrnehmung mit einem ganzen Antennenwald, andererseits jedoch bei dem nicht seltenen Versagen dieser Antennen, da im emotionalen Bereich die Wünsche die Realität häufig überlagern, immer wieder zu Mißverständnissen insbesondere im Berufsleben.

So kann beispielsweise eine sehr ängstliche Mitarbeiterin den schlichten Wunsch ihres Vorgesetzten, einen bestimmten Arbeitsablauf geändert haben zu wollen, schon als schlimmes Kritikgespräch mit Angst vor einer Kündigung verbinden. Oder ein älterer Mitarbeiter, der sich für ein Unternehmen aufgrund seines vermeintlichen Herrschaftswissens für unverzichtbar hält, auch noch so deutliche verbale und non-verbale Warnsignale seines Vorgesetzten als einziger nicht wahrnehmen, so daß sein Chef zu der Erkenntnis kommt, daß gute Ratschläge hier vergebliche Liebesmüh sind.

Das Unterstreichen und Begleiten verbaler Aussagen

Wir haben uns diesem Thema im Kapitel »Der Nutzen und die verschiedenen Mitteilungsarten von Körpersprache« (Seite 25) bereits einmal kurz gewidmet. Festzuhalten bleibt dabei, daß wir beim Reden sofort unsere Hände, die Augen, die Mimik, die Füße und den restlichen Körper bewegen und daß wir bei entsprechender Selbstbeobachtung zu dem Schluß kommen, daß Sprache und Körpersprache nahezu untrennbar miteinander verbunden sind. Das kann so weit gehen, daß einem nichts mehr einfällt, wenn man in einem Experiment gezwungen wird, Kopf, Hände und Füße absolut stillzuhalten, weil gerade dies dann die volle bewußte Konzentration in Anspruch nimmt.

Aller Redeanfang ist Bewegung

Als allererstes signalisiert unser Gesicht durch angedeutetes Öffnen des Mundes, intensiveres Luftholen und leicht vorgeneigten Oberkörper meist in Verbindung mit einer auf den anderen ausgerichteten Handbewegung, daß wir etwas sagen und uns in eine Unterhaltung einschalten wollen. Deshalb läuft eine Unterhaltung sogar mit mehreren Personen in einer Runde relativ problemlos, sofern man den oder die anderen überhaupt zu Wort kommen lassen will und sie entsprechend aufmerksam beobachtet.

Gute Moderatoren einer größeren Gesprächsrunde zeichnen sich dadurch aus, daß sie diese Anzeichen auch bei denjenigen Teilnehmern wahrnehmen, die eher schüchtern sind und Vielrednern grundsätzlich den Vorzug lassen, und ihnen zu ihrem verbalen Beitrag verhelfen. Gerade in einer solchen Runde – beispielsweise ein Seminar – kann man auf diesem Sektor richtige Studien betreiben: da sind die Vielredner, die sich in der Regel mit noch so belanglosen und seichten Überlegungen ständig zu Wort melden und auf jede einigermaßen erlaubte Weise in den Vordergrund drängen. Die Schüchternen oder einfach nur Zurückhaltenden, die eine Wortmeldung mehrfach versuchen und dann – sofern der Moderator nicht ausgleicht – resignieren. Sie sacken dann erkennbar in ihren Stuhl zurück, wenden den Blick vom Redner und Moderator ab und signalisieren, daß sie das alles nichts mehr angeht.

Vielfach beginnen Teilnehmer, die entweder in der beschriebenen Weise resigniert haben oder die deutlich machen wollen, wie sehr sie das alles anödet, mit ihren Händen zu spielen, konzentrieren sich auf den Zustand ihrer Fingernägel, den ihrer Kleidung oder begutachten interessiert eventuelle Bilder an den Wänden oder auch einfach nur das Tapetenmuster.

›Ehrliche‹ Körpersprache hilft, besser zu verstehen

Obwohl Körpersprache also in einer verbalen Kommunikationssituation normalerweise begleitet und unterstreicht, kann sie jedoch in einem Gespräch auch so dominierend sein, daß das tatsächlich verbal Gesagte regelrecht in den Hintergrund tritt. Oder widersprüchliche körpersprachliche Botschaften können uns über die visuelle Schiene so sehr irritieren, daß wir uns auf Gehörtes überhaupt nicht mehr oder zumindest nur noch deutlich eingeschränkt konzentrieren können.

Das harmonische Zusammenspiel von verbaler und körpersprachlicher Atrikulation

Die eine Kommunikation begleitenden körpersprachlichen Signale dienen dem Zuhörer beziehungsweise dem ›Empfänger‹ vor allem dazu, sich von der Wahrhaftigkeit und der Stimmigkeit der verbalen Aussagen zu überzeugen. Daher hat hier die Beobachtung eine etwas größere Chance, über den Kopf ausgewertet und gewichtet zu werden. Beim Redner oder kommunikationstechnisch: ›Sender‹ laufen körpersprachliche Signale dagegen wesentlich intensiver ohne jegliche Reflexion ab. Geht man einmal von der Schwierigkeit mancher Unterhaltungen aus, dann ist das nicht besonders erstaunlich, da man meist schon »alle Hände voll zu tun hat«, sich verbal anständig, das heißt für den anderen verständlich, zu artikulieren. Je präziser wir das zu sagen vermögen, was wir meinen, und je ehrlicher wir meinen, was wir dann zum Ausdruck bringen, desto harmonischer erleben Zuhörer die körpersprachliche Begleitung und die Ergänzung des Gesagten. Auch wenn es persönliche ›Macken‹ oder individuelle Besonderheiten bei einem Menschen gibt, sie kommen folglich immer dann am besten zum Tragen, wenn er der Redner ist.

Körpersprache – Vorbote der eigentlichen Botschaft

Manchmal ist es sogar so, daß unsere Körpersprache eine Art Einleitung dessen ist, was in Kürze als verbale Botschaft folgt. Wird ein Mitarbeiter zu seinem Chef gerufen, wird er zum einen schon auf dem Weg dorthin Gewissenserforschung betreiben, um für sich einschätzen zu können, wie dieser Kontakt verlaufen wird. Je nach Grad des schlechten Gewissens wird er sogar betont langsam gehen. Die nächste Prüfinstanz ist dann die Wahrnehmung des Vorgesetzten in seinem Zimmer: Hat er gute Laune oder macht er ein grimmiges Gesicht? Läuft er im Zimmer herum und sucht etwas, wobei man vielleicht helfen soll? Hat er einen so einladenden Blick, macht die Handbewegung, daß man sich hinsetzen soll und lehnt sich selbst bequem zurück, was auf ein längeres, vermutlich angenehmes Gespräch hinauslaufen könnte, vielleicht mit dem Ergebnis einer Wertschätzung in Kombination mit einer Gehaltserhöhung?

Körpersprache – optische Beschreibungshilfe

Dann gibt es noch die eine Aussage – meist eine Beschreibung – begleitende Gestik, die die einzelnen Worte und Begriffe plastisch machen soll. Für manche Menschen scheinen dabei vor allem die Gestik aber auch die Mimik die Hilfsmittel zu sein, etwas Zweidimensionalem wie der Sprache zu einer dritten Dimension des räumlichen Wahrnehmens zu verhelfen beziehungsweise sie in gewisser Weise auch optisch wahrnehmbar zu machen. Wenn ich beispielsweise von einer großen Kugel spreche, wird das eine ganz bestimmte beschreibende ›kugelförmige‹ Handbewegung zur Folge haben, die zeigt, daß es sich um etwas Rundes handelt und außerdem welchen Umfangs. Beschreibe ich einen extrem großen Menschen, dem ich begegnet bin, werde ich das räumlich zum Ausdruck bringen, und versuche ich zu berichten, daß ich mein Auto mit drei Zügen in eine winzige Parklücke manövriert habe, dann werde ich ebenfalls körpersprachlich mit Hilfe meiner Hände und Arme keinen Zweifel daran lassen, daß die Parklücke wirklich winzig klein war.

Wenn Hände reden

Viele dieser optischen ›Beschreibungen‹ laufen reflexartig ab und bedürfen keines Nachdenkens. Manche Körperbewegungen wie Kopfschütteln, wenn wir nein sagen oder über etwas empört sind, Stirnrunzeln bei Nichtverstehen oder Nichteinverstandensein, Drohgebärden wie die geballte Faust oder der vorgestreckte Arm mit schon fast

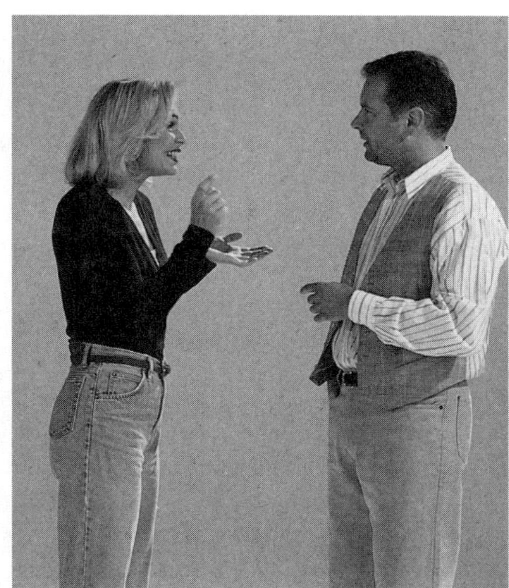

Optische Beschreibungshilfen mit den Händen

bohrendem Zeigefinger, um deutlich zu machen, wie wütend man ist, vor allem immer dann, wenn einem vor lauter Ärger am Anfang regelrecht die Worte fehlen. Aber auch die herrlichen Urlaubserinnerungen werden in der Beschreibung gestisch und mimisch eindrucksvoll untermalt; manchmal kann man dabei dem leicht verklärten und im wahrsten Sinne des Wortes abwesenden Blick entnehmen, daß jemand soeben wieder an seinem Urlaubsdomizil angekommen ist.

Der Ton macht die Musik

Schließlich ergänzt noch der Tonfall unsere Aussagen oder Wahrnehmungen, der durch die Betonung einzelner Worte und Satzteile vielfach eine eindeutige Verständigung überhaupt erst ermöglicht. Gute Redner wissen, wie wesentlich die Modulation von Sätzen sowohl für das Verstehen der Inhalte, als auch für die Konzentration des Publikums ist. Wir empfinden jemanden, der eine längere verbale Aussage gut betont, als kompetent in dem Sinne, zu wissen, was er sagen will, und auch als jemanden, der tatsächlich etwas zu sagen hat, weil er das meint, was er zum Ausdruck bringt. Insofern ist gerade die Formulierung »etwas zum Ausdruck bringen« eigentlich der präziseste Sammelbegriff für die Kombination von Worten und Körpersprache. Eine Betonung einer Aussage ist natürlich auch durch Mimik und Gestik möglich. Um glaubhaft zu machen, daß dies mein letztes Wort in der Angelegenheit ist, kann ich eine Hand hörbar auf eine Tischplatte fallen lassen. Oder ich drücke meine Skepsis mit hochgezogenen Augenbrauen und einer dicken Stirnfalte aus.

Körpersprachliche Signale als Ersatz verbaler Aussagen

Die Extremform des Ersetzens verbaler Kommunikation durch Körpersprache dürfte das Taubstummenalphabet sein. Doch es gibt noch eine Vielzahl anderer Botschaften, die keiner verbalen Kommentierung bedürfen.

Manches bedarf keiner vielen Worte

Dazu zählen mit Sicherheit Gefühlsäußerungen. Nimmt man einen anderen in den Arm – von Politikern bestimmter Länder einmal abgesehen –, dann signalisiert das auch ohne Worte starke Sympathie, Zuwendung und/oder Schutz. Droht man jemandem mit der gehobenen Faust, weiß ebenfalls weltweit jeder, was das zu bedeuten hat. Ein Fußballer hat vor einiger Zeit mit einer obszönen Handbewegung dazu beigetragen, daß auch diese Art von unmißverständlicher Körpersprache publik geworden ist. Die etwas harmlosere Variante, jemandem den Vogel zu zeigen, ist insbesondere unter Autofahrern weit verbreitet. Nicken und Kopfschütteln haben bis auf wenige exotische Ausnahmen ebenfalls internationalen Charakter. In Anbetracht der zahlreichen politischen Umwälzungen weltweit, hat auch das Victory-Zeichen – das mit Zeige- und Mittelfinger angedeutete ›V‹ – seit der Zeit Churchills im Zweiten Weltkrieg eine neuerliche große Verbreitung, sei es bei irgendwelchen nationalen Aufständischen, sei es sogar bei Terroristen jeglicher Couleur. Und ein Clown in der Manege oder ein guter Pantomime führen uns mit ihrer Vorstellung vor Augen, mit wie wenig Sprache man auskommen und wievieles – einschließlich verschiedenster Gegenstände – man mit den Händen, der Mimik und dem Rest des Körpers äußerst präzise beschreiben kann.

Berührungen signalisieren sowohl Vertrautheit als auch klare Besitzansprüche, was interessanterweise gerade auch in Liebesbeziehungen immer wieder deutlich gemacht wird. Wird das Gesicht in einer bestimmten Weise verzogen, dann hat – entsprechende Situation vorausgesetzt – das Essen nicht geschmeckt, oder man ekelt sich vor etwas, das man berührt hat.

Auch sehr viele Piktogramme – kleine Strichmännchen – erläutern auf der Basis von Körpersprache erstaunlich unmißverständlich, um was es geht. Das reicht dann von den beiden Figuren in einer Fußgängerampel über die einzelnen Sportdisziplinen bis hin zu der Wegbeschreibung auf einer großen Messe.

Das Problem der Mehrdeutigkeit

Begehen Sie niemals den Fehler, ein einzelnes körpersprachliches Signal isoliert zu betrachten, sondern prüfen Sie immer durch andere Hinweise gegen! Trotzdem läßt es sich im Dickicht der verschiedenen Alltagssituationen und der üblichen Hektik nie ganz vermeiden, daß das, was wir bei anderen wahrnehmen, unterschiedliche Gründe haben kann und somit dem Risiko der Mehrdeutigkeit unterliegt. Interessanterweise werden körpersprachliche Interpretationsfehler von den meisten Menschen als sehr viel gravierender angesehen als verbale. Vielleicht haben die meisten von uns das Gefühl, einen sprachlichen Schnitzer leichter wieder korrigieren zu können, indem man sich schlimmstenfalls entschuldigt. Dadurch, daß jedoch die Körpersprache bis auf Ausnahmen instinktiv abläuft und sie deshalb von allen als ehrlicher angesehen wird, machen Fehler auf dieser Ebene vermutlich auch betroffener, weil man gar nicht so rasch in der Lage wäre, eine solchermaßen verfahrene Situation zu retten.

Verschränkte Arme

Eine der bekanntesten Mehrdeutigkeiten dürfte das nahezu unausrottbare Vorurteil sein, daß vor dem Körper verschränkte Arme signalisieren, daß jemand sich anderen gegenüber verschließt. Obwohl das tatsächlich so sein kann – sofern andere Signale wie Nichtbeteiligung an einer ansonsten lebhaften Unterhaltung, ebenso verschlossenes und abweisendes Gesicht, eventuell noch kombiniert mit leichter Verachtung in den Augen hinzukommen, weiß jeder von uns aus längeren Diskussionen, daß man manchmal mit dieser Armbewegung – vielleicht in Kombination mit einer veränderten Sitz-

position – eine andere Haltung einnehmen möchte, um seinen Körper bei langem Sitzen zu entlasten. Auch den Umstand, daß man friert oder auch einfach nur müde ist, kann man auf diese Weise ausdrücken, auch ohne dies zu wollen.

Sitzhaltungen Eine weitere Mehrdeutigkeit haben verschiedene Sitzhaltungen und -positionen. Sich zurückzulehnen kann bedeuten, daß ich mich von einer vorgetragenen Meinung sozusagen räumlich distanziere, dies tue ich dann aber mit einer entsprechend mißbilligenden Mimik einschließlich Stirnrunzeln und auch gegebenenfalls mit verschränkten Armen. Sind die Arme dagegen locker auf die Lehne gelegt und signalisiert mein Gesicht, daß ich es mir gerade besonders bequem mache, dann stelle ich mich fast immer auf eine längere Unterhaltung ein und möchte dem anderen zeigen: Ich nehme mir jetzt Zeit für dich und möchte mich in meiner Konzentration nicht durch eine unbequeme Sitzhaltung stören lassen. Das Inanspruchnehmen von viel Raum beim Sitzen kann sowohl überzogenes Selbstbewußtsein, Unsicherheit, die dadurch überspielt werden soll, aber auch echte Macht und Einfluß zum Ausdruck bringen.

Ein großer Raumbedarf beim Sitzen ist nicht eindeutig zu interpretieren

Der lange Blickkontakt Eine Fülle von Mißverständnissen wird auch durch den Blickkontakt provoziert. Da es in unserer Gesellschaft unter Fremden üblich ist, nach einer bestimmten ›Verständigungszeit‹ bezüglich der Absichten des anderen den Blick wieder zu senken, können wir andere Menschen durch das Gegenteil stark irritieren. Manchen ist das bekannt, und sie setzen dieses Mittel genau zu dem Zweck oder zur bewußten Provokation ein, was man besonders häufig bei Jugendlichen antrifft. Insbesondere Ältere empfinden das dann als unverschämt und reagieren entsprechend empört – und verhalten sich damit wie erwartet –, ohne daß auch nur ein einziges böses Wort gefallen ist. Es gibt aber ebenso Menschen, die häufig nach innen gerichtet gedanklich mit irgendwelchen Überlegungen beschäftigt sind, und die sowohl durch jemanden durchsehen wie auch jemanden übersehen können, den sie eigentlich voll im Blickfeld haben.

Widersprüchliche Botschaften

Die eine Kommunikation begleitende Mimik und Gestik, aber auch die Körperhaltung machen manche Aussagen erst plastisch, so, wie wenn man einen Schwarz-Weiß-Film in Farbe überträgt. Menschen, die bei einer Unterhaltung ohne jegliche sonstige Regung dastünden oder -säßen, würden uns außerordentlich irritieren. Ebenso verunsichern natürlich widersprüchliche Botschaften.

Ein Beispiel aus der Personalberater-Praxis

Ich hatte für ein Beratungsunternehmen, das sich damit befaßt, Mitarbeitern und Führungskräften, die ihre Stelle verloren haben, sowohl psychisch als auch bewerbungstechnisch wieder auf die Füße zu helfen, die Geschäftsführerposition zu besetzen. Einer der eingeladenen Kandidaten, ein etwa 50jähriger Geschäftsführer, war zunächst einmal vom ersten Moment der Begrüßung an überheblich und arrogant. Sei es, daß er nach einer Wartezeit von nur 10 Minuten, für die ich mich beim Empfang bereits mit einem längeren Auslandstelefonat entschuldigte, betonte, daß er gerade habe gehen wollen; sei es, daß er in seinem gesamten Auftreten – Körperhaltung, Mimik etc. – zum Ausdruck brachte, daß er ›Wer sei‹. Während des nun folgenden Vorstellungsgespräches, in das ich zugegebenermaßen nur noch mit wenig Begeisterung hineinging, redete er nahezu ununterbrochen über seine vielfältigen beruflichen Erfolge und versuchte mich anfangs regelrecht herablassend zu behandeln, indem ich ihm allenfalls zuhören durfte. So wie jemand, der sagen will: Ich erkläre dir mal, wie man das macht! Dabei konnte er jedoch keine Minute ruhig auf einem an sich sehr bequemen Ledersessel sitzen bleiben, rutschte ständig hin und her, beugte seinen Oberkörper immer wieder ruckartig vor, um seinen Worten eine fast beschwörende Nachdrücklichkeit zu verleihen. Darüber hinaus knetete er seine Hände und machte insgesamt einen extrem nervösen Eindruck, der zwangsläufig überhaupt nicht zu seiner Geschichte und der von ihm beschriebenen Person, also zu ihm selbst, paßte.

Worte und Körpersprache paßten hier nicht zusammen

Das Gefühl, hier stimmt etwas nicht, wurde im Laufe des fast zweistündigen Gespräches immer konkreter und übermächtiger, sozusagen fast greifbar. Ich überlegte mir während des Zuhörens, was ich denn nun tun konnte, ohne ihn direkt anzugreifen und offiziell an seinen Aussagen zu zweifeln, was allenfalls dazu geführt hätte, daß er empört

Mein Trick des wort-wörtlichen Ernstnehmens

aufgestanden und gegangen wäre. Ich versuchte es schließlich mit dem immer wieder sehr wirkungsvollen Trick, jemanden in seinen verbalen Aussagen, gleichgültig wie abstrus sie klingen, einfach wörtlich zu nehmen und ihm dies als Feedback zurückzugeben. Also sagte ich ihm mit so wenig Ironie, wie mir möglich war (was schwerfiel), daß ich höchst beeindruckt ob seiner Erfolgsstory wäre, daß er aber Verständnis dafür haben müsse, daß ich für die zu besetzende Position niemanden gebrauchen könnte, der selbst im Leben offensichtlich noch keine Niederlage erlebt hätte, da so jemand Menschen, die gerade ihren Job verloren haben, wohl kaum mit dem erforderlichen Einfühlungsvermögen begegnen könnte. Insofern könnten wir das Gespräch hier und jetzt beenden, da ich ihn mit Sicherheit aus den genannten Gründen meinem Kunden nicht vorstellen würde.

Nachdem ich das gesagt hatte, war es so still im Zimmer, daß man wahrscheinlich trotz des Teppichbodens eine Stecknadel hätte fallen hören können. Er saß zum ersten Male still, und in seinem Gesicht wurden erkennbar mehrere Schlachten ausgetragen, endlos wirkende Sekunden lang mit äußerst ungewissem Ausgang. Schließlich ging ein Ruck durch seinen ganzen Körper, er beugte sich so weit zu mir vor, wie die Sitzanordnung das zuließ, und begann den nächsten Satz mit den Worten: »Lassen Sie mich Ihnen etwas erzählen ...!«

Die Gründe seines Verhaltens

Wie sich in dem daran anschließenden sehr offenen und nun erkennbar ehrlichen Gespräch herausstellte, war er seit mehreren Monaten arbeitslos – was er bewußt in seinen schriftlichen Unterlagen verschwiegen hatte –, da er bei seiner letzten Position unverschuldet in den betrügerischen Konkurs seines Vorgängers hineingeraten war, nachdem er seinen Posten erst zehn Tage innehatte. Er hatte seit Wochen nicht mehr geschlafen, da er ständig darüber nachgrübelte, was er bei seinen eigenen Vorstellungsgesprächen nicht wahrgenommen oder zu fragen vergessen hatte, und warum er es versäumt hatte, sich Bilanzen des Unternehmens zeigen zu lassen. Er brauchte also sowohl aus finanziellen, mehr noch aus Gründen der Selbstachtung dringend einen neuen Job, was gerade in seinem Alter nicht einfach war. So versuchte er, ein Bild von sich zu zeichnen, dem er eigentlich nicht entsprach, und da er psychisch fast am Ende war, hatte er seine Körpersprache nicht unter Kontrolle. Er redete viel und schnell, um seine Unsicherheit zu überspielen, was ihm jedoch nicht gelang.

Verräterische Unstimmigkeiten

Immer, wenn es Unstimmigkeiten zwischen verbalen Äußerungen und der sie begleitenden Körpersprache gibt, sind dies Alarmsignale, selbst dann, wenn es sich nicht, wie in dem beschriebenen Fall, um ein bewußtes Täuschungsmanöver handelt. Vielfach ist jemandem gar nicht bewußt, daß er mit seinen verbalen Äußerungen nicht die Wahrheit sagt. Dieser Problematik unterliegen vor allem sehr disziplinierte Menschen, die vom Kopf her gar nicht zulassen würden, daß sie etwas anderes fühlen könnten, als sie sagen. Denken Sie an einen Diplomaten, der grundsätzlich alle Gäste und Verhandlungspartner seiner Wertschätzung und der seines Landes versichern muß, auch wenn er sie für korrupt oder einfach nur dumm hält. Hier kann die Nuance Verachtung, die für den Bruchteil einer Sekunde, vielleicht bei Begrüßung oder Verabschiedung, im Augenkontakt aufblitzt oder im gesamten Gesicht kurze Zeit sichtbar wird, wenn die Unterhaltung beendet ist, und sich der Gastgeber anderen Gästen zuwendet, sehr verräterisch sein. Auch ein Pop-Sänger muß sein Publikum grundsätzlich großartig finden, weil ihm seine Fans andere Aussagen gar nicht verzeihen würden.

Körpersprachliche ›Vorurteile‹ und andere Fehlerquellen

Vor-Urteile jeglicher Art sind eine meist sehr undurchsichtige Mischung aus: Erziehung auf eine Gesellschaft hin, der Vermittlung von Wertmaßstäben einer speziellen Familie und damit vielfach auch einer gesellschaftlichen Schicht, eigener im Laufe des Lebens erworbener Erfahrungen und Glaubensgrundsätze und einer Portion Vermutung in den Bereichen, in denen wir bisher aus welchen Gründen auch immer noch keine Erfahrungen und Informationen sammeln konnten. Mit anderen Worten: Nichtwissen oder unvollständige Informationen werden häufig durch Gerüchte und persönliche Überzeugungen ersetzt.

Menschenkenntnis und ›rationale‹ Argumentation

Da die meisten Menschen die Fähigkeit der Menschenkenntnis für sich in Anspruch nehmen, obwohl es dafür unter Umständen nicht die geringsten Anzeichen gibt, streng nach dem Motto: Deutsch und Kindererziehung kann jeder (die Aufzählung ließe sich beliebig erweitern), würde kaum einer zugeben, daß er auf diesem Gebiet nicht gerade ein Guru ist. Also wird versucht, für die persönliche Einschätzung ›rationale‹ Argumente zu finden, die ein bestimmtes Urteil stützen und untermauern können.

Schubladendenken und Einschätzungsirrtümer

So hat jeder von uns in seinem Leben mit Sicherheit schon eine ganze Reihe von Menschen getroffen, die man aufgrund sehr begrenzter Wahrnehmung – sowohl dessen, was sie sagten, als auch wie sie es taten, also die gesamte Palette der Körpersprache einschließlich ganz bestimmter aus unserer Sicht verdammenswerter Besonderheiten – in eine vorgefertigte Schublade gesteckt und ›abgehakt‹ hat. Dann stellte sich aber im Laufe eines längeren und somit engeren Kontaktes heraus, daß sie ganz anders waren. Besonders häufig geschieht dies im Berufsleben, beispielsweise weil man sauer darüber ist, daß eine interessante Aufstiegsposition schon wieder von draußen besetzt wurde, und man deshalb den neuen Kollegen von vornherein nicht ausstehen kann. Da man das ja nicht zugeben darf, wird demjenigen das Leben während der ersten Monate sehr schwer gemacht. Jeder Fehler, der eigentlich bei einem neuen Mitarbeiter, der sich erst orientieren muß, normal ist, wird so interpretiert, daß man ja schon von Anfang an wußte, daß der nichts von dem Job versteht. In manchen schwerwiegenden Fällen eines Einschätzungsirrtums mußte man dann entweder offiziell oder zumindest heimlich Abbitte tun.

Gefahren einer Kurzanalyse Untersucht man diesen Prozeß, der da in einem Menschen abläuft, einmal etwas genauer, so ist gegen eine erste Einschätzung nicht das Geringste einzuwenden. In Anbetracht der Komplexität unserer Umwelt und der ständigen Überflutung von Reizen und Informationen ist eine solche Kurzanalyse wichtig, um diese Komplexität auf ein erträgliches, weil verarbeitbares Maß zu reduzieren. Wichtig sind dabei jedoch zwei Dinge: zum einen muß ich mir dieser meiner Reaktionen und ihrer Risiken bewußt sein; zum anderen habe ich darauf zu achten, daß ich keine der ›Schubladen‹ meines Sortierungs- und Einordnungssystems vorzeitig und endgültig schließe, um zusätzliche Informationen ebenfalls speichern und jemandem danach auch gegebenenfalls eine andere Schublade zuweisen zu können.

In ›Schubladen‹ sollte man mit viel Umsicht denken

Menschenkenntnis – ein lebenslanger Lernprozeß

Übertragen auf unser Thema Körpersprache heißt das: Jeder muß für sich überlegen, welche non-verbalen Ausdrucksformen und Signale er unter Umständen verabscheut oder zumindest ablehnt – beispielsweise anerkennendes Auf-die-Schulter-klopfen – und welche er aufgrund von Ähnlichkeiten zu sich selbst gut versteht und besonders schätzt – wie beispielsweise die kurze Armberührung als Ausdruck tiefer Sympathie.

Die Probleme der oben genannten Vorurteile fangen bereits damit an, daß sich nur die allerwenigsten Menschen die Mühe machen, sich mit Leuten, die ihnen entweder auf Anhieb, also durch ausschließliche körpersprachliche Wahrnehmung, oder nach kurzer Zeit unsympathisch sind, länger auseinanderzusetzen. Vorschnelle Urteile haben insbesondere bei der Körpersprache noch einen weiteren entscheidenden Nachteil: man hört viel zu rasch auf, zu beobachten und damit wahrzunehmen. Insofern hat dieser Punkt auch sehr viel mit Menschenkenntnis zu tun, die im Grunde genommen nur sehr mühselig und mit viel Training erworben werden kann. Personen, die beispielsweise berufsbedingt auf diese Fähigkeit angewiesen sind und schon viele Jahre ›üben‹, würden jederzeit bestätigen, daß sie in diesen Jahren bereits eine Menge Überraschungen erlebt haben.

Die kurze Armberührung als Sympathiebeweis

Kombinationen von Identifikationsmustern

Die meisten Menschen versuchen, sich das Leben in dieser Hinsicht unzulässigerweise damit zu erleichtern, daß die Überzeugung weit verbreitet ist, menschliche Eigenschaften träten immer in irgendwelchen mehr oder weniger festgelegten Kombinationen auf. Diese Eigenschaftsverbindungen sind aus Gründen, die wohl die wenigsten unter uns nachvollziehen können, tief in uns einprogrammiert und werden durch unsere persönlichen Wertmaßstäbe in beliebige Richtungen gepolt.

Wenn wir jemanden dabei beobachten, wie er einem Bettler auf der Straße Geld gibt, dann werden wir ihn – sofern wir ein solches Verhalten für richtig halten – für insgesamt warmherzig und großzügig, eben sympathisch ansehen. Sind wir jedoch der Ansicht, daß von denen auf der Straße in unserem Sozialstaat keiner richtig arm ist und das ohnehin nur Schmarotzer sind, dann halten wir den gleichen edlen Spender für dumm, mit einem Sozialtick belastet, jemand, der sich in dieser feindlichen Welt ohnehin nicht durchsetzen kann.

Wieder andere Einschätzungen laufen ab, wenn es sich bei dem Bettler erkennbar um einen Ausländer handelt, weil der vielleicht in unseren Augen unser Sozialsystem unzulässig belastet. Einige weitere Beispiele für solche Vorurteile sowohl im positiven wie im negativen Sinne können sein: Brillenträger sind intelligente Menschen; eine Blondine ist dumm; Leute, die Kleidung mit bestimmten Emblemen von Herstellern tragen, sind Snobs und/oder reich.

Wie selektive Wahrnehmung täuschen kann

Insbesondere Menschen mit Berufen, die auf ihre Menschenkenntnis angewiesen sind, legen sich solche Identifikationsmuster zurecht, obwohl eigentlich gerade sie um möglichst viel Objektivität und intensive Informationsbeschaffung bemüht sein müßten.

Seltsamerweise wird hier eine Negativ-Spirale in Gang gesetzt, die folgendermaßen funktioniert: Weil man nach Möglichkeit keinen Fehler in der Einschätzung von Menschen machen darf, da dies gravierende Konsequenzen hätte – nehmen Sie Personalleiter in der Auswahl von Mitarbeitern oder Bankenvertreter bei der Vergabe von Krediten –, versucht man, sich ein Raster von Einschätzungsmerkmalen zurechtzulegen, das einem bei der (raschen) Urteilsfindung helfen kann und soll. Also wird man konkret gewonnene Erfahrungen aus Einzelfällen, die mit dem eigenen Wertesystem korrespondieren und die einem deshalb ›logisch‹ erscheinen, verallgemeinern und als Raster auf den nächsten Fall anwenden.

Selektive Wahrnehmung nimmt nur Teile der Botschaft auf

Über das Phänomen der ›selektiven Wahrnehmung‹ – im übrigen eine der wesentlichsten Fehlerquellen bei der Auswertung nicht nur körpersprachlicher Signale –, daß man also aufgrund ganz bestimmter Einstellungen und Erwartungen nur einen Teil der jeweiligen Botschaft wahrnimmt, werden diese Einschätzungen nicht mehr hinterfragt, und von einer tatsächlich sichtbaren Verhaltensweise wird auf andere und damit zwangsläufig auf den Charakter eines Menschen geschlossen. Bei den non-verbalen Aussagen erhöht sich aufgrund ihrer Vielzahl und großen Komplexität das Risiko der fehlerhaften Einschätzung außerordentlich. Da man sich dann wiederum in seinen Urteilen – nicht zuletzt durch die Reaktion der Betroffenen – bestätigt fühlte, verfestigte sich das Bewertungsraster zu entsprechender Urteilsgewißheit.

Ein Beispiel von konventionellen Bewertungsrastern

Anfang der 70er Jahre wurde zu diesem Thema vom Hamburger Zeit-Magazin ein Test unternommen, in dessen Verlauf Kreditfachleute von Banken Fotos von verschiedensten Personen vorgelegt bekamen, deren Kreditwürdigkeit sie einschätzen sollten. Die nachfolgende Beurteilung und von der Zeitung gewünschte Rangordnung wurde problemlos vorgenommen – wohlgemerkt nur auf der Basis von Ganzkörper-Fotos – und entsprach in den dazu gegebenen Begründungen mehr oder weniger vollständig konventionellen Vorurteilen. Ich bin der festen Überzeugung, daß sich dieses Ergebnis heute problemlos mit den gleichen Ergebnissen wiederholen ließe.

Mit der äußeren Erscheinung beginnt das Vorurteil

Wie an diesen wenigen Beispielen bereits erkennbar, läuft sehr vieles dieser ›Vor-Urteile‹ über Aspekte der äußeren Erscheinung. Ja, man könnte fast zu dem Ergebnis kommen, daß manche Menschen es als Erleichterung empfinden, wenn sie durch ihre Wahrnehmung zu dem Ergebnis kommen, daß sich eine Auseinandersetzung im Sinne einer näheren und intensiveren Beschäftigung mit einem bestimmten Menschen nicht lohnt.

So kenne ich den Fall eines Kollegen, der einen recht großen Siegelring trug und der damit bei zwei mir bekannten Firmenvertretern auf so elementare Abneigung stieß, daß seine fachliche Kompetenz überhaupt nicht mehr zur Diskussion stand. Er hätte seine Beratungsleistung kostenlos erbringen können; es hätte ihm in diesen Unternehmen, bedingt durch die Haltung der beiden Entscheidungsträger, nichts genutzt.

Ein schönes Gesicht – ein intelligenter Mensch? Die meisten Eindrücke und damit zwangsläufig die häufigsten Einschätzungsfehler laufen über den Gesichtsausdruck ab. Neben den anderen Äußerlichkeiten haben wir hier mit den meisten Vorurteilen zu kämpfen, leider meist ohne uns dessen bewußt zu sein. Ein ganz besonders kritischer Punkt ist in diesem Zusammenhang die Zuordnung von Intelligenz. Durch zahlreiche ernstzunehmende Experimente wurde ermittelt, daß es keinen eindeutigen äußeren Indikator für Intelligenz gibt. Trotzdem werden hohe Stirn, nicht zu eng stehende Augen, eine schmale Nase und anliegende Ohren – sicherlich ein verbreitetes Schönheitsideal – von den meisten Menschen mit Intelligenz bei einem anderen gleichgesetzt. Insofern kann hier von einem physiognomischen Vorurteil gesprochen werden, was zugegebenermaßen, wie beispielsweise bei einem Bartträger, auch einem gewissen Zeitgeschmack unterliegt. Verschiedenste Untersuchungen zeigen jedenfalls, daß fast alle Menschen sich problemlos in der Lage sehen, nur auf der Basis eines Gesichts- oder Personenfotos weitreichende Wertungen und Klassifizierungen vorzunehmen, eine Einstellung, die einem schon irgendwie Angst machen kann.

Der Einfluß von Stimmungen und einer rosaroten Brille

Gleichzeitig spielen auch noch die eigene Stimmung und die gesamte Kommunikationssituation eine ganz erhebliche Rolle im Wahrnehmungsprozeß und der anschließenden Bewertung. Bin ich an einem Tag, wie es so schön heißt, ›gut drauf‹, dann bin ich meist auch entschlossen, mir diese Stimmung so lange wie möglich zu bewahren und nicht durch andere Miesepeter kaputtmachen zu lassen. Also werde ich meine Umgebung und insbesondere meine Mitmenschen zumindest an diesem Tag per selektiver Wahrnehmung durch eine rosarote Brille betrachten. Diese Stimmung, aus irgendwelchen Gründen »die ganze Welt umarmen zu können« führt dann dazu, daß ich meine Mitmenschen an diesem Tag alle nett finde, weil ich Unfreundlichkeiten oder negative Signale nicht wahrnehmen will.

Der Halo-Effekt

Bleibt unter der Überschrift der Fehlurteile noch die Erwähnung des sogenannten Halo-Effektes. Dieser Ausdruck soll beschreiben, daß wir Menschen, die wir mögen und die ganz besondere Attribute haben, die wir schätzen oder die wir selbst nicht haben (aber gerne hätten) und deshalb bei anderen grenzenlos bewundern, einen ›Heiligenschein‹ verpassen.

Dieser Heiligenschein überstrahlt dann im wahrsten Sinne des Wortes alles andere, was wahrnehmbar ist oder wäre. Nicht selten erfüllt es andere Mitmenschen mit Erbitterung zu sehen, daß die solchermaßen positiv Beurteilten eigentlich überhaupt nichts mehr falsch machen können. Bei ihnen werden durchschnittliche Leistungen zu sehr guten und gute zu ausgezeichneten hochstilisiert. Immer findet sich eine Entschuldigung und Begründung für Fehler und Versäumnisse, die bei anderen mit erbarmungsloser Härte verurteilt werden.

Die Moral von der Geschichte ist, sich vor Typisierungen jeglicher

Art im Rahmen des Möglichen zu hüten. Dabei sollte es völlig gleichgültig sein, ob es sich um gesellschaftlich unterlegte und damit vermeintlich erlaubte, weil allgemein verbreitete oder aber um ›Privatwahrheiten‹ handelt.

Das wechselseitige Bedingen von Sender und Empfänger

Was wäre ein Redner ohne Publikum, ein Liebender ohne das ›Subjekt‹ seiner Begierde, ein Chef ohne Mitarbeiter, ein Trainer ohne Mannschaft, ein Lehrer ohne Schüler, ein Fan von intellektuellen Streitgesprächen ohne jemanden, der die Gegenposition vertritt. Auch die Modeerscheinung der verschiedensten Talk Shows im Fernsehen lebt schließlich von Menschen, die sich austauschen und aufeinander reagieren, wenn auch nicht immer mit den feinsten Methoden und besten Manieren. Zuhörer und natürlich Zuschauer kommentieren ständig das, was sie sehen und hören und leisten so auch indirekt ihren Beitrag zur Kommunikation. Nicht umsonst ist bei Sportereignissen der sogenannte Heimvorteil bekannt, weil unterstellt wird, daß die eigenen Fans die eigenen Leute aufbauen und den Gegner demoralisieren.

Schiedsrichter müssen die Körpersprache der Fußballfans gut einschätzen können

Geschieht eine solche Kommentierung und Begleitung normalerweise über Blickkontakt und Mimik, müssen in Situationen, in denen die Wahrnehmung das nicht mehr zuläßt, auch andere körpersprachliche Reaktionen hinzugezogen werden. Nehmen wir einmal das Beispiel eines Fußballspiels. Hier werden mit dem ganzen Körper, durch Aufspringen, demonstrative Gestik, Pfiffe und ähnliche Reaktionen Zustimmung oder Ablehnung zum Ausdruck gebracht. Ein besonders präzises Wissen um die diesbezügliche Einschätzung der Menge haben dabei meist die Schiedsrichter. Diese Art von geballter Körpersprache kann so beeinflussend sein, daß schon eine Menge Rückgrat und Selbstbewußtsein dazugehören, sich in seinen Entscheidungen von den anderen unabhängig zu machen.

Kommentierende Körpersprache und ihre Wirkung

Doch betrachten wir einmal die Unterhaltung in einem kleineren Kreis oder zwischen nur zwei Personen. Wie unter dem Punkt der begleitenden und kommentierenden Körpersprache ausgeführt, können körpersprachliche Signale bereits vor dem gesprochenen Wort den anderen ganz klar darüber ins Bild setzen, was nun kommen wird:

eine Strafpredigt, ein Lob, gleichgültiges Zur-Kenntnis-Nehmen, Empörung und vieles andere mehr. Ein Zuhörer kann, sofern er sich auf den anderen Gesprächspartner konzentriert und ihn womöglich länger kennt, Sätze ergänzen und beenden und den Redenden so regelrecht unterstützen. Der Partner kann auch einen nur optisch wahrgenommenen Gefühlsausdruck verbalisieren: »Ich glaube, Sie fühlen sich in dieser Situation nicht besonders wohl.« An dieser Stelle kommt es nun darauf an, ob der andere diesen Eindruck um jeden Preis vermeiden wollte, oder ob er froh ist, daß es endlich einer gemerkt hat, und er nun einer entsprechend mitfühlenden menschlichen Seele sein gesamtes Leid vortragen kann. Im ersteren Falle wird die gesamte Mimik voraussichtlich eisig werden und Hinweise darauf geben, daß der andere zu weit gegangen (eigentlich: zu nahe gekommen) ist, und derjenige wird sehr bemüht sein, solche ›Ausrutscher‹ unerwünschter Mitteilungen zukünftig zu vermeiden.

Im letzteren Fall kommen Unterhaltungen zustande, denen man als weiter Außenstehender allein schon durch die kurze Distanz zwischen Sprecher und Zuhörer anmerkt, daß hier eine vertraute und gegenüber anderen vertrauliche Situation entstanden ist. Je intensiver dieser Kommunikationsprozeß wird, desto mehr synchrones Verhalten in der Körpersprache kann beobachtet werden. Die Körperbewegungen beginnen sich von Art und Ablauf her anzunähern, um jeden Informationskanal zu nutzen, der dem anderen sagt: »Ich kommuniziere auf deiner Wellenlänge.« Hinzu kommen regelrechte Imitationen des anderen: Er macht einen Schritt auf mich zu, und ich sehe mich genötigt, das gleiche Signal auszusenden und rücke ebenfalls näher. Genauso ›ansteckend‹ wirkt dann die non-verbale Gefühlsskala des Gesprächspartners.

Synchrones Verhalten

Positive Verstärkung

Ein weiteres wichtiges Reaktionsmuster ist die positive Verstärkung. Ein Mensch sagt etwas, und sein Gegenüber nickt verständnisvoll oder freundlich oder zustimmend oder alles zusammen. Es läßt sich dabei leicht nachvollziehen, daß der

Redner diejenigen Mitmenschen, die so erkennen lassen, daß sie seiner Meinung sind, wesentlich häufiger und intensiver ansieht als andere. Diese Reflexe gehen so weit, daß jemandem Menschen, die zustimmend nicken, sofort sympathischer sind als andere. Zwangsläufig löst dieses Feedback wieder eine positive Wirkung aus, die dazu führt, daß diesen Zuhörern auch der Redner immer sympathischer wird.

Negative Verstärkung

Die gleiche Spirale kann natürlich auch in die negative Richtung wirken, wenn die auf dem Gesicht erkennbare Skepsis auf der anderen Seite Ärger auslöst oder vom Blickkontakt her zu einer bewußten Ausgrenzung des ›Störenfriedes‹ führt. Liegt eine solche Sachlage vor, dann wird der Blickkontakt auf ein Minimum reduziert, man distanziert sich auch räumlich so weit es die Höflichkeit der Kommunikation zuläßt. Die Augenbrauen und die Stirnfalte gleichen sich jedoch auch wieder einander an bis hin zu der Gesamteinschätzung der Persönlichkeit des anderen, »der einem einfach unsympathisch ist«, wie in dem Punkt ›körpersprachliche Vorurteile‹ ausführlich erläutert.

Die Mitteilung persönlicher Einstellungen und Haltungen

Nichts kann so verräterisch sein wie die Körpersprache im Rahmen der Ausstrahlung dessen, was man von jemandem hält. An diesen instinktiven Reaktionen ist schon mehr als eine Freundschaft oder Geschäftsbeziehung zerbrochen. Gefährlich ist diese Angelegenheit auch deshalb, weil der Ausdruck von negativen Gefühlen meist um einiges ausgeprägter ist als bei positiven. Das hängt unmittelbar damit zusammen, daß positive Signale von den meisten Menschen auch gerne und problemlos verbal abgegeben werden, während uns die Höflichkeit und die sogenannte gute Erziehung in der Regel verbieten, unseren akuten Unmut oder gar die vernichtende Kritik offen zu artikulieren. Also geht man ganz allgemein ›nett‹, das heißt betont freundlich miteinander um, nicht zuletzt deshalb, weil man sich beispielsweise in einer Abhängigkeitssituation auch ganz klare Vorteile ausrechnet. Seinen Chef gegen das Schienbein zu treten, macht sich auch dann nicht besonders gut, wenn man selbst nicht der einzige ist, der ihn für einen unsympathischen, weil unberechenbaren Choleriker hält. Auch die Mitgliedschaft in einer bestimmten Gruppe ist manchmal für Jugendliche so wichtig, daß sie Verhaltensweisen mittragen, die sie alleine niemals billigen würden.

Die vier Grundrichtungen interpersonaler Einstellungen

Bevor wir in die Feinheiten dessen einsteigen, was man körpersprachlich zu dieser Überschrift zum Ausdruck bringen kann, sollten wir zunächst einmal untersuchen, ob es bestimmte Grundrichtungen der interpersonalen Einstellungen gibt.

Gemäß sozialpsychologischen Untersuchungsergebnissen, die bereits relativ weit zurückliegen, kann man hier ein Koordinatensystem zugrunde legen, das entsprechend vier Hauptdimensionen enthält, die jeweils hinsichtlich der Empfindungen Gegensatzpaare bilden und relativ leicht und mit ziemlicher Sicherheit identifiziert werden können, als da sind:

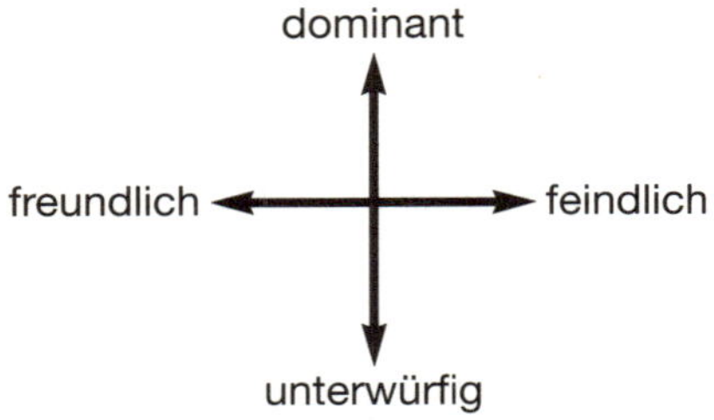

- freundlich und feindselig auf der einen Achse sowie
- dominant und unterwürfig auf der anderen.

Alle vier Begriffe sind die extremen Eckpunkte dieses Koordinatensystems, das heißt, daß soziale Kontakte und die damit verbundenen Gefühle mit irgendeinem Grad auf dieser Skala abgebildet werden könnten. Zu jeder dieser Grundrichtungen gibt es eine Art Basis-Körpersprache, die dann je nach Grad der Empfindung und der persönlichen Bewertung dieses Gefühls ergänzt und ausdifferenziert wird.

Freundlichkeit Beginnen wir mit der Freundlichkeit. Sie geht einher mit einem ebenso freundlichen Gesichtsausdruck, die Augen lächeln unter Umständen und begegnen dem anderen mit ›fühlbarer‹ Wärme. Der Blickkontakt ist intensiv und versucht vielleicht sogar, den anderen optisch ›festzuhalten‹, um eine intensive Kommunikation in Gang zu setzen. Die Körperhaltung ist zugewandt, das heißt auf den anderen ausgerichtet und meist mit einem vorgeneigten Oberkörper verbunden. Innerhalb der ausführlich beschriebenen Kreise rund um einen Menschen, wird innerhalb des zutreffenden Kreises die unterste Distanzstufe gewählt, man geht also so weit auf jemanden zu, wie es diese Konventionen und die generelle Einstufung des persönlichen Kontaktes zulassen.

Vorsichtiges Eintreten in den Imtimkreis

Findet die Begegnung im Sitzen statt, wird diesem Wunsch nach Nähe durch Rücken der Stühle oder durch die Wahl des Sitzplatzes neben demjenigen noch intensiver Ausdruck verliehen. Auch der Tonfall ist weich und in der Lautstärke der körperlichen Nähe angepaßt. Selbstverständlich gelten diese Verhaltensmuster für beide Seiten, sofern die Gefühle weitgehend identisch sind. Es ist dies die optimale Ausgangssituation für das Überspringen des berühmten Funkens, womit nicht unbedingt Liebe auf den ersten Blick gemeint ist, sondern das Empfinden, auf einen Menschen mit gleicher Wellenlänge getroffen zu sein.

Feindseligkeit Bei feindseliger Einstellung, die im Extremfall mit körperlichen Abwehrreaktionen wie Schlagen verbunden sein kann, sucht man größere Distanz. Der Gesichtsausdruck, bei dem die meisten eine offene Feindseligkeit zunächst zu vermeiden versuchen, wirkt maskenhaft, wobei die Augen am wenigsten unter Kontrolle zu bringen sind. Das kann dann – je nach Augenfarbe – von aggressivem Funkeln vor lauter Wut bis zu unterkühlter Verachtung reichen.

Körperliche Abwehrreaktionen bei feindseliger Einstellung

Es gibt Menschen, die die zweifelhafte Fähigkeit besitzen, bei einem anderen die Furcht vor Erfrierungen auszulösen, die aber verbal unangreifbar, wenn auch eisig-höflich sind. Die Körperhaltung ist distanziert abweisend, der Kopf ein wenig nach hinten geneigt. Die meisten Menschen signalisieren zusätzlich den Wunsch, dieser Begegnung so rasch wie möglich zu entkommen; das heißt in der Sitzposition nutzt man nur die vordere Kante, die Füße sind meist ständig in Bewegung, um die ungastliche Stätte verlassen zu können.

Körpersprache als Selbstschutz

Ein anderes körpersprachliches Muster kommt zustande, wenn man sich beispielsweise bei allen negativen Gefühlen gegenüber demjenigen nicht in der Position oder Situation befindet, den Kontakt zu einem beliebigen Zeitpunkt abbrechen zu können. Dann ist der Selbstschutz dadurch klar erkennbar, daß sich jemand auf seinem Stuhl oder Sessel ganz klein macht, also optisch in sich zusammensinkt oder sich verkriecht und sein ganzer Haß und seine Abneigung nur in den Augen zum Ausdruck kommen kann.

Die Notwendigkeit eines unterlegenen Gegenübers

Dominanz Die andere Koordinate, auf der die Dominanz ganz oben steht, hat etwas mit der soeben beschriebenen Situation, nur spiegelverkehrt zu tun. Dominante Menschen drücken ihre vermeintliche oder reale Überlegenheit vor allem dadurch aus, daß sie ein unterlegenes oder sich zumindest unterlegen fühlendes Gegenüber brauchen.

Dominanz zeigt sich unter anderem durch eine distanzierende leicht zurückgelegte Kopfhaltung mit gehobenem Kinn, die von oben herab wirkt, und energische Arm- und Handbewegungen, um an der eigenen Selbstsicherheit keinen Zweifel aufkommen zu lassen. Der Tonfall ist ebenfalls laut, energisch bis hart und klingt manchmal regelrecht anmaßend, die Satzbildung meist kurz und überaus präzise. Der Gesichtsausdruck ist je nach Situation ernst bis strafend.

Körperliche Nähe wird entweder völlig vermieden, oder sie wirkt unterdrückend und sogar bedrohlich, weil sich derjenige, der die Dominanz ausübt, Eindringen in persönliche Reviere und in Verbindung damit Berührungen erlaubt, die normalerweise tabu sind oder aber ein ganz klares Über-/Unterordnungsgefälle signalisieren. Vorgesetzte, die dadurch ihre Macht zum Ausdruck bringen, zeigen demonstrativ ihren Anspruch auf viel Raum und nutzen nicht selten große Schreibtische, hinter denen sie dann betont entspannt sitzen, oder für eine

Unterhaltung unpassende räumliche Distanz, um beim anderen das Gefühl von Hilflosigkeit und Abhängigkeit bewußt herbeizuführen oder zu verstärken.

Unterwürfigkeit Anzeichen des Gegenpols, für Unterwürfigkeit also, sind eine eher gebeugte Körperhaltung, eine leise Stimme und das erkennbare Abwarten bis das Wort an denjenigen gerichtet wird. Solche Menschen machen durch ihr gesamtes Auftreten, ihren geringen Raumbedarf, der sich in geschlossenen, eng beieinander stehenden Beinen, dem Sitzen auf der Kante zeigt, durch ihre leicht gesenkte Kopfhaltung, um intensiven Blickkontakt zu vermeiden, und ihre eher passiven Gesten deutlich, daß sie sich so klein und unauffällig wie möglich machen und verhalten wollen. Manche schaffen es fast, sich unsichtbar zu machen, weil sie eigentlich gar nicht mehr so richtig wahrnehmbar für andere da sind.

Die persönliche Note

Nach Erläuterung dieses Grundrasters, in das man eigentlich alle verschiedenen persönlichen Einstellungen anderen gegenüber einordnen kann, dürfte es nicht allzu schwierig sein, eigene Vorstellungen von den jeweiligen Feinheiten der Einschätzung anderer zu gewinnen, zumal hier auch noch eine gewisse ›persönliche Note‹ einfließt. Jeder Mensch hat einige sehr individuelle Möglichkeiten – seien sie bewußt oder unbewußt – seine Sympathie oder Abneigung, sein Überlegenheitsgefühl oder seine mehr oder weniger ausgeprägten Minderwertigkeitsgefühle zum Ausdruck zu bringen. Es wird sich lohnen, da einmal bei sich selbst mit dem Forschen anzufangen und sich beim Registrieren bestimmter Gefühle daraufhin selbst so gut es geht, zu kontrollieren.

Aussagen über die Persönlichkeit

Um zum Kern eines Menschen, also seiner eigentlichen Persönlichkeit vorzudringen, sollte man ihn in möglichst vielen verschiedenen Situationen und Rollen erlebt haben. Ich habe in diesem Zusammenhang von einem von mir sehr geschätzten Gesprächspartner zu diesem Thema ein sehr plastisches und überzeugendes Beispiel erzählt bekommen.

Der Mensch – ein Tisch mit vielfältiger Maserung Er verglich die Persönlichkeit eines Menschen mit einem Tisch und sagte: Dieser Tisch bleibt ein Tisch, ob etwas darauf steht oder nicht. Aber die Tischplatte weist an vielen Stellen sehr unterschiedliche Maserungen auf, die auch farblich zumindest in Nuancen und je nach Beleuchtung verschieden sein können. Je intensiver man sich mit einem Menschen auseinandersetzt, desto mehr Varianten dieser Maserung lernt man kennen und werden einem vertraut. Trotzdem vermag man nie soviel Komplexität zu verarbeiten und vor allem präsent zu haben, daß man sich anmaßen könnte, aus dem Kopf eine Zeichnung der gesamten Tischplatte anzufertigen. Diese Metapher habe ich nie vergessen, da sie mir sehr einleuchtend erschien.

Persönlichkeit – Schnittpunkt aller Rollen und Facetten eines Menschen

Die beschriebene ›Maserung‹ eines Menschen setzt sich aus verschiedenen Facetten zusammen: Einige Wahrnehmungen wie die des Kulturkreises, des Geschlechts, des Körperbaus, des ungefähren Alters, einer Grobeinschätzung der sozialen Schicht erfolgen sozusagen unwillkürlich, da sie allenfalls in geringem Umfang manipuliert werden.

Eine Veränderung des Äußeren erfüllt einen wichtigen Zweck

So soll es Leute geben, die sich durch ein Toupet oder das Haarefärben jünger zu machen versuchen. Da das aber nur in den seltensten Fällen wirklich überzeugend gelingt, sagt natürlich auch dieses Bemühen vieles über die Persönlichkeit desjenigen aus, weil es zeigt, wie er oder sie gesehen werden möchte, was ihm oder ihr wichtig ist oder womit jemand nicht zurechtkommt und erfüllt deshalb sogar mit der Täuschung einen wichtigen Zweck. Andere Facetten wie die bereits beschriebenen verschiedenen Rollen sind die wesentliche Ergänzung dieses Persönlichkeitsbildes. Ebenso wie man den Standpunkt vertreten kann, daß die Persönlichkeit der Schnittpunkt der verschiedenen zu übernehmenden und übernommenen Rollen ist, ist auch in Anlehnung an das zitierte Beispiel die Aussage möglich, daß bei allen Begegnungen zwischen Menschen und in verschiedenen Situationen darauf geachtet werden sollte, welcher Teil der Maserung in allen diesen Situationen identisch bleibt.

Einfluß der Umwelt Die Aussagen zu diesem Thema sind vor allem deshalb so schwierig, weil sogar unmittelbar aus der Persönlichkeit resultierende Verhaltensweisen wie die jedem bekannte Introversion oder Extraversion im Zusammenhang mit den jeweiligen Rollen verändert werden (können). Menschen, die beispielsweise in ihrem Beruf extrem lebhaft agieren, weil sie in dem, was sie tun, hochprofessionell sind, können beispielsweise in einer privaten Runde sehr still sein, weil dort vielleicht gerade Themen diskutiert werden, die denjenigen entweder nicht interessieren oder zu denen er mangels Kenntnis und Erfahrung nichts beitragen kann. Als Persönlichkeit, die daran glaubt, daß man nur den Mund aufmachen sollte, wenn man zu einer Sache tatsächlich substantiell etwas beizutragen hat, hat dieser immer noch lebhafte Mensch für sein momentanes Stillsein einen guten Grund, und trotzdem entsteht dann dieser falsche (?) Eindruck.

Einfluß der ›gespielten‹ Rolle Einer ähnlichen Fehleinschätzung – sofern man es überhaupt so bezeichnen kann – kann man bei den Gegenpolen von autoritärem und extrem nachgiebigem Verhalten unterliegen. Es wäre mit Sicherheit nicht das erste Mal, daß ein Mann sich im Berufsleben extrem autoritär verhält, der sich zu Hause unterdrückt fühlt und der dies mit seinem männlichen Selbstbild nicht vereinbaren kann. Auch der umgekehrte Fall ist denkbar, daß sich jemand zu Hause als in jeder Hinsicht durchsetzungsfähigen Macher darstellt, weil er seine Ziele im Berufsleben mangels Fähigkeiten und/oder Akzeptanz nicht realisieren kann. Zu Hause werden diese Eigenschaften hingegen unwidersprochen geglaubt, weil die konkreten Anschauungssituationen fehlen und weil vielleicht auch der Partner gerne an dieses Bild glauben möchte, da es auch seinem Ego nützt.

Gegenpoliges Verhalten in verschiedenen Rollensituationen

Nonkonformisten Nur die wenigsten Menschen pflegen ihre Individualität nahezu als Hobby so ausdrücklich, daß sie sie zu einer Art Markenzeichen – beispielsweise eines ›Enfant terrible‹ – hochstilisiert haben. Aber sogar bei diesem Beispiel eines klassischen Nonkonformisten, der tendenziell zunächst einmal gegen alles ist oder sich in anderer Weise von den Spießbürgern und Angepaßten seiner Umgebung abzugrenzen versucht, ist bei weitem nicht alles, was da bewußt nach außen getragen wird, tatsächlich Kern der Persönlichkeit. Nichtsdestotrotz hilft uns die körpersprachliche Wahrnehmung noch am meisten bei der Einschätzung der Persönlichkeit eines Menschen weiter, da sie, wie mehrfach ausgeführt, einfach insgesamt reflexartiger abläuft und damit ehrlicher ist.

Klassifizierung anhand der eigenen Wertmaßstäbe

Anhaltspunkte für das Konkretisieren einer Einschätzung von Persönlichkeit laufen primär über die körpersprachlichen Kanäle äußere Erscheinung (Kleidung, Frisur, Gesicht, Gruppenzugehörigkeit, Körperbau unter den Aspekten Schönheitsideal und womöglich Beruf), Körperhaltung (aufrecht, gebeugt, zaghaft), räumliches Verhalten (Raumbedarf, räumliche Orientierung), Gestik (Lebhaftigkeit, Temperament) und natürlich Mimik und Blickkontakt. Viele ordnen auch dem Händedruck eine konkrete Bedeutung zu, die wie alle unmittelbar wahrnehmbaren Einschätzungshinweise naturgemäß sehr viel mit dem eigenen ›Wertekostüm‹ und den persönlichen Vorlieben und Abneigungen zu tun hat, was sich die meisten Menschen in ihren Urteilen über andere bedauerlicherweise nicht klarmachen.

Jeder Mensch hat nun einmal gemäß den eigenen Wertmaßstäben vorrangige Bewertungskriterien, mit denen andere klassifiziert werden. Also wird er auch zunächst nach Merkmalen suchen, die ihm die diesbezügliche Einschätzung ermöglichen. Haben für jemanden beispielsweise Sauberkeit und Gepflegtsein einen hohen Stellenwert, wird er sein Augenmerk zunächst einmal darauf lenken. Möchte er selbst sehr gerne zur Oberschicht gehören, wird er wahrnehmbare Statussymbole dazu nutzen, jemanden von vornherein sympathisch zu finden, weil er ja mit ihm in Kontakt treten möchte, damit ein wenig von dem Glanz auch auf ihn abfällt.

Auch hierbei spielt die selektive Wahrnehmung eine große Rolle

Auch an dieser Stelle soll noch einmal ganz deutlich vor den weit verbreiteten Stereotypen gewarnt werden, die zwar das Leben sehr viel einfacher machen, was dann jedoch mit der heutigen Realität nichts mehr zu tun hat. Das frühere Weltbild, daß Farbige faul sind und Brillenträger intelligent, könnte als Einordnungskriterium gewisse Probleme nach sich ziehen.

Selbstbild und Fremdbild – nicht immer deckungsgleich

Ganz allgemein gesprochen dürfte die Aussage richtig sein, daß je unabhängiger ein Mensch ist, desto mehr Wahrnehmungen wird er zur Komplettierung seines Bildes von der Persönlichkeit eines anderen zulassen und bewußt verarbeiten und desto differenzierter wird auch das endgültige Urteil ausfallen, oder es wird eben bei einem solchen Beobachter gerade niemals endgültig sein. Außerdem darf bei diesen Betrachtungen nicht vernachlässigt werden, daß auch hier der bekannte Satz gilt: Wie man in den Wald hineinruft, so schallt es zurück! Das soll heißen: Menschen entwickeln und korrigieren ihr Selbstbild in beträchtlichem Umfang gemäß der Behandlung durch ihre Umgebung – sofern dies mit einer gewissen Konstanz bei ihrerseits unterschiedlichen, aber von ihnen respektierten Menschen geschieht – und geben ihre eigene Wahrnehmung als Auswirkung ihres Selbstbildes in Form darauf abgestimmten Verhaltens wieder zurück.

Ein Test mit Lehrern und Schülern

Ein sehr überzeugender Beleg für diese Aussage ist ein Testergebnis im Zusammenspiel von Lehrern und Schülern, das einen schon ganz schön nachdenklich machen kann. Eine nach dem Zufallsprinzip ausgewählte Schülergruppe wurde einem neuen Lehrer in der Form angekündigt, daß es in dieser Klasse einzelne hochintelligente und deshalb besonders förderungswürdige Schüler gäbe, die dann auch namentlich benannt wurden. Diese Ankündigung hatte dabei nichts mit der tatsächlichen Intelligenz dieser Schüler zu tun, da sie rein zufällig ausgewählt worden waren. Am Ende des Schuljahres hatten just diese Schüler besondere Lernfortschritte erzielt, da sie auf der Basis der positiven Einschätzung ihres Lehrers besondere Zuwendung, Förderung und Unterstützung erhalten hatten. Oder anders ausgedrückt: Jemand, der für die Schüler im Sinne eines Vorbildes wichtig war, hatte an sie geglaubt und entsprechend hatten sie sich verhalten.

Persönlichkeit beeinflußt körpersprachliche Signale

Persönlichkeitsmerkmale jeder Art erzeugen unmittelbar körpersprachliche Signale. Das betrifft sowohl das tatsächliche ›Kerngehäuse‹ eines Menschen, wie auch die situativen Rahmenbedingungen. Beides zusammen ist in der sozialen Interaktion ein wichtiger Orientierungshinweis, der dem Beobachter hilft, sein eigenes Verhalten auf den anderen abzustimmen, zu wissen, was er selbst tun darf und was besser nicht. Da eben beispielsweise die Intelligenz eines Menschen nur schwer vom Gesicht abzulesen ist, orientieren wir uns in unserer Einschätzung an äußerlich sichtbaren Signalen, die wir aufgrund von Erfahrung und persönlicher Überzeugung für einen Ausdruck von Intelligenz halten. Je konsistenter sich eine Person im Laufe von mehreren Begegnungen verhält, desto größer ist unsere Sicherheit in der Einschätzung der Persönlichkeit.

Das Flair des Selbstbewußten Beispielsweise wird ein sehr selbstbewußter Mensch, der sich dieses Selbstbewußtsein mit einer guten Bildung und Ausbildung und beruflichen und privaten Erfolgen erarbeitet hat und der sich außerdem durch eine gewisse Geradlinigkeit in den Standpunkten auszeichnet, überwiegend eine gerade und offen auf andere ausgerichtete Körperhaltung haben, sein Gang ist energisch und kraftvoll, der Blickkontakt wird häufiger, länger und intensiver sein als bei weniger selbstsicheren Menschen, und er wird voraussichtlich unter Berücksichtigung von Höflichkeitsregeln mehr Raum für sich beanspruchen als andere. Die Wahrscheinlichkeit, daß diese Person ihre körpersprachlich dokumentierte Selbstsicherheit auch in einer besonderen Situation, wie beispielsweise einem Vorstellungsgespräch, durchhalten wird, ist recht groß.

Situative Rahmenbedingungen können auch einen selbstbewußten Menschen unsicher wirken lassen

Sollte er aber nun einmal zufälligerweise unter irrationalen Prüfungsängsten leiden, wird genau diese Persönlichkeit in der genannten Ausnahmesituation kleine Schweißperlen auf der Oberlippe haben, die Hände werden zumindest geringfügig zittern, der Blickkontakt wird selten und nicht besonders intensiv sein, und es wird auf Beobachterseite schon sehr viel Menschenkenntnis dazu gehören herauszufinden, daß hier trotzdem eine leistungsorientierte und -fähige Persönlichkeit dahintersteckt, die sofort, wenn man ihr eine konkrete Aufgabenstellung in der Praxis überträgt, zu der gewohnten Souveränität zurückfindet.

Wenn Selbst- und Fremdbild nicht übereinstimmen Ganz erhebliche Probleme lösen auch Diskrepanzen zwischen Selbst- und Fremdbild aus. Das ist immer dann besonders schmerzlich beobachtbar, wenn sich ein Unternehmen von einem Mitarbeiter trennen muß, weil die Leistung nicht mehr stimmt und/oder das Verhalten aus verschiedenen Gründen nicht mehr tragbar ist. In solchen Situationen erlebt man immer wieder das Phänomen, daß es eigentlich alle wußten, daß es so nicht weitergehen konnte und Konsequenzen unvermeidbar waren, nur der Betroffene und Verursacher fällt bei der Mitteilung der Entscheidung aus allen Wolken.

In diesen Fällen hat die eigene Sicht der Dinge meist aus Selbstschutz die Umwelt draußen regelrecht abgeschaltet und damit nicht mehr wahrnehmbar gemacht. Je größer und wichtiger das ist, was man zu verlieren droht, desto lückenloser und höher ist der eigene Gartenzaun, der unliebsame Informationen und Wahrnehmungen nicht mehr zuläßt. Die Körpersprache solcher Mitmenschen ist meist durch überzogene Selbstdarstellung geprägt, die in vielen Fällen schon lächerlich wirkt, gerade, weil sie von anderen zweifelsfrei als weit ab von jeglicher Realität wahrgenommen werden kann. Diese Persönlichkeitsdeformierung geht manchmal so weit, daß man von einem echten Krankheitsbild sprechen kann, das dann auch nur noch mit psychiatrischer Hilfe zu heilen ist.

Wie Beruf und Öffentlichkeit das Verhalten ändern

Viele Menschen verändern ihr Verhalten und damit sich selbst, wenn sie eine bewußte Selbstdarstellung vor Publikum betreiben. Bei manchen Berufen könnte man zu dem Schluß kommen, daß auch die berufliche Rolle Menschen wie in einem Film verändert. Es soll ›Workaholics‹ geben, die in ihrem Beruf die Selbstsicherheit in Person sind, die aber in anderen als arbeitsbezogenen Situationen völlig verunsichert reagieren, weil sie mit Dingen außerhalb eines Schreibtisches nichts anfangen können. Und genau so, wie bestimmte Berufe Fähigkeiten und Persönlichkeitseigenschaften erfordern – ein guter Verkäufer muß auf Leute zugehen können, überzeugend sein ohne Aufdringlichkeit, liebenswürdig und gleichzeitig durchsetzungsfähig, gut reden, aber auch zuhören können –, um nur einige Beispiele zu nennen, prägt wiederum ein Beruf durch die tagtägliche Praxis auch in mehr oder weniger starkem Maße die Persönlichkeit.

Das Dokumentieren von Macht und Einfluß

Mich hat gerade im Berufsleben immer nachhaltig beschäftigt, woran es liegt, daß gerade diejenigen, die besonders viel Macht und Einfluß und Geld haben, eher zur ›leisen‹ Sorte Mensch gehören, während die Neureichen, die Möchtegern-Napoleons und diejenigen, die sich einfach nur maßlos überschätzen, zum Teil zu Methoden greifen, mit denen sie das, was sie eigentlich nur zu gerne für alle sichtbar zum Ausdruck bringen wollen, genau ins Gegenteil verkehren, und bedauerlicherweise merken es die meisten von ihnen noch nicht einmal.

Macht – ein Stück persönlicher Freiheit

Die meisten von uns dürften die Begriffe Macht und Einfluß je nach eigenen Wunschvorstellungen oder Erfahrungen mit unterschiedlichem Inhalt füllen. In jedem Falle hat es jedoch etwas mit persönlichen Freiheiten zu tun, sei es, eine womöglich höchst individuelle Überzeugung durchsetzen zu können, auch wenn man nicht alle an einem Tisch durch gute Argumente überzeugen konnte; sei es daß man für das eigene Kommen und Gehen niemandem Rechenschaft ablegen muß. Menschen mit Macht dürfen mehr Raum einnehmen als andere, oder sie nehmen ihn sich einfach, und er wird ihnen widerspruchslos zugestanden. Chefs haben, wenn sie nicht gerade einer sehr ausgefallenen Management-Philosophie von Demokratie anhängen und darauf bestehen, mitten in einem Großraumbüro unter ihren Mitarbeitern zu sitzen, größere Büros und den größeren Schreibtisch, einen eigenen Parkplatz, in manchen altehrwürdigen Konzernen sogar einen eigenen Aufzug und was es da sonst noch an erstrebenswerten und nützlichen Statussymbolen gibt.

Statussymbole der Macht

Jeder von uns weiß, daß der mit Macht manchmal verbundene Begriff der Autorität nicht unbedingt etwas mit einer bestimmten Position zu tun hat. Es gibt Menschen mit einer sehr natürlichen, weil überzeugenden Autorität, und es gibt Positionsinhaber, die ihre Autorität qua Amt ausüben, deshalb aber nicht unbedingt mehr geschätzt und schon gar nicht mehr respektiert werden.

Vorauseilender Gehorsam

Wahrnehmbar sind also sowohl sehr offensichtliche Anzeichen von Macht und gleichzeitig sehr subtile Beeinflussungsmöglichkeiten, wenn sogenannte Untergebene nicht wagen, offen zu widersprechen, obwohl es gar keine klaren und eindeutigen Weisungen gegeben hat. In diesem Zusammenhang wurde der Begriff des »vorauseilenden Gehorsams« geprägt, der sich im übrigen ebenfalls deutlich in der Körpersprache eines Menschen bemerkbar macht. Menschen, denen eine solche Haltung nachgesagt wird, halten zu ihrem Vorgesetzten – oder auf wen auch immer diese Aussage zutrifft – einen wesentlich intensiveren Blickkontakt, um keine Nuance dessen, was gewünscht wird oder werden könnte, zu verpassen. Dabei wird dieser Blickkontakt häufig unterbrochen, es ist also eine Aneinanderreihung von Momentaufnahmen, da es keinesfalls erlaubt ist, einen Übergeordneten anzustarren. Sie nicken bei Ausführungen der Gegenseite viel häufiger, lächeln mehr, um ihr Gegenüber bei Laune zu halten und zu signalisieren, daß die übergeordnete Position anerkannt wird, und sie nehmen eine eher passive und leicht vorgeneigte Körperhaltung ein, die sozusagen automatisch dazu zwingt von unten nach oben zu schauen.

Der Chef – Verkörperung der Dominanz

Beim ›Chef‹, oder nennen wir es allgemeiner: bei der Person mit mehr Macht laufen die körpersprachlichen Signale genau spiegelverkehrt ab. Er – oder selbstverständlich auch sie – hat eine sehr gerade Körperhaltung, so daß überhaupt nur von oben nach unten geblickt werden kann. Je nach Diskussionsgegenstand oder Weisung wird ebenfalls ein sehr intensiver Blickkontakt gehalten, um den Aussagen – insbesondere dann, wenn es keine expliziten Weisungen sind – den erforderlichen Nachdruck zu verleihen. Zwei weitere sehr charakteristische Merkmale von Macht sind der sogenannte ›Dominanzfinger‹ (der Daumen), und das Kinn.

Szenen aus der Kindheit Wenn Sie sich einmal kurz in Ihre eigene Kindheit zurückversetzen, dann erinnern Sie sich mit Sicherheit an Situationen, in denen Sie von den Eltern mit der Kombination aus intensivem Blick und einer Bewegung des erhobenen Kinns dirigiert worden sind und auch ohne Worte immer sofort wußten, was gemeint war. Je nach eigener Entwicklungsstufe und insbesondere in der Phase der Pubertät, schwankte man dann immer zwischen ohnmächtiger Wut über die eigene Reaktion und Angepaßtheit, oder man überspannte den Bogen völlig und probte bei Nichtigkeiten den Aufstand.

Subtiler Machteinsatz

Gerade dieses letztere Beispiel von relativer Hilflosigkeit und damit Wut erlebt man auch heute noch vielfach im Berufsleben. Ein Vorgesetzter, der sich der eher subtilen Machtausübung – betont höfliche Anweisungen, aber eben Anweisungen mit unmißverständlichem Aufforderungscharakter, die keinen

»Der Kragen platzt«

Widerspruch zulassen – bedient, kann, wenn einem Mitarbeiter dann bei dieser Behandlung einmal im wahrsten Sinne des Wortes »der Kragen platzt« sehr gut mit völligem Unverständnis die Augenbrauen hochziehen und dadurch dafür sorgen, daß für alle Beteiligten der schwarze Peter ausschließlich bei demjenigen liegt, der den Ausbruch gewagt hat. Es ist absolut faszinierend, wie sehr jemand auf diese Weise für alle sichtbar ins Unrecht gesetzt werden kann, obwohl er rein gefühlsmäßig auf die Körpersprache der Gegenseite absolut richtig und vor allem angemessen reagiert hat. Auch eine solche, betont überraschte und nicht aggressive Reaktion – weil derjenige es gar nicht nötig hat –, die körpersprachlich exzellent zu vermitteln ist, ist ihrerseits wieder ein Paradebeispiel für die Ausübung von Macht.

Dominanz per Daumen Der eingangs im Kapitel ›Gestik‹ schon erwähnte ›Dominanzfinger‹, der Daumen, hat seit Urzeiten eine disziplinierende Wirkung. Bereits bei den Römern und vermutlich noch früher hat der nach oben oder unten gestreckte Daumen Schicksal, Leben oder Tod, bedeutet. Da es das Kolosseum in der damaligen Form nicht mehr gibt, sind auch diese Methoden inzwischen subtiler geworden. Menschen mit Einfluß oder diejenigen, die zumindest wissen, wie man Macht demonstriert, haben sich angewöhnt, den Daumen aus der Jackentasche schauen zu lassen, die eventuellen Hosenträger vom Körper wegzuziehen, dabei noch mit den Füßen zu wippen und in jeder Hinsicht sehr große Gelassenheit zum Ausdruck zu bringen. Oftmlas ist das räumliche Verhalten eines solchen Menschen entsprechend ausgeprägt – die Sitzhaltung etwa beansprucht viel Raum.

Demonstration von Macht

Unerlaubte Revierverletzung

Ein weiteres sehr wichtiges Ausdrucksmerkmal von Macht ist das ungefragte und auch unerlaubte Eindringen in das Revier des anderen – in ein Büro einzutreten, ohne anzuklopfen – und die damit erst mögliche ebenfalls unerlaubte und manchmal demütigende, zumindest aber Besitzansprüche signalisierende Berührung, die in diesen Kontext hineingehört. Mit beiden Verhaltensweisen werden bewußt Spielregeln verletzt, beziehungsweise Macht heißt dann, die Möglichkeit zu haben, sich über diese Spielregeln bewußt und ungestraft hinwegsetzen oder sie außer Kraft setzen zu können.

Sie ist häufig ein Grund für Aggressionen

Wenn Sie sich an das erinnern, was ich zum Thema Nähe und Distanz (Seite 59) erklärt habe, daß nämlich alle Kontakte zu Menschen in bestimmten vorgegebenen Kreisen ablaufen, wird diese Aussage klar. Jemand, durch den ich eine Berührung zulasse, der somit in den allerengsten Kreis um mich herum hineindarf, muß normalerweise eine sehr persönliche Beziehung zu mir haben. Ist diese Ausgangssituation nicht gegeben, dann empfinde ich denjenigen als Störenfried und Eindringling. Nun kann ich aber in der beschriebenen Situation meine natürlichen Reflexe, jemanden des Raumes zu verweisen, nicht ausleben, da es sich um meinen Vorgesetzten handelt. Daher empfinde ich zwangsläufig ein Gefühl von Ohnmacht und damit eng verbundene Aggression, weil ich mein Revier nicht in der gewohnten und gebotenen Weise verteidigen kann.

Distanz und geschlossene Türen

Je nach gerade kursierender Managementphilosophie kann Gefälle natürlich auch durch Distanzen und geschlossene Türen ausgedrückt und verstärkt werden. Die ganz Mächtigen haben meist so große Zimmer, daß man auf dem längeren Fußmarsch bis zur Hörweite vor dem großen Schreibtisch, der seinerseits für den gebotenen Abstand sorgt, genügend Muße hat, Gewissenserforschung zu betreiben, warum man bestellt oder manchmal sogar ›zitiert‹ worden ist.

Die geschlossene Tür und die als Wächter davor sitzende Sekretärin signalisieren, daß man sozusagen ins Allerheiligste vordringt, daß sich jemand, der eigentlich keine Zeit hat und – wie optisch zu sehen – nicht gestört werden will oder sollte – nun mit einem kleinen Angestellten, einem Rädchen im Getriebe, beschäftigt. Aufschlußreich ist auch, wel-

Das Vordringen zum Vorgesetzten und seinem Bürozimmer

cher der nachgeordneten Führungskräfte trotz geschlossener Tür nach einem kurzen Nicken in Richtung der Sekretärin den Raum des Chefs betreten darf. Nicht selten hat man mit demjenigen den Kronprinzen und zukünftigen Nachfolger früher und sicherer identifiziert als durch irgendwelche offiziellen Ankündigungen.

Vorgesetzte, die entweder aus echter persönlicher Überzeugung oder weil es gerade ›in‹ oder besser: opportun ist, das Prinzip der offenen Tür pflegen, werden dann häufig als Fremdkörper erlebt. Dabei ist es höchst interessant, wie sicher Untergebene zu identifizieren vermögen, ob es bei diesem Verhalten um wirkliche Überzeugungen des Chefs geht. Denn diejenigen, die auf diesem Gebiet allenfalls schauspielern und ihre Führungs-Progressivität zeigen wollen, werden überwiegend seltener von Mitarbeitern aufgesucht als die Chefs, bei denen man sich wie früher einen Termin besorgen muß, weil deren Verhalten zumindest als ehrlicher und konsequenter erlebt wird.

Raum- und Positionsbedarf der Mächtigen

Mächtige Menschen haben jedoch nicht nur sehr viel Raumbedarf, sondern sie reklamieren auch in der Regel Plätze für sich, die ihnen einen guten Überblick über andere und das jeweilige Geschehen bieten – schließlich sind auch im Theater die vorderen Plätze die teuersten und meist mit den gleichen Leuten belegt. Das wird besonders deutlich bei den Sitzpositionen. Wer sich unabgesprochen und ungefragt an das Kopfende eines Tisches setzen darf, dessen Position ist für alle Beteiligten an der Runde klar. Denn es hat ja nicht nur der ›Vorsitzende‹ den hervorragenden, weil uneingeschränkten Überblick, sondern auch die anderen Teilnehmer können ihrerseits wiederum jede Regung in der Mimik und Gestik wahrnehmen und sich gegebenenfalls entsprechend konform verhalten und daran orientieren.

Der Vorsitz bietet uneingeschränkten Überblick und daher Kontrolle

Ganz besonders interessant und aufschlußreich ist die Situation, daß vielfach ausgerechnet derjenige, der letztendlich die Entscheidung fällen darf und wird, in eine Diskussionsrunde zu spät kommt, sich ausnahmsweise betont unauffällig in eine Ecke setzt, versichert, daß er nur zum Zuhören gekommen sei und auch tatsächlich nichts sagt – von einer vieldeutigen oder auch eindeutigen Körpersprache einmal abgesehen –, und die gesamte Runde verändert ihr Verhalten. Die bis dahin womöglich hitzige Diskussion wird plötzlich vorsichtig und sehr zivilisiert. Die Teilnehmer setzen sich ihrerseits so, daß der ›Neuankömmling‹ in die Runde einbezogen werden kann. Der Blickkontakt, der einen abstimmenden Charakter bekommt, wird in Richtung der Person intensiviert, die sich ja gerade verbal überhaupt nicht beteiligt. Diese Veränderungen im Verhalten der anderen bleiben so lange bestehen, bis dieser Vorgesetzte ebenso unvermittelt und ohne Begründung – im übrigen ebenfalls ein Privileg der Mächtigen – aufsteht und den Raum wieder verläßt.

Verbale und körpersprachliche Indifferenz ist ein Spiel mit der Macht

Meist kommt danach trotzdem nicht die gleiche Stimmung und Lebhaftigkeit auf, wie sie vorher war, da sich nun jeder seine Gedanken darüber macht, mit welchem Eindruck der Vorgesetzte den Raum wieder verlassen hat, warum er so rasch wieder gegangen ist usw. Die im Raum verbleibende Unsicherheit hat etwas mit den Machtspielen zu tun, daß sich ein Mensch mit entsprechendem Einfluß leisten kann, auch körpersprachlich keine Stellung zu beziehen, indifferent zu bleiben und dadurch Verunsicherung auszulösen. Auch ein bewußtes Nichteinmischen kann Gefälle dokumentieren, weil es aussagt: »Ich habe diese Aufgabe delegiert, und obwohl ich natürlich weiß, wie man sie löst, halte ich mich mit meiner Meinung zurück, weil die anderen ja noch etwas lernen müssen.«

Die Beeinflussung und Manipulation anderer

Dieses Thema gehört zwangsläufig sehr eng zu Macht und Einfluß, wenn es auch viel subtiler und mit wesentlich mehr Instrumenten der ›psychologischen Trickkiste‹ aufwartet. Menschen, die bewußt und manchmal von Berufs wegen Einfluß im Sinne von Manipulation nehmen, machen sich den Umstand zunutze, daß die meisten von uns im Verlaufe eines ganz normalen Tages, so vielen Einflüssen und Informationen ausgesetzt sind, dabei aber ständig Entscheidungen fällen müssen, daß wir sowohl zeitlich als auch kapazitätsmäßig gar nicht mehr in der Lage sind, bei jeder dieser Entscheidungen jeden Aspekt des Für und Wider zu begutachten und abzuwägen. Häufig ist auch eine Ursache, daß wir etwas gar nicht verstanden haben, dies aber weder zugeben dürfen, noch die Gelegenheit haben, es uns erklären zu lassen. Also wird Nichtwissen durch Glauben oder Ahnen und vor allem durch Gefühle und Instinkte ersetzt.

Entscheidung aufgrund Erfahrung und Erziehung

In gleicher Weise, wie uns die reflexartige und in der Regel nicht oder zumindest weniger den Kopf tangierende Körpersprache hilft, mit unserer Umwelt und den sich darin bewegenden übrigen Menschen – sagen wir reibungsarm – zurechtzukommen, verlassen wir uns in gleicher Weise auf Erfahrungen, erlernte Wertmaßstäbe, Signale und natürlich Autoritäten. Insofern ist auch der größte Teil unseres Entscheidungsverhaltens weitgehend automatisiert. Herausgehoben sind dann nur noch besondere Entscheidungssituationen wie die Anschaffung von Möbeln, also eine größere Investition, die Entscheidung für eine Eheschließung wegen des Rattenschwanzes, der daran hängt, oder vielleicht eine Kündigung und berufliche Umorientierung, um nur einmal drei Beispiele zu nennen.

Weil das so ist und unsere Reflexe weitgehend autonom auf der Basis der erwähnten Erfahrungen und Erziehungsprozesse reagieren und wir dieses weitgehend automatisierte Verhalten bis auf Ausnahmen als wohltuend und entlastend und natürlich als weitgehend risikoarm betrachten – zumindest so lange keine größere Panne passiert ist –, sind wir anderen Menschen, die diese Mechanismen und Reflexe kennen und sie für ihre Ziele und Zwecke ausnutzen, in gewisser Weise ausgeliefert.

Eine künstliche Vereinfachung aufgrund der Komplexität der Umwelt

Rasterdenken Sie erinnern sich vielleicht an meine Ausführungen zum Thema ›Vorurteile‹ in bezug auf Menschen(-kenntnis), die ihrerseits eben auch eine künstliche Vereinfachung in der Verarbeitung unserer Wahrnehmungen darstellt, indem wir Menschen in ›Schubladen‹ packen und sie damit einem von uns definierten Raster zuordnen. In gewisser Weise werden wir also Opfer der von uns erst geschaffenen komplexen Umwelt, die mit ihrer Komplexität, der wir Menschen offensichtlich nicht besonders gewachsen sind, diese Risiken der Manipulation hervorruft. Des weiteren werden die bereits an mehreren Stellen erwähnten gesellschaftlichen Spielregeln, auf die hin wir erzogen worden sind, ausgenutzt. Ein in diesem Sinne besonders gut funktionierender Reflex ist beispielsweise die Beantwortung eines Gefallens, den man uns erwiesen hat.

Manipulationsfallen

Ein bekannter amerikanischer Sozialpsychologe, B. Cialdini, hat in einem bemerkenswerten Buch die Haupt-Manipulationsfallen, in die Menschen tappen können, zusammengestellt. Obwohl natürlich sehr vieles davon auch verbal abläuft, spielt die Körpersprache bei allen Varianten von Manipulation eine nicht zu unterschätzende Rolle.

Geben und Nehmen – Reziprozität Da ist zunächst einmal die sogenannte Reziprozitäts-Regel. Eine der wesentlichen positiven Übereinkünfte im Zusammenleben von Menschen in einer Gemeinschaft ist die des Gebens und Nehmens. Habe ich jemandem etwas gegeben oder eine Gefälligkeit erwiesen, habe ich sozusagen einen unausgesprochenen Anspruch darauf, daß sich derjenige bei der nächsten Gelegenheit revanchiert, oder er kann sich einer diesbezüglichen Bitte meinerseits nicht entziehen. Dieses Phänomen wird beispielsweise von Sekten ausgenutzt oder aber auch – wesentlich unprosaischer – als Verkaufsförderungsmechanismus angewandt.

Jeder von uns kennt aus seinem Supermarkt oder einem Kaufhaus diese sogenannten Aktionstage oder -wochen. Sobald man das Haus betritt, wird einem je nach Artikel und Zielsetzung irgend etwas geschenkt: eine Parfumprobe, ein Stück Schokolade oder irgend etwas anderes. Ein solches Geschenk soll die unausgesprochene Verpflichtung für ein Verkaufsgespräch sein und sei es auch nur, daß man eben aus der erlernten Höflichkeit heraus gar nicht anders reagieren kann.

»Möchten Sie einmal unser neues Parfüm testen?«

Die körpersprachliche Begleitung des Ganzen beginnt mit sehr intensivem Blickkontakt, was bedeutet: man gibt jemandem das Gefühl, genau er oder sie sei aus bestimmten Gründen aus der breiten Masse der Gesichtsträger ausgewählt worden. Ganz bewußt hat dann der nachfolgende Kontakt, also die verbale Ansprache rund um die Übergabe des Geschenkes, noch etwas relativ unverbindliches. Das wird dadurch erreicht, daß anfangs eine gewisse körperliche Distanz gewahrt bleibt, Berührungen abgesehen vom Anreichen des Geschenkes unterbleiben und die Mimik das Geschenk oder die Kostprobe mit einem Höchstmaß an Freundlichkeit sozusagen untermalt.

Die Vermittlung des Gefühls der eigenen Wichtigkeit

Neben dem sehr wichtigen Aspekt des Ausgewähltwordenseins, der bei den meisten Menschen durchaus positive Gefühle auslöst und bereits die Basis für die vermeintliche anschließende Verpflichtung legt, geben manche dieser Verkaufsförderer dem Angesprochenen außerdem noch durch eindringlichen Blickkontakt und eine zunehmend ernster werdende Mimik das Gefühl, just ihn als Ratgeber in einer wichtigen Angelegenheit sprechen zu wollen. Menschen, die um einen Rat gebeten werden, fühlen sich wichtig und ernstgenommen, also seinerseits wiederum eine hervorragende Basis für Manipulation. Dabei kann es sich um so belanglose Dinge, wie den Geschmack einer neuen Margarine oder um das persönliche Empfinden nach der Wäsche mit einer feuchtigkeitsspendenden Seife handeln. In der Kosmetikbranche wird dann häufig nachfolgend angeboten, sich einem selbstverständlich kostenlosen Hauttest zu unterziehen oder das neue Produkt an Ort und Stelle zu testen.

Es dürfte nur wenige sehr hartnäckige Widerständler geben, die nach dieser ›Behandlung‹ das oder die Produkte nicht kaufen. Weil den meisten Menschen diese Zusammenhänge zumindest unterschwellig durchaus vertraut sind, meiden viele solche Aktionen wie der Teufel das Weihwasser. Da wird plötzlich im Supermarkt auf den Kauf eines notwendigen Lebensmittels verzichtet, weil das unglücklicherweise just hinter der freundlichen Dame mit den Käseproben im Regal steht, oder auf der Straße wird die Seite gewechselt, um gar nicht erst in die Fänge eines solchen Menschen zu geraten.

Glaubensgrundsätze aus Selbstschutz und Bequemlichkeit

Einmal für immer – Konsistenz Die zweite Falle ist das sogenannte Konsistenzverhalten des Menschen. Einmal gefaßte Entschlüsse – insbesondere die, in die man tatsächlich einmal Überlegungen investieren konnte – werden als zukünftiger Glaubensgrundsatz verankert und vielfach aus Selbstschutz und Bequemlichkeit nicht mehr hinterfragt, auch wenn sich alle Faktoren, die zu der Entscheidung geführt haben, zwischenzeitlich verändert haben. Solche Felsen in der Brandung wirken in ihrem Beharrungsvermögen manchmal wie

Dinosaurier, die das Aussterben vergessen haben, und sind in der heutigen sich ständig ändernden Welt manchmal mehr als Stolpersteine. So angenehm und begrüßenswert Beständigkeit einerseits ist, weil eine gewisse Verläßlichkeit für unser Zusammenleben wichtig ist und einem allgemeinen menschlichen Bedürfnis entspringt, so gefährlich ist unreflektiertes Beharrungsvermögen nach dem Motto: »Das haben wir immer schon so gemacht!«.

Manipulateure verlassen sich auf die Konsistenz

Übertragen auf unser Thema bedeutet das, daß Manipulateure sich weitgehend darauf verlassen können, daß Menschen eine einmal eingeschlagene Richtung beibehalten. Ein Beispiel: räumliches Verhalten, daß Menschen ›rechts- oder linkslastig‹ sind und sich unbehaglich fühlen, wenn man sie an diesem Verhalten hindert. Da jedoch niemand gerne zugibt, daß er sich bei der ersten Überlegung oder bei der Prämisse, auf der nun das nachfolgende Verhalten in gewisser Weise logisch aufbaut, geirrt hat, bleibt nur noch das stramme Voranschreiten und Eliminieren aller eventuellen Zweifel. Selbst wenn jemand merkt, daß er durch einen ersten Reflex, vielleicht die Zustimmung zu einer kleinen Gefälligkeit, das Falsche getan hat, kann er nur noch mit größter Anstrengung zurück, da er fürchtet, sich ansonsten inkonsistent und damit unglaubwürdig zu verhalten.

Wir alle haben ein elementares Bestreben danach, mit unseren Ansichten und einmal getroffenen Entscheidungen in Einklang zu leben, weil sie einen wesentlichen Beitrag zu unserem ›Rückgrat‹, also unserer aufrechten Haltung liefern und zu dem immer wieder zitierten Satz: »Ich möchte mir morgens im Spiegel noch in die Augen blicken können.« Sie erinnern sich sicherlich, daß der unmittelbare direkte und lange Blickkontakt ein Zeichen für Ehrlichkeit und Wahrhaftigkeit ist. Also wenn ich beispielsweise als Therapeut einen Patienten in eine auch von ihm gewünschte, aber nicht ohne größere Kraftanstrengung zu bewältigende Richtung ›manipulieren‹ möchte, muß ich ihn unbedingt dazu bringen, eine ihn tatsächlich mit diesen Mechanismen bindende Verpflichtung einzugehen. Das kann beispielsweise bedeuten, daß er seine ganz persönlichen Teilziele selbst hinschreiben und seiner Therapiegruppe mitteilen muß. Hält er sich jetzt nicht an die Vereinbarungen, steht er als Versager da.

Gruppenhalt und Meinungsmacher – Imitation Im nächsten Manipulationsfall wird das ausgeprägte Imitationsverhalten des Menschen ausgenutzt. Je mehr Menschen sich in einer bestimmten Weise verhalten, desto richtiger und meist auch erstrebenswerter erscheint uns in der Regel dieses Verhalten. Zum einen erspart es uns die Mühe einer Überprüfung und Abwägung, zum anderen hilft es, eigene Unsicherheiten mehr oder weniger elegant zu überspielen. Der Manipulationseffekt kann dabei so weitreichend sein, daß sogar die konkrete persönliche Wahrnehmung – ob bestimmte Gegenstände einen Größenunterschied aufweisen oder nicht – angezweifelt und der Mehrheit angepaßt wird.

Es gibt in diesem Zusammenhang ein sehr eindringliches sozialpsychologisches Experiment, in dem eine Gruppe von Versuchspersonen gefragt wird, ob zwei gezeigte Stäbe gleich lang sind oder einer größer als der andere ist. Obwohl es wegen des enormen Größenunterschiedes der beiden Stäbe an der richtigen Antwort keinerlei Zweifel geben konnte, behaupten 90 Prozent der Teilnehmer (vorher entsprechend im Sinne des Experimentes Instruierte) das Gegenteil dessen, was der Realität entsprach. Die beiden übrigbleibenden echten Versuchspersonen knickten in ihrer Meinung sehr rasch ein und entschieden ihrerseits eindeutig gegen ihr besseres Wissen.

»Sie werden doch nicht etwa anderer Meinung sein?«

Den gleichen Effekt haben früher die gekauften Claqueure in Theaterpremieren gehabt, um das Durchfallen des Stückes zu verhindern oder die heutigen Lachuntermalungen im Fernsehen. Die Werbung arbeitet mit diesen Erkenntnissen, indem ganz normale Leute in Supermärkten zu den Vorzügen eines Produktes gehört werden, also die Übertragbarkeit der Ansichten für den Zuschauer problemlos möglich wird, weil man sich mit dem ›Meinungsmacher‹ identifizieren kann.

Auch die gesamte Körpersprache ist dabei auf persönliche Überzeugung von etwas angelegt. Dazu gehören: der »Brustton der

Überzeugung« im Tonfall, ein sehr intensiver und eindringlicher Blickkontakt und eine Mimik, die durch eventuelles Hochziehen der Augenbrauen Erstaunen über diese seltsame Frage zum Ausdruck bringt, wo doch die Antwort eigentlich jedem klar sein müßte – Sie kennen sicherlich diesen Gesichtsausdruck, der sagt »Sie werden doch nicht etwa anderer Meinung sein?!« und das Ganze in Verbindung mit einer Körperhaltung, die nach hinten gebeugt eine leichte Distanzierung signalisiert, das heißt, daß man mit einem solchen Ignoranten nichts zu tun haben möchte.

Sympathie Den nächsten durchschlagenden Manipulationserfolg hat man auf der Basis von Sympathie. Leuten, die wir nicht leiden können, etwas abzuschlagen oder auf ihr Ansinnen nicht einzugehen, ist relativ leicht. Wenn wir Menschen jedoch mögen oder das Gefühl haben, es wäre opportun, sich mit ihnen nicht zu verfeinden, da man auch zukünftig mit ihnen in Frieden leben muß, wie beispielsweise Nachbarn, sind wir automatisch stark gefährdet, etwas zu tun, was wir eigentlich gar nicht wollen. Am leichtesten fällt eine solche Verpflichtung – wie beispielsweise das Sammeln von Spenden oder das Verkaufen von Versicherungen – im eigenen Freundes- oder Bekanntenkreis.

Unter Kollegen funktioniert es jedoch noch prächtiger, weil man zwar einem guten Freund auch schon einmal sagen kann, daß man dies oder jenes nicht mitzumachen gedenkt, aber im Beruf, wo so außerordentlich vieles unter Status-, Image- und/oder Gesichtsverlustaspekten gesehen wird, können geschickte Manipulateure diese Klaviatur noch überzeugender spielen. Denken Sie nur einmal an die letzte Sammelaktion für ein Geburtstags- oder Abschiedsgeschenk für einen höchst unsympathischen Kollegen. Obwohl sich innerlich alles gegen die Spende sträubte, gab man, weil man sonst offen seine anderslautende Meinung hätte vertreten müssen. Ganz besonders perfide sind die Sammelaktionen, bei denen der gespendete Betrag vom Sammelnden in eine Liste eingetragen wird.

Der Versuch, »das Gesicht zu wahren«

Herstellen einer gemeinsamen ›Wellenlänge‹ Hat man für seine manipulativen Absichten kein vertrautes Terrain in Form von Freunden etwa, dann wird über körpersprachliche Aspekte ein solches künstlich geschaffen. Derjenige, der etwas erreichen möchte, wird sich

Menschen aussuchen, die ihm beispielsweise von der äußeren Erscheinung ähnlich sind und bei denen er diese Ähnlichkeit als Argument für eine übereinstimmende Meinung in seinem Sinne nutzen kann. Da wird dann durch entsprechende mimische Freundlichkeit, intensive Konzentration über den Blickkontakt und auch körperliche Nähe, die bis an die Grenzen des Erlaubten geht (man darf dabei allerdings keine reflexartige Abwehrhaltung provozieren) eine Art übereinstimmender ›Wellenlänge‹ hergestellt, die bei den meisten Menschen Sympathie auslöst, da wir Menschen, die uns ähnlich sind, normalerweise lieber mögen als andere. Dabei haben gutaussehende Manipulateure den Vorzug, daß man ihnen gerne zuhört (weil man sie auch gerne anschaut) und ihnen gemäß den mehrmals angesprochenen Vorurteilen gleichzeitig noch andere positive Eigenschaften zuordnet.

Solche körpersprachliche Manipulationen lösen dennoch Sympathie aus

Autorität Kommen wir zu dem gerade in unserer Geschichte besonders schmerzlich erlebten Druck durch Autoritäts- und Statussymbole. Die meisten von uns sind damit aufgewachsen, die Ansichten von Menschen zu respektieren, die uns durch ihr Wissen und/oder ihre Stellung in der Gesellschaft überlegen sind. Dies vielfach in dem irrigen Glauben, die Beförderung oder die Ernennung habe grundsätzlich etwas mit so objektiven Kriterien wie Leistung, nachweisbaren Erfolgen etc. zu tun.

Obwohl uns unsere Politiker und zwischenzeitlich auch viele hochrangige Manager häufiger als uns lieb sein kann eines Besseren belehren, sitzt dieser Reflex sehr tief in uns drin. Die bereitwillige Unterwerfung unter (vermeintliche) Autoritäten hat sicherlich sehr viel mit fehlender Zivilcourage und natürlich wieder mit Bequemlichkeit zu tun, weil man sich selbst nicht mehr der Mühe unterziehen muß, etwas zu hinterfragen. Schließlich hat man denjenigen ja nicht umsonst studieren lassen, um nur ein Beispiel zu nennen.

Anerkennung von Autorität aufgrund der eigenen Bequemlichkeit

Statussymbole Ebenso haben wir uns angewöhnt und akzeptiert, daß es gewisse einheitliche Statussymbole gibt, die uns die Zuordnung eines Menschen erleichtern, siehe den zuvor abgehandelten Aspekt von Macht und Einfluß. Im Extremfall kann also diese ›Einordnungserleichterung‹ über Symbole ausgehöhlt und auf diese Symbole reduziert werden.

Verbrecher bedienen sich dieses Phänomens, indem sie gestohlene Polizeiuniformen tragen oder jemand hängt ein gefälschtes Universitätsdiplom an die Wand – möglichst noch aus dem Ausland – trägt je nach Profession einen weißen Kittel und verhält sich in der von uns erwarteten Weise, und schon sind wir beeindruckt und glauben alles, was nun kommt. Der Mann im feinen Zwirn, der einem Arbeiter im Blaumann auf dem Firmengelände eine Weisung erteilt, wird sich in aller Regel nicht ausweisen müssen, ob er zu dieser Weisung überhaupt befugt ist. Die gesamte Pleite des Immobilien-Moguls, Schneider, und das in diesem Zusammenhang inzwischen aufgedeckte Verhalten der in den betrügerischen Konkurs involvierten Großbanken beruht auf diesem Prinzip. Herr Schneider mußte nur wegen seines Auftretens und seiner Statussymbole die primitivsten Rechenschaftsberichte wie eigene Einkommensteuererklärungen u.a.m. nicht vorlegen, weil er nie danach gefragt wurde. Seine Verhandlungspartner hätten es vermutlich als Sakrileg empfunden, solche profanen Dinge von einem Großgrundbesitzer zu verlangen.

Auch Statussymbole verleihen Autorität

Ein Fallbeispiel

Cialdini schildert zu diesem Manipulationsaspekt einen ihm bekannten Kellner in einem Luxusrestaurant, dessen Beschreibung gerade unter körpersprachlichen Gesichtspunkten höchst aufschlußreich ist. Jeder der verschiedenen Gäste – Einzelpersonen, junge Paare, ältere Leute, Familien mit Kindern – wurde von ihm zwar ausgewählt höflich, aber in den Feinheiten doch sehr unterschiedlich behandelt. Unter Trinkgeldmaximierungs-Gesichtspunkten waren jedoch für ihn größere Gesellschaften von besonderem Reiz. Wenn die Gruppe ihr Essen bestellte, runzelte er in dem einen oder anderen Fall die Stirn und erläuterte diese Mimik damit, daß er heute von diesem Gericht abraten würde, weil es nicht so gut sei. Seine Empfehlung war dann ein Gericht, das – was bei diesem Autoritätstrick sehr wichtig ist – preiswerter war als das andere. Die Gäste waren ob dieser Betreuung und kompetenten Ratschläge so beeindruckt, daß sie sich nur zu gerne in den anderen Wahlmöglichkeiten, wie beispielsweise beim Wein, von ihm beraten ließen. Schließlich hatte er sich ja mit seiner Empfehlung sogar selbst geschädigt, und folglich galt er ab sofort als eine ehrliche Haut, der man bedingungslos vertrauen konnte. Wie unschwer zu erraten ist, hatte dieser Kellner den Preisabschlag beim Essen sehr rasch durch seine sonstigen Empfehlungen wieder wettgemacht.

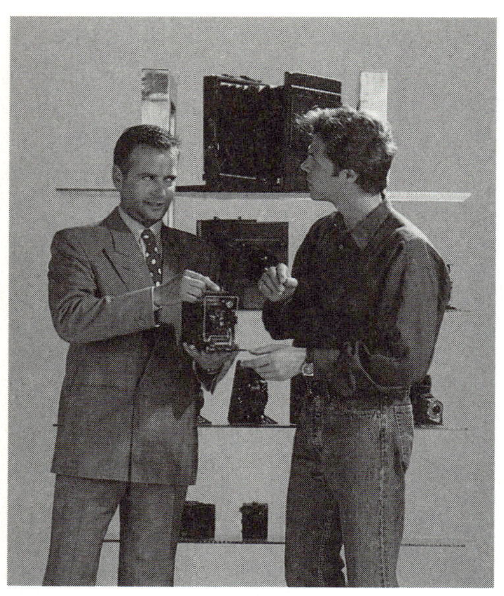

Der ›Gelegenheitskauf‹

Das ›gute‹ Geschäft Warum halten wir eigentlich immer diejenigen Dinge für am erstrebenswertesten, die wir gerade nicht bekommen können oder über die wir wenig oder gar nichts wissen?

Ein sehr plastisches Beispiel dafür ist der allgemein verbreitete Zwang, jedes noch so gute Gespräch oder irgendeine andere angenehme Beschäftigung für ein klingelndes Telefon zu unterbrechen. Vermutlich tun wir das nur, weil wir nicht ausschließen können, daß da noch etwas viel Attraktiveres auf uns wartet, das wir um nichts in der Welt verpassen wollen.

Wieviele unnütze Dinge haben wir schon gekauft, weil uns ein sehr überzeugender Verkäufer gesagt hat, daß er nur noch fünf Exemplare davon hätte. Sich Gelegenheiten entgehen zu lassen, gilt in unserer Gesellschaft als dumm, und wer will schon dumm sein. Körpersprachlich geht eine solche Manipulation einher mit einem sorgenvollen Gesicht (des Verkäufers), das ausdrücken soll: »Ich weiß nicht, ob ich Ihre Wünsche noch befriedigen kann; wir haben in letzter Zeit enorm viel von diesem Artikel verkauft.« Gleichzeitig wird der Blickkontakt sehr intensiv und nachdrücklich, die Nähe zum ›Opfer‹ wird größer, weil hier jemand im wahrsten Sinne des Wortes bedrängt werden soll, etwas zu tun, nämlich eine unüberlegte Entscheidung zu fällen.

Hier hilft nicht einmal die Körpersprache

Alle diese geschilderten Manipulations-Beispiele haben einiges gemeinsam, nämlich die eher reflexhaften Reaktionsmuster auf bestimmte Signale und Auslöser. Insofern kann uns hier noch nicht einmal unsere Körpersprache helfen, da diese die Manipulationen eher noch verstärkt und in ihrer überzeugenden Weise erst ermöglicht. Daher habe ich diese Fallen so aufgezeigt, daß sie nicht nur über die Körpersprache identifizierbar sind.

Die Mitteilung von Rolle und Gruppenzugehörigkeit

Ganz allgemein kann gesagt werden, daß jede soziale Rolle ihre spezifische Körpersprache und damit einen gewissen festgelegten Verhaltenscodex hat. Ein und dieselbe Person kann also nicht nur die verschiedensten Rollen einnehmen, sondern wird zwangsläufig damit auch zumindest in Nuancen die Körpersprache verändern, was nichts mit geplanten Täuschungsmanövern zu tun hat. Kulturkreis, Gesellschaftliche Normen und Konventionen, die Zugehörigkeit zu einer bestimmten Schicht, die freiwilligen oder auch unfreiwilligen Gruppenzugehörigkeiten und nicht zuletzt der familiäre Hintergrund legen in diesem Kontext einen großen Teil des Verhaltensspektrums der einzelnen Rollen fest, wobei einige klarer definiert sind als andere.

Sowohl angeborene als auch erlernte Rollen bergen Konfliktpotential

Je stärker die gesellschaftlich festgelegten Konventionen ein bestimmtes Verhalten vorschreiben und je intensiver ein Mensch diese Vorschriften akzeptiert, desto weniger sagt es zwangsläufig über seine wirkliche Persönlichkeit aus. Schließlich ist noch zu berücksichtigen, daß Rollen, in die man hineingeboren wird und die gerade dann – eben naturgegeben – mit einer besonders großen Verpflichtung für bestimmte Verhaltensmuster ausgestattet sind, in der Wahrnehmung anders zu beurteilen sind, als diejenigen Verhaltensweisen, die aus einer erlernten und gewissermaßen freiwillig übernommenen Rolle resultieren. Es kann jedoch sogar bereits bei den angeborenen Rollen zu erheblichen Konflikten kommen, weil beispielsweise die außen sichtbare Geschlechtszugehörigkeit mit dem Innenleben eines Menschen nicht übereinstimmt (Extremfall: Geschlechtsumwandlung) oder man zumindest gegen den Automatismus einer diesbezüglichen gesellschaftlichen Erwartungshaltung revoltiert, wie beim Thema der Emanzipationsbestrebungen.

Rollenanpassung

Alle Varianten von Rollenkonflikten hinterlassen mehr oder weniger deutliche Spuren im körpersprachlichen Ausdruck. Sowohl diejenigen, die aus dem zeitlich verzögerten Umschalten zwischen den jeweiligen Rollen resultieren – wie beispielsweise der befehlsgewohnte Manager, der nach Hause kommt und plötzlich der liebevolle und sich zurücknehmende Vater sein soll – als auch die, wo eine oder mehrere Rollen mit der eigenen Persönlichkeitsstruktur kollidieren – die eigentlich harmoniebedürftige neue Abteilungsleiterin muß tagsüber die durchsetzungsfähige und konfliktfreudige Führungskraft sein.

Jeder Mensch hat eine ›Grundfarbe‹

Natürlich gibt es auch unter Menschen diese anstaunenswerten Chamäleon-Typen, die anscheinend gar keine ›eigene‹ Farbe haben, sondern sich grundsätzlich nach den Umständen und den Begegnungen ausrichten. Doch von diesen Sonderexemplaren einmal abgesehen, hat jeder Mensch eine ›Grundfarbe‹, die er jedoch in den einzelnen Situationen in einer gewissen Bandbreite anzupassen versteht, ohne daß das gleich mit Rückgrat-Verlust zu bezahlen oder gleichzusetzen wäre.

Für die ›Leser‹ von körpersprachlichen Verhaltensmustern heißt das, daß bei der Wahrnehmung und Verarbeitung die spezielle Situation, in der sich jemand befindet, nie außer acht gelassen werden darf, weil man mit seiner Einschätzung sonst ganz schön ›danebenliegen‹ kann. Hüten muß man sich in diesem Zusammenhang auch vor den gängigen und von allen von uns benutzten Stereotypen. Dieses Schubladendenken, das ich bereits mehrfach angesprochen habe, nimmt nur einen beziehungsweise ganz wenige, sozusagen ins Auge springende Hinweise wahr, von denen dann alle übrigen Rollenattribute abgeleitet werden.

Rollenattribute

Ein ganz wesentlicher Bestimmungsfaktor für viele der täglich zu spielenden und damit natürlich auch zu beobachtenden Rollen sind bestimmte Begleiterscheinungen und oftmals Gegenstände. Eine der markantesten, eine Uniform, fällt unter das Stichwort ›äußere Erscheinung‹ und ist damit leicht zu identifizieren. Mit einer Uniform weist man sich jedoch nicht nur als Angehöriger und vor allem Repräsentant einer bestimmten Gruppe aus, sondern demonstriert gleichzeitig seine Befugnisse. Wird beispielsweise ein normaler Bürger von einem Polizisten angehalten, wird er in seinen eigenen Reaktionen – Blickkontakt, Mimik, Gestik – zunächst einmal vorsichtig und überaus höflich sein, eine sichtbar ›offene‹ Haltung einnehmen und abwarten, was kommt und was man ihm gegebenenfalls vorwirft. Erst nach dieser Orientierung wird eine eventuelle Gegenwehr stattfinden.

Die Uniform repräsentiert Gruppenzugehörigkeit und Macht

Sichtbare Rollenattribute Solche äußerlich sichtbaren Rollenattribute – wie neben Uniformen auch Roben, Orden, weiße Kittel, Nadelstreifenanzüge, Autos mit Stern – sind zwangsläufig auch sehr häufig Status- und damit nicht selten Machtsymbole. Gerade deshalb werden sie auch gut sichtbar verwendet, weil der Träger aus Erfahrung weiß, daß andere Menschen, die dies wahrnehmen, ihr Verhalten unmittelbar anpassen, was unter Umständen eine Menge Ärger und Auseinandersetzungen erspart.

Gewöhnung an den Automatismus

Viele Personen mit Macht sind an diesen Automatismus der unterordnenden Reaktion ihrer Mitmenschen so sehr gewöhnt, daß sie dann, wenn sie sozusagen ihrer Insignien beraubt sind und womöglich einer anderen ›Obrigkeit‹ unterworfen werden, ihre Stellung mit einer fast naiven, trotzigen und meist völlig überzogenen Darstellung von allen Varianten der Überheblichkeit und/oder der Unnahbarkeit besonders in der Mimik kundtun, die meist auf der Gegenseite im positiven Falle Amüsement, im negativen Erbitterung und noch mehr Druck auslösen. Die wenigsten ›Amtsinhaber‹ machen sich nämlich bewußt, daß dieses Ritual nur dann reibungslos funktioniert, wenn man es mit Personen zu tun hat, die diesen Attributen den gleichen Anspruch beimessen – sie ihrerseits für erstrebenswert halten.

Probleme beim ›Rollentausch‹

Da Rollen und Gruppenzugehörigkeiten – ob gewollt oder ungewollt – nun einmal mit mehr oder weniger abweichenden Verhaltensmustern einhergehen, ergibt sich bei vielen Menschen ein sehr hoher Grad an Komplexität, die man besonders unter dem Aspekt des reibungslosen Umschaltens nicht immer problemlos bewältigen kann. Da legt unter Umständen die Führungskraft zu Hause nicht gleich die ›Anordnungsbefugnis‹ in Ton und Mimik ab; die als Schüler gerade erhaltene schlechte Note beeinflußt die ansonsten mimisch artikulierte Freude über ein elterliches Geschenk negativ, oder die Rüge, die ein Sachbearbeiter von seinem Chef einstecken mußte, wird zum abendlichen Kegeltreffen ›mitgenommen‹ und die nach wie vor spürbare Aggression, die man wegen des Unterordnungsverhältnisses nicht ausdrücken durfte, bricht nun bei einem nichtigen Anlaß aus und frustiert ungerechterweise Freunde.

Suche nach Geborgenheit – Gruppenkonformität

Kommen wir nun noch zu den sehr kritischen Varianten von Gruppenzugehörigkeiten. Da in der heutigen Zeit zum Leidwesen vieler Älterer nicht mehr allzuviel Wert auf Konventionen, gutes Benehmen und die Einhaltung von Normen gelegt wird, scheint dies in vielen Fällen zu einer Art Vakuum geführt zu haben, das durch bestimmte Gruppen wie Sekten oder auch spezielle, beispielsweise rechtsradikale Jugendgruppen mit einem noch viel strengeren ›Ehrenkodex‹ und Verhaltensregeln gefüllt worden ist.

Regeln bieten Orientierung und füllen ein Gefühlsvakuum

Man könnte vielleicht sogar die These wagen, daß Menschen als ›Herdentiere‹ mit Spielregeln nicht nur gut umgehen können, sondern sie für ihr Zugehörigkeitsgefühl und eine Art spezieller Heimat brauchen. Anders ist der Zulauf zu Sekten und Jugendgruppen mit teils fast klösterlich strengen Regeln – wenn auch bei weitem nicht mit der positiven Zielsetzung – kaum zu erklären. Diese Gemeinschaftsregeln reichen dann von Aufnahmeriten wie Mutproben über eine bestimmte Kleiderordnung und Haartracht bis zu einer nahezu kompletten vorgegebenen Tagesplanung, die es einzuhalten gilt. Da uns immer diejenigen Menschen und Gruppen am meisten prägen, denen wir uns auch emotional verbunden fühlen, fällt es hier am leichtesten, sich an den Erwartungen anderer zu orientieren. Vermutlich wird ein Gefühlsvakuum hier in diesem Sinne ausgenutzt.

Hörigkeit Der Einfluß einer so gewählten Gruppe kann dabei so stark werden, daß einzelne Teilnehmer Dinge tun und nach außen hin dokumentieren, hinter denen sie eigentlich gar nicht stehen. Gerade solche Unsicherheiten und/oder das Überspielen dieses ›sich nicht ganz sicher sein‹ durch besondere Perfektion sind an der Körpersprache sehr gut zu erkennen. In solchen Fällen kann man von sehr bewußtem Spielen einer Rolle ausgehen. Rollen werden immer dann bewußt übernommen, wenn sie einem bestimmte Vorteile bringen oder wenn die Sanktionen bei Nichtübernahme für den einzelnen gravierend beziehungsweise die Konsequenzen zumindest besonders unangenehm wären. Je weniger man sich also einer solchen Rollenübernahme entziehen kann, desto weniger harmonisch wird die damit verbundene Körpersprache sein. Entweder wirken die Abläufe insgesamt sehr mechanisch, weil die Überzeugung dahinter fehlt, oder der eige-

Vorteile und Sanktionen bestimmen die Übernahme einer Rolle

ne Unwillen wird – vielleicht aufgrund überdimensionalen Pflichtbewußtseins – nach außen hin durch besondere Perfektion überspielt, besser: zu überspielen versucht, da dies für einen aufmerksamen Beobachter durch irgendwelche Kleinigkeiten sichtbar wird.

Contenance – egal was passiert

Der Gastgeber Nehmen Sie das Beispiel des ›erfreuten‹ Gastgebers, der eigentlich beschlossen hatte, es sich an diesem Abend zu Hause vor dem Fernseher gemütlich zu machen. Plötzlich klingelt es, und einige Freunde sind zufällig am Haus vorbeigekommen und wollten nur kurz hallo sagen. Anstatt das zu tun und nach zehn Minuten wieder zu gehen, muß man als Gastgeber, der sich nicht der groben Unhöflichkeit bezichtigen lassen will, nach zwanzig Minuten etwas anbieten. Die Mimik ist dabei äußerlich freundlich und zuvorkommend, die Augen sagen aber »könnt Ihr nicht bitte dieses Angebot ablehnen«. Wie im richtigen Leben versichern die Freunde, daß das doch gar nicht nötig gewesen wäre und daß sie das Angebot nur aus reiner Höflichkeit annehmen.

Freundliche Mimik – reduzierter Blickkontakt

Irgendwann ist die Hoffnung auf ein rasches Ende des Überfalls vorbei, und man ergibt sich in sein Schicksal, den liebenswürdigen Gastgeber spielen zu müssen, da der Abend nun ohnehin gelaufen ist. Vielleicht fragt noch ein aufmerksamerer Beobachter unter den Eindringlingen, ob man irgend etwas habe, weil man so bedrückt wirken würde. In dem Moment möchte man dann am liebsten seinen gesamten Frust kundtun, wird es aber nicht tun, weil man ja unglücklicherweise gut erzogen ist. Man wird betont freundlich lächeln, mit der gesamten Körperhaltung entsprechend vorgeneigt und zugewandt volle Konzentration auf die Anwesenden und Begeisterung über die tolle Idee des überraschenden Besuches heucheln.

Die Augen sind in einer solchen Zwangssituation das Verräterischste an der gesamten Körpersprache, weshalb die meisten Menschen den Blickkontakt drastisch reduzieren, weil sie das instinktiv wissen. Die Flucht geht dann meist in Richtung (angeblich) konzentrierten Zuhörens, um selbst so wenig Interpretationshilfen – beispielsweise über einen ungeduldigen Tonfall – geben zu müssen.

Aus Resignation versucht sie, sich ›unsichtbar‹ zu machen

›Dienst nach Vorschrift‹

Im Beruf Auch das Berufsleben ist in gewisser Weise voller Simulanten, die durch eine Vielzahl von körpersprachlichen Signalen ihr tägliches Mißfallen über das kundtun, was sie da zu ihrer Ernährung machen müssen. Dabei handelt es sich keineswegs immer um nervtötende Routinearbeiten, sondern vielfach um Jobs, die man sehr positiv gestalten könnte, wenn man sich denn dafür interessieren würde. Jeder von uns hat diesen erkennbaren ›Dienst nach Vorschrift‹ bereits erlebt, und sicher nicht nur im Umgang mit Behördenvertretern.

Auch Phänomene wie die sogenannte ›innere Kündigung‹ eines Mitarbeiters sind an der Körpersprache meist sehr frühzeitig ablesbar. Ein solcher Mitarbeiter zeigt beispielsweise keinerlei Konfliktbereitschaft mehr, wird plötzlich zum duldsamen Ja-Sager, der mit seiner ganzen Mimik sagt: »Von mir aus kannst Du gerne Recht haben, laß mich nur in Ruhe.« Chefentscheidungen werden kritiklos übernommen und allenfalls mit Nicken zustimmend kommentiert. Das Auftreten geht in Richtung ›Unsichtbarmachen‹, das heißt auch sehr wenig Blickkontakt, der auf die nötigen Abstimmungsprozesse in einer Interaktion reduziert wird. Die Körperhaltung ist in der akuten Phase der Resignation leicht gebeugt, die Gestik wirkt lahm und ausdruckslos, auch Worte werden nur noch mit sehr sparsamen Gesten untermalt.

Körpersprache in speziellen Alltagssituationen

Nach den bisherigen Ausführungen denke ich, eine ausreichende Basis gelegt zu haben, um sich der hohen Kunst der komplexen Alltagssituationen widmen zu können. Komplex deshalb, weil die Zielsetzung der Interaktion nicht mehr eingleisig ist, sondern mehrere Interessen zusammenkommen und es sich um einen längeren Handlungsablauf dreht, bei dem man »alle Hände voll zu tun hat«, das Wesentliche wahrzunehmen, um den Wahrnehmungen die richtige Bedeutung zu geben. Ein Musterbeispiel für eine solche Übung ist ein Vorstellungsgespräch, da hier auch noch erschwerend hinzukommt, daß eine besonders positive Selbstdarstellung zu den intendierten Zielsetzungen einerseits und den akzeptierten Verhaltensweisen von seiten der Gesprächspartner andererseits gehört. Für diejenigen auf Unternehmensseite heißt das dann zusätzlich noch, daß versucht werden muß, hinter die glänzende Fassade der Selbstdarstellung zu schauen, um herauszufinden, was davon Politur und was echt ist.

Das Bewerbungsgespräch

Jedem der sich um eine neue Position bewirbt ist klar, daß seine schriftlichen Unterlagen einschließlich der Zeugnisse und der darin dokumentierten Erfahrung ihm zwar die Einladung zum persönlichen Kennenlernen vermittelt haben, daß die Bewertung dieser Bewerbungsmappe aber allenfalls als Eintrittskarte zu werten ist, da der persönliche Eindruck selbst noch so gute Bewertungen anderer um Längen übertrumpfen wird. Da man auch durch noch so professionelle Recherchen über die Gesprächskonstellation meist wenig im Vorfeld erfahren kann, ist allein schon durch die agierenden Personen eine Vielzahl von Überraschungen möglich.

Die beteiligten Parteien

Unternehmen haben hinsichtlich der personellen Konstellation in Vorstellungsgesprächen sehr unterschiedliche Auffassungen und Vorgehensweisen. Die Bandbreite reicht dabei von: erstes Gespräch zur Vorauswahl mit dem Personalverantwortlichen, zweites Gespräch mit der Fach-Führungskraft, meist der zukünftige Vorgesetzte; über: Personalleiter und Fachvorgesetzter führen das Gespräch gemeinsam, und man wird als Kandidat der engsten Wahl nur noch dem Geschäftsführer vorgestellt; bis zu: es sitzen unangekündigt bereits im ersten Vorstellungsgespräch plötzlich mehrere Leute am Tisch.

Vorstellung per Visitenkarte Wie eingangs bereits erwähnt, erhält man nur in den seltensten Fällen die jeweilige personelle Konstellation bereits mit der Einladung zum Gespräch und muß sich daher leider auf gewisse Überraschungen gefaßt machen. Zunächst muß man sich also mit den anwesenden Gesprächspartnern vertraut machen. Hat man es mit höflichen und in der Situation ›Vorstellungsgespräch‹ geübten Partnern zu tun, wird man dem Bewerber Visitenkarten überreichen, die meist Position, Ausbildungsabschluß und vor allem das Aufgabengebiet verraten. Denn die ausschließlich mündliche Vorstellung der Gesprächspartner ist ähnlich wenig effizient wie das Herumführen von neuen Mitarbeitern am ersten Arbeitstag. Man hört Dutzende von Namen und kann sich allenfalls einen kleinen Teil davon merken. Erhält man keine Visitenkarten oder nicht die aller anwesenden Personen, ist man – gerade bei mehreren Gesprächsteilnehmern – absolut berechtigt, nach den Namen zu fragen und zwar so, daß man sie aufschreiben kann, am besten gleich mit der Position/Funktion dazu. Vielfach löst die Frage nach den Namen auch die nachträgliche Übergabe der Visitenkarten aus, da dies oft nur vergessen worden ist.

Visitenkarten helfen, die Bedeutung des Gesprächspartners zu erfassen

Aus den genannten und auf den Visitenkarten dokumentierten Funktionen kann man dann auch leichter die Bedeutung und Interessen des jeweiligen Gesprächspartners ableiten. Dabei ist zu berücksichtigen, daß heutzutage, wo im Zuge des Lean Management immer mehr Verantwortung auf das mittlere Management, meist die Fachführungskräfte, verlagert wird, der laut Visitenkarte und Sitzordnung Ranghöchste am Tisch nicht unbedingt oder sogar selten derjenige ist, der im Endeffekt die Personal-Entscheidung diktiert, es sei denn, es handelt sich bei dem Bewerber um eine Führungskraft oder einen Mitarbeiter, die/der unmittelbar an ihn berichtet. Meist wollen diese Personen – Geschäftsführer, Vorstand, Prokuristen o. ä. – Sie einfach nur kurz kennenlernen, erscheinen manchmal auch später, betonen, daß man sich nicht stören lassen solle, stellen vielleicht ein oder zwei Fragen und gehen nicht selten vor Ablauf des Gespräches wieder. Also sind die wirklichen Entscheider in der heutigen Zeit meist die unmittelbaren Fachvorgesetzten, die ja auch letztlich mit dem Neuen zurechtkommen müssen.

Reden Sie Ihre Gesprächspartner mit Namen an

Für die Gesprächsatmosphäre ist es in jeder Hinsicht günstig, wenn man die anwesenden Personen mit Namen anreden kann. Dies gehört beispielsweise zu den ersten Lektionen im Verkaufs- oder Telefontraining. Immer, wenn man jemanden mit Namen anreden kann – gerade wenn man denjenigen nicht kennt –, schafft man eine besondere persönliche Beziehung, die hilft, einen ansonsten eher unverbindlichen Gesprächscharakter in gewisser Weise in die gewünschte verbindlichere Richtung zu beeinflussen. Schließlich will man ja erreichen, daß gerade man selbst in besonderer Erinnerung bleibt. Außerdem wirkt es aus den genannten Gründen sehr professionell, und man wird deshalb auch eher geneigt sein zu unterstellen, daß der Bewerber scheinbar kaum nervös und daher sowohl verbal als auch non-verbal ein sehr souveräner Gesprächspartner sein wird, Eigenschaften, die vielleicht gerade für die Position, um die es geht, von Bedeutung sind.

Antworten sollten an alle im Raum Anwesenden gerichtet sein

Ganz wichtig für einen guten Gesprächsverlauf ist es, daß man insbesondere die Selbstdarstellung und sämtliche Antworten allen im Raum gibt und nicht nur demjenigen, der etwas gefragt hat oder der einem zufälligerweise am sympathischsten ist, zum Beispiel weil er einem besonders freundlich zulächelt. Sie erinnern sich? Leider entspricht es den üblichen Gepflogenheiten wenig geübter Redner in einer größeren Runde, sich per Blickkontakt an denjenigen im Raum zu orientieren, die sie freundlich anlächeln oder gar zu ihren Ausführungen nicken (man fühlt sich dann automatisch bestätigt) oder die schon vom Äußeren her sympathisch sind.

Dieses an sich sehr menschliche Phänomen, das man in der Regel nur durch die Überzeugung, daß es falsch ist, und durch Übung und Disziplin in den Griff bekommt, kann – übertragen auf die Situation ›Vorstellungsgespräch‹ – im Extremfall dazu führen, daß ein einzelner Teilnehmer in der Runde per Blickkontakt sogar die Antworten auf die Fragen erhält, die er gar nicht gestellt hat. Das gilt für andere Personen im Raum dann umgekehrt: Wenn ein bestimmter Interviewer von

Ausgrenzung der Bedrohung durch fehlenden Blickkontakt

einem Bewerber instinktiv aufgrund seiner Fragen als bedrohlich eingestuft wird, versucht er diese ›Bedrohung‹ vielfach über den fehlenden Blickkontakt regelrecht auszugrenzen. Menschen brechen den Blickkontakt ab, wenn sie sich beispielsweise auf für sie nicht ganz leichte Ausführungen oder die Beantwortung einer außergewöhnlichen oder schwierigen Frage konzentrieren wollen. Dabei handelt es sich um einen sehr wesentlichen Aspekt der Körpersprache, den man bewußt gerade in der Kommunikationssituation, über die wir hier reden, zu korrigieren versuchen muß.

Da nun einmal bei der Körpersprache sehr vieles instinktiv abläuft, ist sie deshalb einerseits zwar ehrlicher – was im übrigen für beide Seiten, Bewerber und Interviewer gilt – andererseits muß aber auch gegebenenfalls bewußt gegengesteuert werden, um im Endeffekt keinen schlechten Eindruck zu hinterlassen. Hier macht sich dann bezahlt, wenn man die einzelnen Gesprächsteilnehmer mit Namen ansprechen kann – es hilft, um im vorher beschriebenen Sinne Fehlverhalten zu vermeiden.

Sitzordnung – behalten Sie den Überblick

Ein weiterer wesentlicher Aspekt der Körpersprache in dieser besonderen Kommunikationssituation ist die Sitzordnung. Zum einen haben in dieser Hinsicht die meisten Menschen bestimmte Vorlieben. Überlegen Sie einmal, wohin Sie gehen, wenn Sie einen großen Raum betreten, wie beispielsweise ein Kino. Fast alle Menschen haben dann einen ›Rechts‹- oder ›Linksdrall‹, jedenfalls ein sogenanntes (bevorzugtes) räumliches Verhalten, das sich bei dieser Person, ohne daß sie darüber nachdenkt, immer wiederholt.

Der instinktiven Wahl sollte bewußt entgegen gesteuert werden

Übertragen auf das Vorstellungsgespräch bedeutet das, daß man, sofern einem kein festgelegter Platz angeboten wird (bei einer größeren Gesprächsrunde eher unwahrscheinlich) und man sich einen aussuchen kann, sich ebenfalls in der beschriebenen instinktiven Weise verhalten wird. Das mag dann zwar für das persönliche Wohlempfinden in dieser Ausnahmesituation gewisse Vorzüge haben, andererseits kann es von elementarer Bedeutung sein, daß man sich bewußt den Platz aussucht, von dem aus man den besten Überblick über eine größere Runde von Gesprächspartnern hat.

Ich würde hinsichtlich der Bedeutung dieses Aspektes sogar so weit gehen, daß man um einen solchen Platz mit genau dieser Argumentation bitten sollte, wenn einem ein wesentlich ungünstigerer Sitzplatz angeboten worden ist. Gerade weil das für die Gesprächspartner vielleicht eine Überraschung darstellt, kann es außerdem noch in entsprechend positiver Erinnerung bleiben. Sollte dies aus irgendwelchen Gründen nicht möglich sein, muß man zumindest den Stuhl oder Sessel in eine Position bringen, die einem erlaubt, den ›Überblick‹ zu behalten.

Sitzhaltung – bleiben Sie entspannt

Nervosität und Angespanntsein machen sich natürlich auch in der Sitzhaltung bemerkbar. Folglich sollte man sich trotz vielleicht mangels Übung vorhandener latenter Fluchtgefühle bemühen, nicht gerade auf der Stuhl- oder Sesselkante sitzenzubleiben und sich womöglich noch an einer Tasche festzuhalten, sondern zu versuchen, zumindest nach außen hin eine entspannte Sitz-Haltung einzunehmen. Die womöglich leicht verkrampften Hände fallen gegebenenfalls weniger auf.

Beachten Sie Gesprächssignale

Die Körpersprache unterstützt glücklicherweise auch den Bewerber dabei, den Gesprächsverlauf einzuschätzen, das heißt zu sehen und nicht nur zu spüren, daß man mit den eigenen Ausführungen einen oder mehrere Zuhörer bereits verloren hat, weil beispielsweise jemand interessiert aus dem Fenster sieht, seine Fingernägel begutachtet oder die Decke

Die Zuhörer sind abgelenkt

Hier sind alle am Gespräch beteiligt

oder den Fußboden anstarrt. Es gibt in Mimik und Gestik sehr viele verschiedene Varianten, Langeweile und Fluchtgedanken auszudrücken, und ich kann nur dringend empfehlen, solche Gesprächssignale zu beachten und ernstzunehmen.

Die Mimik Bei dem in der Situation Vorstellungsgepräch so wesentlichen Indikator ›Mimik‹ muß man zwangsläufig einen Unterschied zwischen der des Interviewers und der Mimik des Bewerbers machen. Letzterer wird sich meist sehr genau kontrollieren, um so wenig wie möglich von Nervosität und ähnlichen Gefühlen durchblicken zu lassen.

Der Interviewer dagegen wird sich wegen seiner mehr oder weniger ›überlegenen‹ Position weit weniger kontrollieren, so daß es für einen aufmerksamen Bewerber im Gespräch eine ganze Fülle von Hinweisen oder gar Anweisungen geben kann, wie zum Beispiel Stirnrunzeln für Nichtverstehen oder Nichteinverstanden sein, Lächeln – unter Umständen in Kombination mit Nicken als Zeichen für Zustimmung – und damit der Hinweis auf dieser ›Wellenlänge‹ weiterzumachen. Gleichermaßen ist am Gesichtsausdruck eben auch ablesbar, wenn man seine Zuhörer zu langweilen beginnt oder zu sehr ins Detail geht. Bedauerlicherweise sind die meisten Bewerber in dieser Gesprächssituation so sehr mit sich selbst beschäftigt, daß sie ihren Zuhörer/Gesprächspartner im wahrsten Sinne des Wortes »aus dem Auge verlieren«.

Den Interviewer nicht »aus den Augen lassen«

Auf diese Art und Weise sind schon viele Kandidaten gescheitert, weil sie einfach nicht mitbekommen haben, wann ihr Gegenüber anfing, sich genervt zu fühlen. Vielfach ist es die Reaktion auf eine viel zu ausführliche Selbstdarstellung im Sinne von Details und Monologisieren.

Verfahrene Situationen retten Die oftmals einzige Möglichkeit, eine solchermaßen bereits verfahrene und damit recht aussichtslose Situation in einem Vorstellungsgespräch wieder ›geradezubiegen‹, ist die, die eigenen Wahrnehmungen und meist ja auch Gefühle, daß das Gespräch schlecht läuft, einfach direkt anzusprechen. Beispielsweise in der Form: »Ich habe den Eindruck, daß meine Ausführungen nicht das treffen, was Sie von mir wissen wollen. Es kann sein, daß ich Ihre Frage oder Intention nicht richtig verstanden habe. Würden Sie mir wohl bei der Lösung dieses Problems behilflich sein?« Ich weiß, daß ich damit eine Menge verlange, doch sollte man sich klarmachen, daß man in einer solchen Situation ohnehin nichts mehr zu verlieren, aber gegebenenfalls noch alles zu gewinnen hat und daß außergewöhnliche Situationen nun einmal außergewöhnliche Reaktionen erfordern. Entweder kommt dann dabei heraus, daß die Sache zum Wohle aller beendet und damit abgekürzt wird, weil man dem Bewerber nun nicht mehr im Detail die Aufgabenstellung und die Wünsche des Unternehmens erläutern und alle seine Fragen beantworten muß, da derjenige es anscheinend ›nicht ist‹. Oder die Gesprächspartner kommen womöglich zu dem Ergebnis, sich vielleicht in Ihrer ersten Wahrnehmung getäuscht zu haben, und es wird doch noch ein qualitativ gutes Interview daraus.

Direkte Ansprache des schlechten Gefühls entspannt die Konfliktsituation

In jedem Falle werden jedoch diese Vorgehensweise und die damit dokumentierte Wahrnehmungssensibilität der Gegenseite Respekt abnötigen, so daß man – nicht ganz unwesentlich für das eigene Ego – zumindest einen hervorragenden Abgang hat und die Schlappe nicht zu einem späteren Zeitpunkt zu ›nagen‹ beginnt und damit andere Vorstellungsgespräche negativ beeinflußt.

Wenn Ihnen jemand nicht folgen kann

Auch gibt es typische körpersprachliche Hinweise darauf, daß jemand inhaltlich nicht folgen kann – etwa, weil man vielleicht zu schnell oder zu leise redet, der andere etwas nicht verstanden hat, oder mit einem Standpunkt nicht einverstanden ist, einen Widerspruch sieht oder einfach etwas hinterfragen möchte. Ersteres zeigt sich meist an einem Stirnrunzeln oder leichten Kopfschütteln, letzteres kann man immer in der Mimik in Form eines gewissen Luftholens, wenn jemand zum Reden ansetzt oder ansetzen will, erkennen.

Die eigenen Ausführungen unterbrechen

So macht es beispielsweise einen hervorragenden Eindruck, wenn man aufgrund einer solchen Wahrnehmung, sei es Ablehnung eines Standpunktes oder der Wunsch, eine Frage zu stellen, den eigenen Satz zwar noch beendet, die Ausführungen dann aber selbst unterbricht, denjenigen ansieht, ihn namentlich anspricht und sagt: »Ich glaube, Herr Müller, Sie sind mit meinen Äußerungen nicht ganz einverstanden, darf ich fragen, warum nicht?« oder »Sie wollten etwas sagen, Herr Meier?« Wenn man in dieser Weise mit einer größeren Runde umgehen kann, wird das mit Sicherheit bei der späteren Auswertung mehrerer Vorstellungsgespräche – schließlich ist man ja im Normalfall nie der einzige Bewerber – in entsprechend positiver Erinnerung bleiben.

Anzahl und Rollenverteilung der Interviewer

Meist haben im Falle mehrerer Interviewer diese vorher eine gewisse Rollenverteilung abgesprochen. Das heißt dann für den Bewerber, daß er sich über unterschiedliche Themenbereiche mit verschiedenen Leuten unterhalten muß, wobei hier trotzdem die ausführlich erläuterte ›Spielregel‹ gilt, alle Anwesenden im Raum zumindest in regelmäßigen Abständen per Blickkontakt einzubeziehen.

Das personelle Aufgebot unterstreicht die Wichtigkeit der Situation

Die Themenverteilung sagt zwangsläufig auch bereits einiges über den Anteil an der späteren Entscheidung aus. Derjenige, der die Fachdiskussion führt, hat – sofern es nicht um eine recht hoch angesiedelte Führungsposition geht – den größten Einfluß, da es sich auch vielfach um den zukünftigen Vorgesetzten handelt. Der Personalverantwortliche ist oft zuständig für Fragen zur Arbeitsphilosophie, Wertvorstellungen des Kandidaten, zu den formalen Rahmenbedingungen wie Kündigungsfrist und Gehaltsvorstellungen, und er soll die entsprechenden Angebote der Firma erläutern. Manchmal ist ein Vertreter des Betriebsrates anwesend, um unter anderem das spätere Genehmigungsverfahren abzukürzen. Je nach Bedeutung der Position und der ›richtigen‹ Besetzung können auch noch weiter oben angesiedelte Führungskräfte anwesend sein, bis hin zur Geschäftsleitung oder der Vorstandsebene. Sitzt einem Bewerber ein solch illustrer Kreis gegenüber, wird das meist damit begründet, »wie ernst man diese Stellenbesetzung nimmt und wie wichtig sie für das Unternehmen ist«. Auch sollte man sich merken (siehe Seite 134), daß oftmals derjenige, der später dazukommt und vielleicht am wenigsten fragt oder sagt, sich aber besonders leger und raumgreifend hinsetzt und benimmt, hierarchisch am höchsten angesiedelt ist, was allerdings heute nicht mehr unbedingt gleichbedeutend sein muß mit dem größten Einfluß auf die spätere Entscheidung.

Ich persönlich finde ein solches personelles Aufgebot in einem ersten Gespräch für beide Seiten wenig angenehm, weil man eben trotz aller guten Vorsätze und Verhaltensregeln einige Mühe hat, sich auf alle gleichermaßen zu konzentrieren. Ganz besonders schlimm wird es von einem Bewerber erlebt, wenn einer oder mehrere Teilnehmer zwischendurch den Raum verlassen, weil sie ja immer davon ausgehen können, daß das Gespräch auch ohne sie weiterläuft. Als Bewerber weiß man dann nicht: Hat derjenige schon genug gehört, muß er nur ein wichtiges Telefonat führen oder ist es einfach schlechter Stil? Sollte es sich dabei um den zukünftigen Vorgesetzten handeln, ist dessen Verhalten nicht unerheblich für die eigene Einschätzung und Entscheidung. Sind die Rollen vorab nicht klar verteilt, kann eine solche Konstellation auch zu einem ziemlichen Durcheinander führen, was nicht nur unangenehm für den Bewerber ist, sondern auch denjenigen auf der anderen Seite die spätere Auswertung zwangsläufig sehr schwer macht.

Unsicherheit aufgrund der subjektiven Wahrnehmung

Trifft man auf eine solche Situation, kann ich nur empfehlen, Gehörtes und Diskutiertes häufiger zu rekapitulieren, etwa in der Weise: »Wenn ich Sie jetzt richtig verstanden habe, dann benötigen Sie für diese Position....; oder ...., ist es bei Ihnen üblich .....« Wie auch immer man es zum Ausdruck bringt, daß man bei der Menge der Personen und des Diskutierten bestimmte ›Ergebnisse‹ mitnehmen möchte, ist im Grunde gleichgültig. Nur sollte man sich immer wieder klar machen, daß Kommunikation und Wahrnehmung sehr subjektiv sind, und je mehr ›Subjekte‹ an der Unterhaltung teilgenommen haben, desto vielfältiger sind die Möglichkeiten für Mißverständnisse.

Das Verkaufsgespräch

Nach dem Verkaufsgespräch in eigener Sache soll nun das Verkaufen im klassischen Sinne, also der Verkauf eines Produktes oder einer Dienstleistung thematisiert werden. Gerade unter körpersprachlichen Aspekten sollten wir dabei zwischen zwei sehr unterschiedlichen Varianten unterscheiden: Als Verkäufer oder Verkäuferin steht man überwiegend primär zur Verfügung, das heißt man muß oder kann warten, bis Kunden mit einem Wunsch oder auch einer Reklamation auf einen zukommen. Die anderer Variante, das aktive Verkaufen, indem ein Außendienstmitarbeiter oder eine Vertriebsmitarbeiterin auf potentielle Käufer zugeht, weil man in den meisten Branchen eben leider nicht darauf warten kann, daß Kunden kommen und einen Auftrag abliefern, erfordert zwangsläufig nicht nur ein anderes Verkaufsverhalten, sondern damit einher geht auch eine andere Körpersprache.

Empfang des Kunden Beginnen wir mit der typischen Situation in einem Kaufhaus oder Reisebüro, um auch gleich die Auswirkungen der unterschiedlichen Größenordnung des Umfeldes aufzeigen zu können. Je kleiner der Verkaufsraum, desto größer die mit dem Eintreten des Kunden hervorgerufene Aufmerksamkeit beim Verkaufspersonal und desto besser auch die Chance eines Verkäufers, genau zu wissen, wer wann ›drankommt‹.

Ein weiterer zu berücksichtigender Unterschied ist die Frage, ob ein beratendes Verkaufen erforderlich ist oder erwartet wird – wie bei der nächsten Urlaubsreise – oder der Kunde exakte Vorgaben gibt, wie die, daß er einen DIN-A-4 Aktenordner einer bestimmten Dicke und allenfalls noch Farbe haben will.

Gemeinsam ist zunächst einmal beiden Verkaufssituationen die grundsätzliche Dienstleistungsbereitschaft, die als mimisches Signal vom Verkäufer ausgehen muß und vom Käufer sehr aufmerksam wahrgenommen wird. Diese persönliche Verfügbarkeit zu signalisieren in einem Geschäft, das aufgrund seiner Produkte oder seiner

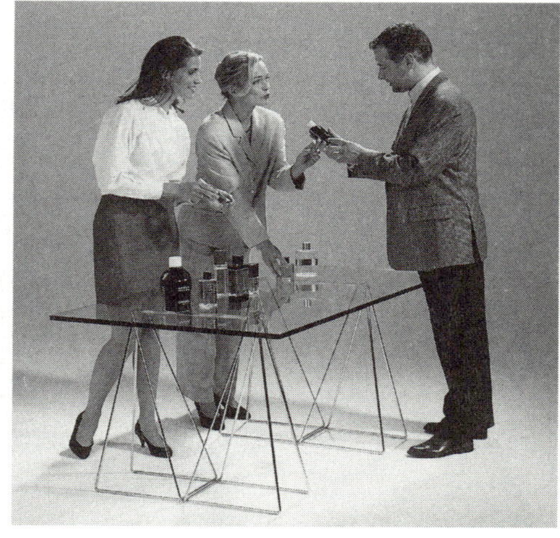

Eine typische Panne: Der Kunde muß auf sich aufmerksam machen

Lage generell selten besucht wird oder in dem es zu bestimmten Tageszeiten eher ruhig ist, ist für einen noch so überzeugten Verkäufer äußerst schwierig. Dann passieren solche Pannen, daß sich zwei oder mehrere Verkäufer oder Verkäuferinnen mit sich selbst beschäftigen, in eine lebhafte Unterhaltung vertieft sind und dabei einen geschlossenen Kreis bilden oder sich zumindest von der Seite, woher Kunden nun einmal kommen können, abwenden. Die Aufmerksamkeitsrichtung, die mit dem unmittelbaren Blickkontakt verbunden ist, zielt nun nicht mehr in Richtung Kunde, so daß dieser den sicherlich nicht völlig unberechtigten Eindruck bekommt, eine angeregte Unterhaltung zu stören, eine Ausgangssituation, die nicht selten entsprechend ironisch von einem solchen Kunden kommentiert wird. Da man in der Funktion als Verkäufer immer berücksichtigen muß, daß man auch und vor allem Repräsentant eines Unternehmens ist, handelt es sich bei diesem Verhalten vor allem aufgrund der Körpersprache um ein schweres Versäumnis.

Unaufmerksamkeit gegenüber dem Kunden

Der Kundentyp

Hat man nun den Kunden sofort oder mit leichter Verspätung mit entsprechend intensivem und vor allem freundlichem Blickkontakt zur Kenntnis genommen – bei schlechtem Gewissen wegen der Verspätung besänftigt eine leicht vorgeneigte (weil zugewandte) und schräg gelegte Kopfhaltung –, gilt es nun, innerhalb von recht kurzer Zeit aufgrund dessen körpersprachlicher Signale herauszufinden, mit welcher Art von Kunde man es zu tun hat, was er möchte und vor allem, welche Motive und vor allem Nutzengesichtspunkte hinter der möglichen Kaufentscheidung stehen. Da ist zunächst einmal die Frage zu klären, ob man es mit einem typischen Stöberer zu tun hat, der nur wissen will, wo er etwas Bestimmtes finden kann, der aber dann alleine gelassen werden möchte, oder – das andere Extrem – ob man jemanden vor sich hat, der in seinem Entscheidungsprozeß noch recht unsicher ist, vielleicht wegen der Höhe der Investition oder weil es sich um ein stark erklärungsbedürftiges Produkt handelt, oder, weil er (noch) nicht genau weiß, was er will. Vielleicht ist es auch ein dominanter Kunde, der eine Reklamation vorzubringen hat oder jemand, der sehr genau weiß, was er will und sich in seiner Kaufentscheidung auf gar keinen Fall hineinreden lassen will.

Durch körpersprachliche Signale den Kundentyp erkennen

Selbstbewußte Kunden sehen den Verkäufer nur als Funktionsträger

Der ›Stöberer‹ Der erste Typ wird unmittelbar zielgerichtet unter Aufnahme von direktem Blickkontakt auf den Verkäufer zugehen und eine präzise Frage stellen. Er wird den Blickkontakt so lange aufrechterhalten bis er den Inhalt der Antwort und/oder die Gestik einer Richtungsweisung tatsächlich verstanden hat. Diese Frage sollte also kurz und klar und verständlich beantwortet werden. Ob das dann tatsächlich alles war, merkt man daran, ob der Kunde auf dem Absatz kehrtmacht und sich in die angegebene Richtung begibt. Sollten sich weitere Fragen ergeben, wird er von sich aus wieder auf den Verkäufer zukommen, vor allem dann, wenn dieser seine Dienstleistungsbereitschaft verbal und non-verbal deutlich gemacht hat. Da es sich um den selbstbewußten Typ Kunden handelt, ist dieser an einer Kontaktaufnahme als Beginn einer persönlichen Beziehung überhaupt nicht interessiert und wird den Verkäufer deshalb eher als ›Funktionsträger‹ und weniger als Person wahrnehmen und behandeln, und der Verkäufer muß ein solches Verhalten akzeptieren, ohne es als persönliche Mißachtung zu interpretieren und womöglich gereizt oder zumindest unfreundlich zu reagieren.

Geht die Initiative dagegen vom Verkäufer aus, muß genauestens darauf geachtet werden, ob der Kunde zu einer Kontaktaufnahme überhaupt bereit ist. Dies gilt zumindest in Geschäften, in denen Waren so ausgestellt sind, daß ein eigenes Prüfen des Angebotes möglich ist. Diese Kontaktbereitschaft kann von einem suchenden Blick, der nicht auf die Regale beziehungsweise die Waren gerichtet ist, dem bekannten Luftholen, wenn man zum Reden ansetzt, manchmal in Verbindung mit einem Räuspern angenommen werden.

Persönliches Eingehen auf Kundenwünsche sichert die Stammkundschaft

Erkennen des Kaufmotivs Einmal abgesehen von einsamen älteren Damen oder Herren, für die der Einkauf manchmal die einzige Möglichkeit ist, sich mit einem anderen Menschen etwas länger unterhalten zu können und die deshalb auch schon einmal Dinge kaufen, die sie gar nicht benötigen – übrigens auch ein Motiv, das ein guter Verkäufer erkennen können muß –, geht es den meisten potentiellen Käufern darum, daß ihr konkreter Kaufwunsch erkannt und befriedigt wird. Ich kenne ein Versandhaus, das der speziell älteren Kundschaft durch die Auswahl der Telefonverkäuferinnen Rechnung getragen hat, die daraufhin geschult wurden, rund um eine telefonische Bestellung immer die Bereitschaft zu einer kleinen Plauderei zu signalisieren. Dieses Unternehmen hat auf diese Weise einen extrem hohen Anteil an Stammkundinnen gewonnen, die genau diese persönliche Note des Verkaufsgespräches zu schätzen wissen.

Der ratsuchende Kunde Geht es bei der Kaufabsicht um ein erklärungsbedürftiges Produkt oder eine beratungsintensive Dienstleistung, sind andere körpersprachliche Spielregeln zu beachten. Unsichere und in gewisser Weise orientierungslose Käufer benötigen eine solide persönliche Beziehung oder besser Vertrauensbasis zum Verkäufer, so daß sie die Chance sehen, unbeschadet von Imageverlusten ihre Unkenntnis oder ihr Nichtverstehen zugeben zu können. Ein Verkäufer muß dann mit dem hilfesuchenden Blick und einer vielleicht unterschwellig signalisierten Nervosität im Sinne eines Vertrauensvorschusses sehr sorgfältig umgehen. Er darf beispielsweise nicht in die überhebliche Mimik und die von oben herab wirkende Kopfhaltung verfallen und das überlegene Herrschaftswissen darbieten, sondern muß durch freundliche Distanz – auch räumlich gesehen – zeigen, daß er es als seine Aufgabe ansieht, hier kompetent zu helfen, ohne aufdringlich zu sein.

Freundliche Distanz bildet Vertrauen

Unsichere Kunden dürfen vor allem nicht mit einem Feuerwerk an Fachausdrücken totgeschlagen werden, sondern der Erklärende und Ratgeber muß durch eigene kurze Unterbrechungen seines Redeflusses einschließlich kurzzeitigen Abbruchs des Blickkontaktes deutlich machen, daß die Angelegenheit tatsächlich nicht ganz so einfach ist. Der Kunde muß dann seinerseits ebenfalls ›Auszeiten‹ nehmen dürfen, die man entweder nur körpersprachlich zum Ausdruck bringen – Zurückweichen, um eine größere Distanz und damit unschärferen Blickkontakt zu ermöglichen – oder auch verbal unterstützend anbieten kann. Darüber hinaus ist zu klären, ob der Kunde eher durch Anfassen und Sehen von einem Produkt zu überzeugen ist, oder ob er konkrete Informationen haben will, also mehr über die Kopfebene zu erreichen ist. Auch Sie als Kunde sollten das im Vorfeld wissen, um dem Verkäufer eine diesbezügliche Weichenstellung zur Befriedigung Ihrer Wünsche zu ermöglichen.

Den Käufer im Blickfeld behalten

Der dominante Kunde Das genaue Gegenteil ist der dominante Kunde, der durch sein Auftreten, den unmittelbaren und höchst eindringlichen, manchmal sogar bedrohlich wirkenden Blickkontakt, einen sehr energischen Tonfall und die räumliche Nähe deutlich zu machen versucht, daß er der Regisseur dieser Begegnung ist und der Verkäufer allenfalls eine kleine Nebenrolle als Stichwortgeber und Auskunftei zu spielen hat. Solche Kunden unterlaufen bewußt oder zumindest instinktiv die eigentlich gebotene räumliche Distanz, beugen sich vor und rücken dem Verkäufer entweder persönlich »auf die Pelle«, oder sie dringen mit Gegenständen – Ablegen der Akten- oder Einkaufstasche, von Papieren, die dokumentieren, daß sich hier ein mündiger Käufer selbst schon schlau gemacht hat und nicht übers Ohr gehauen werden kann – in dessen Terrain und inneren Kreis vor.

Er unterläuft die räumliche Distanz

Nicht selten geht es dann außerdem um eine Reklamation oder den dezenten verbalen Hinweis, daß man in diesem Geschäft schon einmal schlecht bedient worden sei. Hier mit Empörung zu reagieren, wäre zumindest im Sinne des Verkaufens äußerst kontraproduktiv. Sinnvoller sind: ein zugewandtes Zurückweichen, das heißt die für ein Verkaufsgespräch normale Distanz wird wieder hergestellt, Kopf und Schulter werden leicht eingezogen, um zu signalisieren, daß die Botschaft angekommen ist, und die Stimme wird gesenkt, um eine insgesamt beruhigende Wirkung zu erzielen, die gleichzeitig zum Ausdruck bringt, daß von diesem Verkäufer keine Gefahr durch massive Gegenwehr droht.

Signale, die den Entscheidungsprozeß verraten Bei den diversen Hilfestellungen im Verlaufe eines Verkaufsgespräches ist der Kunde nicht aus den Augen zu lassen, weil dessen körpersprachliche Signale dem Verkäufer Aufschluß darüber geben, wo er in seinem Entscheidungsprozeß steht. Ein leicht zurückgelegter Kopf, gerunzelte Stirn und gehobene Augenbrauen signalisieren ein Bedürfnis nach weiteren Informationen auf der Basis einer gewissen Skepsis. Gerunzelte Stirn mit gleichzeitig vorgeneigtem Kopf ist ein Zeichen für Unzufriedenheit und meist die Einleitung für einen entsprechend mißbilligenden Satz. Ebenfalls gut erkennbar ist das Ansetzen zu einer verbalen Äußerung, die dann aber unterlassen wird. Diese leicht resignative Reaktion kann ein Hinweis dazu sein, daß man sich entweder vom Ver-

Skepsis, Unzufriedenheit und Unschlüssigkeit des Kunden

käufer nicht verstanden fühlt, aber nicht weiß, wie man seine Wünsche denn noch artikulieren könnte. Oder sie signalisiert, daß man noch nicht restlos überzeugt ist und eigentlich noch auf den kaufentscheidenden ›Kick‹ wartet. Insofern kann alles das den Kaufprozeß im Sinne des Verkäufers vorantreiben, was dem Käufer Verstehen anzeigt. Das ist das freundlich-zugewandte Nicken bei dessen Erläuterung seines Anliegens, das ist das in gleicher Weise Ernstnehmen von eventuellen Einwänden, bevor man sie zu entkräften versucht, und es ist vor allem das Abwartenkönnen, wenn der Kunde erkennbar Bedenkzeit braucht.

Die Ablehnung Fällt die Entscheidung des Kunden trotz aller Bemühungen und gebotenen Sorgfalt des Verkäufers für diesen negativ aus, gehört es zur Kunst guten Verkaufens, eine solche Entscheidung auch körpersprachlich erkennbar zu respektieren. Dabei darf die Freundlichkeit nie zu kurz kommen, wobei das persönliche Bedauern durchaus verbal artikuliert werden darf. Im Moment der Ablehnung wird trotz allem unter Umständen die Basis für ein späteres erfolgreiches Geschäft gelegt.

Freundliches Respektieren der Käuferentscheidung als Basis für zukünftige Geschäfte

Es ist nämlich zu berücksichtigen, daß Kunden gerade bei einer qualifizierten und menschlich angenehmen Beratung, bei der alleine schon durch die Dauer und die Konzentration auf den anderen eine persönliche Beziehung zustande gekommen ist, in gewisser Weise ein schlechtes Gewissen bei ihrer Negativentscheidung haben, ein unschätzbarer Vorteil für den Verkäufer, sofern er ihn entsprechend zu nutzen versteht. Nicht selten wird dann etwas anderes gekauft, um sich für die Mühe des Verkäufer zu bedanken, oder der Verkäufer bleibt in so guter Erinnerung, daß der Kunde beim nächsten Bedarf dort wieder vorstellig wird.

Alle diese Aussagen gelten naturgemäß für Sie als Käufer spiegelverkehrt, wobei auf Käuferseite zwangsläufig weniger persönliche Kontrolle dabei ist.

Der Außendienst

Kommen wir nun zum typischen Außendienstler, der in seiner Tätigkeit und Zielsetzung sehr häufig mit einem erheblichen Negativimage – dem des gängigen »Staubsaugervertreters« – verbunden wird. Dabei empfinde ich es als sehr aufschlußreich, daß insbesondere die Menschen zu dieser Bezeichnung greifen, die einerseits die geringste Ahnung vom Verkaufen haben und die es andererseits selbst nie könnten. Für einen Vertriebsmitarbeiter stellt sich neben der selbstverständlichen sorgfältigen Pflege der bestehenden Kundschaft zwangsläufig immer die Frage: Wie komme ich an Neukunden heran? Seien es diejenigen, die derzeit noch beim Wettbewerber kaufen, oder diejenigen, die das Produkt noch nicht nutzen, es vielleicht sogar gar nicht kennen.

Der Besuchstermin Da ist zunächst einmal der Besuchstermin, der die Chance zu einem Abschluß bietet. Einfach bei einer Firma vorbeizufahren und um Zeit für eine kurze Unterredung zu bitten, dazu gehören schon einiger Mut und eine Menge Erfahrung auf diesem Gebiet. Der zu bewältigende Hochseilakt ist dabei, einen potentiellen Kunden nicht unnötig unter Druck zu setzen, indem er einen – wenn auch ungebetenen – Gast aus Höflichkeitsgründen nicht ohne kurze Anhörung wieder gehen lassen mag, andererseits aber nicht unaufgefordert in dessen Terrain vorzudringen, weil das kaum zum gewünschten Verkaufserfolg führen würde. Insofern ist eine Ankündigung – beispielsweise über eine Empfehlung durch einen anderen Kunden – immer die bessere Basis für ein niveauvolles und intensives Verkaufsgespräch. Da man mit diesem Beruf aber nun einmal in der heutigen Zeit der harten Konkurrenz nicht immer auf eine Empfehlung warten kann, sondern auch probieren muß, ohne eine solche Hilfestellung angehört zu werden, bleibt manchmal nichts anderes übrig, als es einfach zu versuchen, empfangen zu werden.

Harte Konkurrenz fordert Eigeninitiative

Der Empfang Wie kühl das Empfangsklima ist, merkt man dann spätestens bei Eintritt in das Zimmer des gewünschten Gesprächspartners. Bleibt der hinter seinem Schreibtisch sitzen und erhebt sich nur kurz, um den Mindestanforderungen der Höflichkeit unter Fremden Genüge zu tun, wendet den Blickkontakt rasch wieder ab und einigen Papieren auf dem Schreibtisch zu, dann muß man als Verkäufer schon sehr gute Argumente und/oder ein besonders faszinierendes Produkt anzubieten haben, um im nachfolgenden Gespräch zum Zuge zu kommen.

Zuhören anstatt ›Überfall‹ Die einzige Chance, die erste Hürde zum Angehörtwerden zu nehmen, ist dann ein gewisser Überraschungseffekt, der darin besteht, daß der potentielle Käufer den unbeirrbaren und aufdringlichen Typ ›Staubsaugervertreter‹ erwartet, man ihm aber auch körpersprachlich einen sehr höflichen, fast zurückhaltenden und aufmerksamen Typ ›Zuhörer‹ bietet. Meist ist als Folge auf der Gegenseite zumindest Neugierde geweckt und damit ein wesentlicher Teilerfolg errungen.

Der Überraschungseffekt

Revierverletzungen vermeiden Nun darf jedoch erst recht kein non-verbaler Fehler passieren. Dazu gehören: das Respektieren des Abstands, der durch das Verbleiben hinter dem Schreibtisch bereits deutlich signalisiert wird. Das gilt dann ganz besonders, wenn es im Zimmer einen Besprechungstisch gibt, die Sitzposition also verändert werden könnte. Weitere wichtige Aspekte sind: keinesfalls das Terrain des anderen dadurch zu verletzen, daß man eine Tasche oder eine Mustermappe auf dem Schreibtisch des Gesprächspartners – der eigentlich noch gar keiner ist – ausbreitet.

Maßgeschneiderte Lösungen Die Rolle des Zuhörers, der gekommen ist, um sich die eventuellen Probleme eines potentiellen Käufers anzuhören, muß durchgängig übernommen und gespielt werden. Dazu zählen direkter Blickkontakt, freundliches Lächeln, regelmäßiges zustimmendes Nicken und nicht zu vergessen die eigenen Notizen, die dem Gesprächspartner signalisieren: »Das ist alles so wichtig und auch so komplex, daß ich nicht Gefahr laufen möchte, etwas davon zu vergessen.« Darüber hinaus kann es heißen – und auch argumentativ so verwendet werden –, daß der Verkäufer der Überzeugung ist, nur nach aufmerksamem Zuhören verstehen zu können, was der Kunde tatsächlich braucht. Also die maßgeschneiderte Lösung für das Kundenproblem und nicht die Suche nach einem geeigneten Problem für die eigene bereits vorhandene Standardlösung.

Konstanz in der Rolle zeigen

Wie der Kunde Interesse signalisiert Gelingt es ihm, diesen Eindruck überzeugend zu vermitteln, kann die Veränderung seines Gesprächspartners hinsichtlich dessen körpersprachlicher Signale eine wertvolle Hilfestellung sein. Die angespannte Sitzhaltung, die durch

Eine entspannte Sitzhaltung zeugt von Interesse

die bewußt eingesetzte Distanz des Schreibtisches verstärkt wurde, lockert sich. Der potentielle Kunde lehnt sich bei angenehmer Gesprächsatmosphäre, keiner an sich erwarteten Aufdringlichkeit und überzeugender Gesprächsführung aufgrund eines tatsächlich interessanten Angebotes schließlich entspannt in seinen Stuhl zurück, wird wesentlich offener in der Gestik und hat auch keinen so abweisenden Gesichtsausdruck mehr.

Menschen, die sich in dieser Weise entspannt haben, stehen auch dann nicht mehr unmittelbar unter Zeitdruck, wenn sie insgesamt wenig Zeit haben. Das hat damit zu tun, daß jemand, der etwas, das Zeit in Anspruch nimmt, für wichtig hält, sich auf die zur Verfügung stehende Zeitspanne voll konzentriert, also sogar mit mehr Effizienz einen Gedankenaustausch betreibt. Hat man als Verkäufer dieses Stadium erreicht, ist die Basis für einen erfolgreichen Geschäftsabschluß in greifbare Nähe gerückt. Wenn sich der Gesprächspartner nun auch noch vorbeugt, Interesse für schriftliche Unterlagen bekundet und dann auch noch den Vorschlag macht, daß man durch ein Überwechseln an den Besprechungstisch einen besseren Einblick in die Mustermappe habe, dann hat man schon fast gewonnen.

Erzeugen Sie keinen Kaufabschluß aus ›Notwehr‹!

Distanz wahren Das jedoch nur unter der Voraussetzung, daß man jetzt nicht den Fehler begeht, die Distanz zu sehr, das heißt auf Berührungsnähe zu verringern und dabei sowohl die Gestik im Sinne von Gestikulieren und Berühren, als auch den Tonfall zu nachdrücklich werden zu lassen und damit den Gesprächspartner, der sich dann längst nicht mehr als ›Partner‹ fühlt, sowohl räumlich, als auch vom Empfinden her einzuengen. Ich bin der Überzeugung, daß das Negativimage des Verkäufers im Außendienst, der von vielen als sogenannter ›Staubsaugervertreter‹ bezeichnet wird, maßgeblich daher kommt, daß jeder von uns schon einmal die Erfahrung gemacht hat, beschwatzt worden zu sein, so daß man einen Kaufabschluß fast aus Notwehr getätigt hat, nur um diesen Menschen loszuwerden und wieder frei atmen zu können.

Der Konflikt

Bei einer normalen Konfliktsituation gibt es insgesamt drei verschiedene Varianten und gleichzeitig Steigerungsstufen:

- den – von anderen aufgezwungenen – Konflikt aushalten,
- sich bei einem Konflikt, der primär von einem oder anderen ausgeht, gezielt zu wehren, also zu reagieren und schließlich
- den Konflikt nach dem Motto »bis hierher und nicht weiter« oder »nicht mit mir« selbst zu initiieren und damit bewußt herbeizuführen – und dann selbstverständlich die daraus resultierenden Konsequenzen auszuhalten.

Konfliktbereitschaft braucht Mut

Abgesehen von einigen leidenschaftlichen Kampfhähnen dürfte es wohl niemanden geben, der Konfliktsituationen besonders schätzt. Das ist sicherlich einer der wesentlichen Gründe dafür, warum sehr viele Menschen sogar einem wichtigen Konflikt, der dem eigenen Rückgrat dienen würde, gezielt aus dem Wege gehen. Ob es die Feigheit des Vorgesetzten ist, seinem Mitarbeiter zu sagen, daß er mit seinen Leistungen nicht zufrieden ist, oder eine Ehefrau und Mutter, die sich seit Jahren mit ihren hausinternen Dienstleistungen für die gesamte Familie ausgebeutet fühlt, sich aber zu einem Protest nicht durchringen kann, weil sie die unweigerlich damit verbundenen Auseinandersetzungen scheut. Jedem von Ihnen fallen mit Sicherheit sofort eine Menge eigener Beispiele ein, als man sich »eigentlich hätte« wehren müssen. Interessant ist in diesem Zusammenhang, daß Menschen, die wir beim Dulden einer gegen sie gerichteten Unterdrückung beobachten, nicht gerade unseren Respekt genießen – um es einmal vorsichtig auszudrücken –, daß wir jedoch die eigene Feigheit, vielleicht erst die von gestern, dabei weitgehend vergessen beziehungsweise verdrängen.

In keiner Weise soll beschönigt werden, daß man zu einer Auseinandersetzung je nach ›Gegner‹ mehr oder weniger viel Mut braucht, und fatal ist außerdem, daß uns bei noch so guten (und wutentbrannten) Absichten unsere Körpersprache hinsichtlich unserer eventuellen Unsicherheiten verrät. Ein Ziel dieses Kapitels sollte also sein, sich die typischen Reaktionsmuster vor Augen zu führen und sie entweder bewußt einzusetzen oder sie vermeiden zu helfen.

Grundsätzliches zum Thema Konflikt

Darüber hinaus ist es erforderlich, sich zur Gefühlssituation ›Konflikt‹ einige grundsätzliche Dinge klar zu machen:

- Jeder Mensch fühlt sich in einer Konfliktsituation unmittelbar betroffen. Die Sprüche eines eventuellen Aggressors, also desjenigen, der der Auslöser für diese schwierige Situation ist, »man solle das doch nicht persönlich nehmen«, sind blanker Unfug.
- Jede Seite malt sich die Konsequenzen des Konfliktes aus. Das gilt auch für denjenigen, der entweder klar der Überlegene ist oder sich zumindest so fühlt.
- Derjenige, der sich als der Unterlegene fühlt oder es tatsächlich ist, erlebt sich als verunsichert und gegebenenfalls in seinen Möglichkeiten unsicher, was ihn wiederum sehr wütend macht und extrem bemüht sein läßt, diese Verunsicherung nicht nach außen dringen zu lassen – was meistens nicht besonders erfolgreich gelingt.

Für beide Seiten ist die Konfliktsituation belastend

- Beide Seiten empfinden die Situation als generell belastend. Dies trifft allenfalls nicht zu, wenn jemand von seiner (berechtigten) Wut und seinen Aggressionen so überrollt wird, daß er hinsichtlich der Empfindungen nicht mehr in sich hineinhorcht, oder weil es keine Vorbereitungszeit gibt, oder weil jemand einfach sehr gerne streitet oder er es für seine Mission hält, dem anderen endlich einmal »die Zähne zu zeigen«.
- Jeder sieht sich unter dem sehr starken Druck, nun etwas zu tun, die Sache hinter sich zu bringen und damit die ›Störung‹ mit welchem Ergebnis auch immer zu beseitigen. Eine der wesentlichsten Voraussetzungen für die erfolgreiche Bewältigung der Ausnahmesituation ›Konflikt‹ ist dabei das Ernstnehmen der Gefühle des anderen.

Versuchen wir nun einmal, für die eingangs aufgezählten Konfliktsituationen konkrete Beispiele zu finden und die dazugehörige Körpersprache zu analysieren.

Der aufgezwungene Konflikt

Da ist zunächst der einem aufgezwungene Konflikt. Eine typische uns allen bekannte Situation dafür ist das ›Vergattertwerden‹ beim Chef. Stellen Sie sich also vor, die

Sektretärin Ihres Vorgesetzten kommt zu Ihnen und macht durch ihre gesamte Mimik – je nach Verhältnis zu Ihnen: ein Anflug von Mitleid oder leicht triumphierend – deutlich, daß sie auf der Basis abgeleiteter Macht und Autorität eine Weisung zu überbringen hat, nämlich die, daß Sie alles stehen und liegen lassen sollen, weil der Chef Sie »umgehend« zu sehen wünscht.

Körperliches Kleinwerden Sollten Sie wissen, worum es geht und eventuell sogar ein schlechtes Gewissen haben, werden Sie optisch auf ihrem Stuhl leicht zusammensinken und ein Stück kleiner werden. Die Schultern werden leicht vorgezogen sein, Ihre Mimik wirkt entweder ziemlich angespannt und durchaus ängstlich, oder Sie versuchen insbesondere der Überbringerin gegenüber, mit einem leicht verunglückten schiefen Lächeln und herausforderndem Blick Ihre eigentlichen Gefühle in der Magengegend zu überspielen.

Das optische Zusammensinken

Verzögerung Die weiteren Instinkte signalisieren automatisch ›Verzögerungstaktik‹: da ist noch ein wichtiges Telefonat, es paßt eigentlich gar nicht, weil man doch mit einem Lieferanten zu reden hat usw.

Haltung zeigen und bewahren Nützt das nun alles nichts, versuchen Sie, im wahrsten Sinne des Wortes Haltung zu zeigen und damit zu bewahren. Sie werden sich mit oder ohne neugierige Zuschauer zu Ihrer vollen Größe aufrichten und zumindest anfangs sehr energische und raumgreifende Schritte machen. Je näher Sie jedoch dem Ort des Geschehens und der erwarteten Auseinandersetzung kommen, desto langsamer und kleiner werden Ihre Schritte und auch meistens Sie selbst, indem Sie wieder etwas zusammensacken. Dabei arbeitet Ihr Gehirn – mimisch gut sichtbar an steilen Falten auf der Stirn und geringer Wahrnehmungsbereitschaft nach außen – fieberhaft an einer guten Geschichte zur Kommentierung des erwarteten Problems, und Ihre gesamte Intelligenz ist normalerweise darauf ausgerichtet, Ihre Unschuld oder zumindest geringe Beteiligung argumentativ vertreten zu können. Dann klopfen Sie an, da es sich um einen Ranghöheren handelt, dessen Revier Sie betreten wollen, und werden hereingebeten.

Vor der eigentlichen Konfliktsituation

In der Defensive Die nächsten Reaktionen auf beiden Seiten hängen nun voll davon ab, wie Sie empfangen werden: Prasselt das Donnerwetter unmittelbar auf Sie nieder, bevor man Ihnen einen Sitzplatz angeboten hat, oder wird zunächst offiziell die Form eingehalten. Unterstellen wir, Sie werden gebeten, Platz zu nehmen. Der Vorgesetzte wird nun in der Regel meist instinktiv seine eigenen Machtmittel einsetzen, um Sie in die Gefühlssituation zu bringen, die dazu führen soll, daß Sie, was immer Sie auch falsch gemacht haben mögen, es bestimmt nie wieder tun werden. Dazu gehören: das Sitzenbleiben hinter dem Schreibtisch mit einer kurzen, knappen und im Gegensatz zum eigentlichen Sinn wenig einladenden Geste, sich vor den Schreibtisch zu setzen.

Sie fühlt sich in der Defensive

Die Reaktion des Chefs Je nach Ausmaß der Verärgerung auf Vorgesetztenseite und je nach Persönlichkeitsstruktur gibt es nun zwei Reaktionsmuster: Der Chef lehnt sich in seinem Sessel zurück, vergrößert damit einschließlich des Schreibtisches die Distanz zu Ihnen noch mehr, lehnt den Kopf zurück mit hochgezogenem Kinn, verschränkt die Arme vor dem Körper und macht Sie dadurch noch kleiner als Sie von Statur und vor allem vom Gefühl ohnehin schon sind. Eine typische sprachliche Formulierung, die zu diesem Ambiente gehört, ist: »Was haben Sie zu diesem Vorfall zu sagen?« In diesem Falle läuft die Konfliktsituation auf ein starkes Gefälle hinaus, das den anderen in die Defensive bringt.

Unrecht einsehen Es soll gar nicht gekämpft werden, sondern Sie sollen Ihr Unrecht einsehen, bekennen und Besserung geloben. Verstärkt wird dieses Gefühl Ihrerseits dadurch, daß Sie womöglich dauernd gegen Ihre Fluchtinstinkte ankämpfen müssen, deshalb vermutlich auf der Stuhlkante und damit unbequem und mit total verkrampften Muskeln sitzen werden. Und je verkrampfter man ist, desto schlechter kann man nachdenken und zwangsläufig argumentieren, was wiederum ein weiterer Pluspunkt für die Gegenseite ist.

Die Kampfsituation initiiert vom Vorgesetzten

Die Kampfvariante dagegen sieht so aus, daß Ihr Vorgesetzter zwar auch hinter dem Schreibtisch sitzen bleibt, sich aber stark vorbeugt, damit Sie seinen Ärger im Gesicht sofort ablesen können.

Zeichen der Drohung und der Dominanz Dazu kommen in der Regel Dominanzgesten wie ein ausgestreckter, auf Sie gerichteter Zeigefinger, manchmal mit der Verstärkung einer symbolischen Waffe wie beispielsweise einem Bleistift, Pochen mit Finger oder Bleistift auf ein vor ihm liegendes Dokument und immer wieder Vorschnellen des Oberkörpers um zu signalisieren, daß da ein Kampf stattfindet. Die geballte Faust als Zeichen von Aggression oder auch die flache Hand werden gegebenenfalls häufiger auf die Tischplatte aufgeschlagen, um den verbalen Äußerungen Nachdruck zu verleihen. Diese Kampfsituation kann dann noch verstärkt werden dadurch, daß in Ihre Intimsphäre eingegriffen wird, indem Ihr Chef in seiner drohenden Haltung – vorgeneigter Kopf, extrem eindringlicher und bedrohlicher Blickkontakt – sehr nah an Sie herantritt. Da Sie ohnehin schon das Handicap haben, daß Sie sich nicht auf eigenem Territorium befinden, sich also in diesem Raum nicht nach Belieben bewegen können, es sich leider auch verbietet, Gegenstände aufzunehmen und mit ihnen zu werfen – wonach Ihnen vielleicht gefühlsmäßig wäre –, ist der Bewegungs- und damit Handlungsspielraum für den Betroffenen, eben Sie, extrem klein.

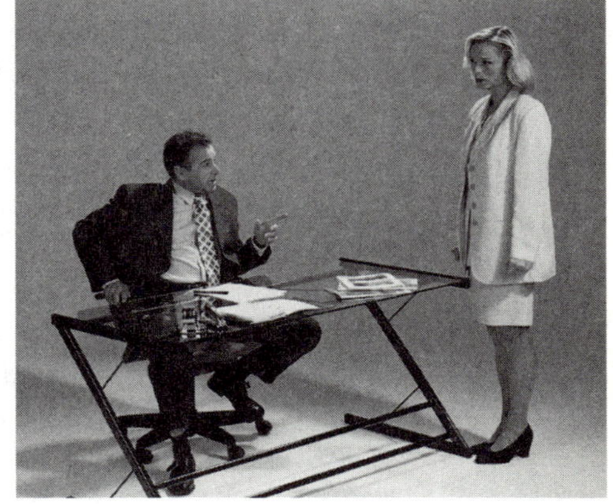

Er zeigt ihr, wer der ›Boss‹ ist

Es endet in Resignation Sie werden nach anfangs selbst geballter Faust als Zeichen Ihrer ohnmächtigen Wut in Anbetracht der Standpauke vielleicht noch einige der auf dem Weg zu diesem Gespräch ausgedachten Ausflüchte und Begründungen anführen, dabei mit Ihren Stirnfalten Ihre Besorgnis zum Ausdruck bringen oder auch mit eingefallenen Schultern und gesenktem Blick und der Mimik von Resignation die Strafpredigt einschließlich Konsequenzen zur Kenntnis nehmen. Ihre schwachen Protest- und Entschuldigungsäußerungen werden dann auf der Gegenseite mit intensivem und ungeduldigem Fingertrommeln auf die Tischplatte begleitet, was heißt, daß Ihr Chef Ihre Argumente entweder gar nicht akzeptiert oder sich in seinen eigenen Anschuldigungen unzulässigerweise unterbrochen fühlt. Auch das kann dann ein zusätzliches Gefahrensignal sein.

Unterwerfung Alles in allem endet das Ganze dann mit einschlägigen Unterwerfungssignalen Ihrerseits: Sie lächeln entschuldigend, machen mit Ihrem vorgestreckten Handrücken etwas flügellahme Gesten des Wunsches nach Beendigung der Auseinandersetzung oder bringen mit hochgehaltenen Händen mit nach außen gerichteten Handflächen und leichtem Hochziehen der Schultern auch oder nur körpersprachlich Ihre Entschuldigung für den Vorfall zum Ausdruck.

Sich zur Wehr setzen

Nun kann die Sache aber auch ganz anders laufen, weil es eben auf Ihre eigenen Reaktionen ankommt, wie die Konfliktsituation weitergeht. Auch ängstliche und/oder schuldbewußte Menschen können in ihren Reaktionen oftmals zu ihrer eigenen Überraschung über sich selbst hinauswachsen und sich zur Wehr setzen, womit wir bei der zweiten Stufe wären. Der Ausdruck »sich nicht mehr kennen vor Wut« beschreibt diese Ausgangssituation recht gut.

Angleichung der aggressiven Körpersprache

Antworten mit gleichen ›Waffen‹ Die bereits in früheren Kapiteln erwähnte Angleichung der Körpersprache, die normalerweise einen extrem positiven Hintergrund des Ausdrucks einer gemeinsamen Wellenlänge hat, findet hier in abgewandelter Weise statt, indem sozusagen mit den gleichen ›Waffen‹ geantwortet wird, wobei – wenn das Verhältnis nicht zu sehr von Status- und Machtgefälle gekennzeichnet ist – man in der Regel versucht, den anderen in seinen aggressiven körpersprachlichen Äußerungen noch in irgendeiner Weise zu übertreffen.

Wenn die gegnerischen Argumente dünner werden Dies geschieht immer dann in besonders eindrucksvoller Weise, wenn die Argumente zunehmend dünner werden oder von Anfang an nicht be-

Drohgebärden nehmen dann zu oder werden intensiver

sonders überzeugend waren oder wenn einer der beiden das Gefühl hat, an einer sehr empfindlichen Stelle getroffen worden zu sein. Da werden dann die jeweiligen Drohgebärden des Vorbeugens, den anderen in die Enge zu treiben und der vorschnellende Arm und Hand beziehungsweise Finger, noch intensiver angewandt. Die Erbitterung ist vor allem im Blickkontakt zu sehen, der aller Voraussicht nach Funken schlägt. Auch das Eindringen in die allerengste Distanzzone des anderen – und sei es nur mit den Händen – ist Teil dieser massiven Abwehr. Die meisten Menschen wachsen dann in dieser Weise über sich hinaus, wenn sie sich ungerecht behandelt fühlen.

Den Gegner ins Leere laufen lassen Im übrigen kann ein verbaler und non-verbaler Wutanfall aber auch dadurch ausgelöst werden, indem derjenige, der den Konflikt durch sein Verhalten eigentlich herbeigeführt hat, nach außen hin so tut, als ob er überhaupt nicht wisse, warum sein Gegenüber so merkwürdig reagiert. Übrigens eine sehr beliebte Verhaltensweise in Partnerauseinandersetzungen, wenn der eine von beiden sich überlegen fühlt. Als ganz besonders frustrierend und vor allem demütigend wird empfunden, wenn der Gegenspieler aggressive Reaktionen durch bewußt zur Schau gestellte Gelassenheit, eine Mimik, die völliges Unverständnis signalisiert oder durch Unbeteiligtsein ins Leere laufen läßt. Solche Reaktionsmuster sind schlimme Waffen in einer Konfliktsituation und können glücklicherweise nur von wenigen überzeugend gehandhabt werden.

Der selbst initiierte Konflikt

Nun noch zu der Konfliktsituation, die von einem selbst bewußt herbeigeführt wird, weil man glaubt, nun sei es genug, oder weil das eigene Gerechtigkeitsempfinden so angekratzt ist, daß man etwas tun muß, um wieder ruhig schlafen und sich morgens im Spiegel selbst wieder geradeaus ins Gesicht schauen zu können.

Wiederherstellung der inneren Harmonie In solchen Situationen geht es deshalb auch um Ehrenkodex, um das Wiederherstellen von innerem und äußerem Gleichgewicht, eine Ausgangssituation, die man in ihrer Tragweite und ihren Motiven richtig einschätzen sollte, um sich auch adäquat verhalten zu können. Wir haben hier ein wenig die spiegelbildlichen Rahmenbedingungen unseres ersten Falles, denn nun wird der Konflikt einem anderen womöglich aufgezwungen. Ich möchte aber diese Variante eher dazu nutzen aufzuzeigen, wie eine ›erwachsene‹ Bewältigung einer Konfliktsituation aussehen könnte, selbstverständlich wieder unter Berücksichtigung der sie begleitenden Körpersprache.

Einforderung eines Gesprächtermins Gehen wir einmal davon aus, daß Sie bei einer Beförderung Ihrer Ansicht nach übergangen wurden, Sie aber natürlich wissen, daß man nicht unbedingt ein Anrecht auf eine Beförderung hat. Sie sind zwar gefühlsmäßig frustriert, halten es aber immerhin für möglich, daß es Gründe seitens der Entscheidungsträger gab und gibt, die Ihnen unter Umständen nicht bekannt sind. Also bitten Sie bei Ihrem Chef um einen Gesprächstermin, um diesen Punkt für Ihren Seelenfrieden wegen verletzten Egos und Gerechtigkeitsempfindens in Ordnung zu bringen. Sie sind in diesem Moment trotz Ihrer Frustration darauf eingestellt, sich Argumente anzuhören, aber wegen der Frustration auch zu einer Auseinandersetzung im Sinne des oben beschriebenen Kampfes bereit.

›Sehenden Auges‹ in den Konflikt Bereits das Abwägen dieser beiden Alternativen bringt Sie in eine weit weniger abhängige Position, und das wiederum stärkt wortwörtlich Ihren Rücken. Sie begeben sich also in diesem Falle ›sehenden Auges‹ in eine Konfliktsituation, haben selbst die Initiative ergriffen und auch womöglich bereits bei der Sekretärin Ihres Chefs deutlich gemacht, daß Sie einen Termin haben möchten, der nicht durch Zeitdruck auf der anderen Seite negativ beeinflußt wird. Das heißt also, Sie versuchen, die Rahmenbedingungen des Gespräches und gegebenenfalls auch der Auseinandersetzung so weit es Ihnen möglich ist, selbst zu beeinflussen.

Gehen Sie ›sehenden Auges‹ in eine Konfliktsituation!

Zwar ist es nach wie vor ein Nachteil, die Diskussion auf fremdem Terrain führen zu müssen, doch durch Ihre Vorgehensweise haben Sie beispielsweise berechtigte Aussichten, daß das Ganze an einem Besprechungstisch stattfindet, da Sie dafür gesorgt haben, daß Sie zumindest indirekt offizieller Gast Ihres Chefs sind und Sie sich hinsichtlich des Termins nach ihm gerichtet haben und er darauf eingegangen ist.

Mehr Gleichberechtigung durch Eigeninitiative Durch Ihre Initiative können Sie sogar höflich darum bitten, daß Ihr Chef an den Besprechungstisch wechselt, und haben damit den großen Vorteil, die Sitzordnung Ihren Vorstellungen entsprechend zu planen. Setzen Sie sich über Eck, signalisieren Sie dadurch, daß Sie eine gewisse Nähe und damit eine Verständigung herbeiführen wollen. Sie werden dadurch trotz des Status-Gefälles mit wesentlich größerer Wahrscheinlichkeit eine Art gleichberechtigter Gesprächspartner, dem dann verständlicherweise auch wesentlich lieber ehrliche Antworten oder Informationen gegeben werden, die Sie bis dahin womöglich nicht hatten. Dabei dürfen Sie natürlich den Aspekt nicht vernachlässigen, daß Sie womöglich Argumente – beispielsweise, daß man Ihnen die Sache nicht zutraut – zu hören bekommen, die Ihnen alles andere als angenehm sein werden. Also Vorsicht bei der Planung eines solchen Vorhabens!

Planen Sie ein solches Vorgehen dennoch vorsichtig!

Aktion anstelle Reaktion

Auch bei dieser ganz anderen Ausgangssituation werden Sie alleine schon wegen der bewußten Planungsphase mit einiger Sicherheit die berühmten Schmetterlinge im Bauch haben, trotzdem bleibt der Tatbestand, daß Sie mit Ihrer Vorgehensweise agieren statt zu reagieren, womit Sie ein ernstzunehmender ›Gegner‹ geworden sind. Das bedeutet für unser Thema ›Konflikt‹, daß eine gewisse Steuerung der Entwicklung gegeben ist.

Den Gesprächspartner im Auge behalten Sie werden also hereingebeten und können mit großer Wahrscheinlichkeit am Besprechungstisch Platz nehmen. Ihr Gesprächspartner wird Sie nun fragen, worum es geht oder welches Anliegen Sie haben und wird Sie dabei sehr intensiv und erwartungsvoll anblicken. Der erste Fehler Ihrerseits wäre nun, den Blickkontakt zu rasch abzubrechen, da Sie damit ganz besonders betonen, daß Ihnen die kommenden Aussagen schwer fallen. Sie müssen also zumindest die ersten Sätze – Schilderung der Ausgangssituation, erste Fragestellungen – bewältigen, obwohl der Blickkontakt von beiden Seiten bestehen bleibt. Das ist eine schwierige Aufgabe, da Sie sich vielleicht erinnern werden, daß ich Ihnen erklärt habe, es wäre völlig normal und würde sozusagen reflexartig ablaufen, daß der Blickkontakt von demjenigen, der die Schwierigkeit der For-

Widerstehen Sie reflexartigen Reaktionen!

mulierung hat, abgebrochen wird. Sie müssen diesen Reflexen aber auch noch aus einem anderen Grund widerstehen, weil Sie Ihren Chef bei dem sicherlich auch für ihn heiklen Thema wegen dessen körpersprachlicher Reaktionen nicht aus den Augen lassen dürfen, um keine Überraschungen zu erleben.

Für Erläuterungen und Erklärungen Zeit geben Ist es Ihnen gelungen, Ihr Anliegen so vorzutragen, daß Sie Frustration und Ärger allenfalls verbal und keineswegs non-verbal zum Ausdruck gebracht haben, sollten Sie nun erkennbar eine Pause machen, sich möglichst entspannt zurücklehnen und um eine Erläuterung bitten. Dabei ist zu beachten, daß es eine Sitzposition sein sollte, die im Sinne eines Sich-bequem-hinsetzens eine bessere Konzentration auf den anderen erlaubt und die nicht durch weit zurückgelehnte Haltung und gehobenes Kinn arrogant wirkt. Wichtig ist dabei, daß auch Ihre Mimik Pause und Erwartungshaltung signalisiert und daß Sie auch eine kurze Stille aushalten.

Beide signalisieren: Der Konflikt soll geklärt werden

Rede und Gegenrede Es wird nun zu einer längeren oder auch kürzeren Rede und Gegenrede kommen, je nachdem, ob man Ihnen nachvollziehbare Argumente liefern kann oder Sie Ihrerseits Argumente vorbringen, die Ihren Gesprächspartner nachdenklich stimmen. Insbesondere die letztere Variante kann sehr gut am Gesichtsausdruck und an den Augen abgelesen werden, ob man sozusagen einen argumentativen Treffer gelandet hat. Idealerweise sollte jeder der Beteiligten offen für neue Informationen sein und deutlich machen, daß auf der Basis neu gewonnener Erkenntnisse auch eine Entscheidung revidiert werden kann.

Fehler des Vorgesetzten Das ist dann die Stelle, an der die meisten Vorgesetzten erhebliche Fehler machen, wenn sie dem Mitarbeiter meist körpersprachlich signalisieren, daß Sie trotz anderslautender verbaler Aussage »Ich werde mir das Ganz noch einmal durch den

Kopf gehen lassen.« ihre Entscheidung keineswegs revidieren werden. Es wäre nicht das erste Mal, daß dieses Gefühl von Pseudodemokratie, das der Mitarbeiter hat, das ausschließlich non-verbal kommuniziert wurde, letztlich doch noch zu einer aggressiven Wendung des Gespräches und damit zu einer richtigen Auseinandersetzung führt. Der Vorgesetzte kann dann meist die aufbrechende Aggression und den damit verbundenen Gefühlsausbruch überhaupt nicht verstehen, da ihm seine eigene Botschaft ja nicht bewußt ist. In jedem Falle wird es sich lohnen, diese verschiedenen Varianten von Konfliktsituation einmal bewußt körpersprachlich zu durchleben.

Der ganz normale Berufsalltag

Ich möchte unter dieser Überschrift eine kleine Auswahl typischer Berufsalltagssituationen skizzieren, bei denen die Körpersprache eine ganz besonders wichtige Rolle spielt, sei es, daß man sich selbst auf diesem Sektor besser kontrollieren sollte, sei es, daß es einem wesentliche Informationen für die Bewältigung eben dieses betrieblichen Alltags vermittelt.

Passen wir zusammen? Ebenso wie es die äußere Erscheinung eines Menschen tut, bietet auch ein Unternehmen eine Vielzahl von markanten Punkten für den sogenannten ersten Eindruck. Und genau wie bei Individuen ist ein Teil davon beabsichtigte Selbstdarstellung nach außen und ein meist ebenso großer Teil unbeabsichtigt und damit besonders aussagefähig. Bereits ein Bewerber, der zu einem Vorstellungsgespräch eingeladen ist und an der Rezeption eine kurze Zeit warten muß, kann da so seine höchst aufschlußreichen Studien machen. Bereits hier beginnt dann auch schon die Paßgenauigkeit zwischen Mensch und Firmenumfeld. Zwar kann man hier das eine oder andere bewußt abstimmen, fraglich ist dabei jedoch, ob ein solches ›Passendmachen‹ der eigenen Werte – wovon dann die Kleiderordnung noch der harmloseste Part ist – der hoffentlich längerfristigen beruflichen Bindung unbedingt zuträglich ist.

Das Firmenumfeld bietet viele Einblicke

Kleider machen Leute Doch unterstellen wir einmal, daß diese Paßgenauigkeit gegeben ist und Sie ›Ihr‹ Unternehmen gefunden haben. Dann gilt natürlich trotzdem, daß Ihre Kleidung eine Menge über Sie als Mitarbeiter und auch über Ihre Ambitionen aussagt. Grenzen

Sie sich bewußt von anderen ab und passen sich in dieser Hinsicht den Vertretern der ›oberen Etagen‹ an? Versuchen Sie Nähe zu der von Ihnen am meisten geschätzten Kollegengruppe oder auch einem einzelnen Kollegen herzustellen? Meinen Sie beispielsweise als Frau, Ihren Anspruch auf Gleichbehandlung deutlich machen zu sollen? Gewisse Abzeichen, wie die Manschettenknöpfe mit dem Firmenemblem, zeigen in der Regel eine längere Betriebszugehörigkeit; sieht man sie häufiger, spricht das für geringe Fluktuation und eine unter Umständen überalterte Personalstruktur.

Die ersten Tage am Arbeitsplatz

Ganz wichtig ist beispielsweise der Aspekt der ersten Tage in einem Unternehmen. Sowohl, wie Sie von den Führungskräften in Empfang genommen werden, als auch, in welcher Weise Ihre zukünftigen Kollegen auf Sie zugehen, bieten Ihnen eine Fülle von Hinweisen. Ist beispielsweise das Willkommen der Führungskräfte oder Ihres unmittelbaren Vorgesetzten weit herzlicher als das der Mannschaft, aus der jeder einzelne bei Ihrer Vorstellung nicht aufsteht, kurz mit dem gerade noch akzeptablen Minimum an Freundlichkeit hochblickt und nickt und ansonsten seine Arbeit nicht unterbricht, dann sind das erste Anzeichen dafür, daß die Entscheidung, jemanden von außen einzustellen, offensichtlich nicht von allen anderen geteilt wird.

Sind Sie für eine mittlere Führungsposition vorgesehen, gibt es also wahrscheinlich mindestens einen unter Ihren Mitarbeitern, der sich mehr oder weniger berechtigte Hoffnungen auf Ihre Position gemacht hat. Vielleicht ist es auch eine generelle ›Unsitte‹ (jedenfalls sehen es die Mitarbeiter so, die gerne Aufstiegspositionen für ihre eigene Entwicklung haben möchten), Führungspositionen grundsätzlich durch Externe zu besetzen. Treffen die beiden letzteren Aussagen zu, können Sie davon ausgehen, daß Sie den Verhaltenscode Ihres neuen Arbeitgebers weitgehend ohne fremde Hilfestellung knacken müssen.

Der geschlossene Kreis der Alteingesessenen

Steht in dieser Weise eine ganze Gruppe oder verschworene Gemeinschaft – auch beispielsweise räumlich in den Pausen als geschlossener Kreis – gegen Sie, dann hilft nur, das Prinzip »Einigkeit macht stark« zu unterlaufen, indem Sie versuchen, einzelne Gruppenmitglieder, die vielleicht gar nicht mit Ihrer Behandlung einverstanden sind und die sich ihrerseits einem Gruppenzwang gebeugt haben, zu identifizieren und aus der Gruppe herauszulösen.

Solche Kollegen sind beispielsweise immer dann freundlicher – wenn auch meist mit leichter Verlegenheit und einem gewissen Schuldbewußtsein ihrer Gruppe gegenüber –, wenn Sie sie alleine antreffen beispielsweise beim Kaffeeholen oder am Fotokopierer.

Stellen Sie den ›Verräter‹ nicht bloß!

Es ist wichtig, diese Schritte in Ihre Richtung unmittelbar zu belohnen, den Kollegen aber nicht durch Vertraulichkeit – beispielsweise in Form zu großer räumlicher Nähe – in ihrem Verhalten vor der Gruppe als ›Verräter‹ bloßzustellen, weil Ihnen das überhaupt nicht weiterhilft, da nur eine weitere Person aus der Gruppe ausgeschlossen werden wird und Ihnen somit kein Entree mehr verschaffen kann. Bewahren Sie also auf diese Weise Ihr gemeinsames Geheimnis, wird dies mit Sicherheit sowohl zu einer weiteren Annäherung, als auch zu positiven Kommentaren im Stil »Der ist eigentlich gar nicht so unsympathisch« gegenüber der Gruppe führen.

Think positive!

Haben Sie nun festgestellt, daß Sie weitgehend alleine sind und daß Ihre eigenen Vorgesetzten durch ebenfalls unterlassene Hilfestellung herausfinden wollen, ob Sie im realen Alltag so durchsetzungsfähig sind, wie Sie sich vielleicht im Vorstellungsgespräch dargestellt haben, dann ist ein oberstes Gebot, so wenig Unsicherheiten körpersprachlich zu zeigen, wie irgend möglich. Jeder von uns kennt schließlich diese Anzeichen von Panik, die mit dem Instinktverhalten ›Flucht‹ eng gekoppelt sind.

Die Signale von Angst und Panik

Dazu gehören körpersprachlich: ein relativ mißmutiges Gesicht mit oder ohne Stirnfalten, ein fahrig wirkender Blickkontakt, der einen anderen nie lange festhält, sondern entweder durch ihn durchblickt oder den Blick ins Weite schweifen läßt. Hinzu kommt entweder extreme Blässe oder ein gerötetes Gesicht, eventuell mit den verräterischen kleinen Schweißperlen auf der Oberlippe. Die Körperhaltung ist verkrampft (und erschwert dadurch das jetzt gerade so notwendige konzentrierte Nachdenken zusätzlich!), der Mund ist trocken, und Sie stützen unter Umständen an Ihrem Schreibtisch den Kopf in eine Hand oder sogar in beide, eine typische Schutzbewegung. Manchmal fährt man sich in einer solchen Situation auch unwillkürlich mit den

Fingern einer Hand durch die Haare, so als wolle man den Kopf zu präziserem Denken animieren. Übrigens eine Geste, die Sie sehr häufig während Examensarbeiten beobachten können.

Einen Vorzug genießen in dieser Situation Menschen, die sich sozusagen mental in eine Situation zurückversetzen können, in der sie äußerst erfolgreich waren. Das Rekapitulieren eines positiven Gefühls hat dabei wesentlich mehr Auswirkungen in der gewünschten Richtung auf Ihre Körpersprache als das kopfgesteuerte Entgegenwirken. Der Kopf kann jedoch dann mehr bewirken als das Gefühl, wenn Ihre Panikempfindungen weniger mit der momentanen Unlösbarkeit einer Aufgabe zu tun haben, als vielmehr Ausdruck von Verzweiflung über zu viel Arbeit, die auch noch zeitlich befristet fertiggestellt sein muß, sind. Hier hilft der Kopf, indem man sich dazu zwingt, eine vernünftige Prioritätenliste aufzustellen.

Auf der Suche nach Verbündeten

Nach einiger Zeit müssen Sie nun darangehen, sich eigene Bündnispartner – günstigerweise mehrere für verschiedene Gelegenheiten – zu schaffen. Machtspiele, Allianzen und Feindschaften laufen jedoch in der Regel hinter den Kulissen ab, da eigentlich jeder zumindest instinktiv weiß, daß so etwas dem gemeinsamen Erreichen eines geschäftlichen Zieles eher abträglich ist.

Beobachten der Körpersprache Für Sie als relativen Außenseiter bedeutet das, daß Sie primär die Körpersprache als Signal für das Erkennen solcher Allianzen und Feindschaften zur Verfügung haben. Auch oder gerade auf dem Gebiet der Körpersprache gibt es Genies in sogenannter sozialer Intelligenz, die diese Klaviatur nicht nur perfekt spielen können, sondern die auch kleinste Anzeichen dieser Wissenschaft interpretieren können.

Eine Gemeinsamkeit zwischen Hühnern und Menschen

Die Hackordnung Ganz besonders eindrucksvoll ist die firmeninterne ›Hackordnung‹, ein Phänomen, abgeleitet von einer sozialwissenschaftlichen Studie eines norwegischen Wissenschaftlers, der herausfand, daß es unter einer größeren Ansammlung von Hühnern eine klar definierte Ordnung gibt, wer wen mit Schnabelhieben traktieren darf, ohne eine Gegenwehr befürchten zu müssen. Die mensch-

Der ›Neue‹ wird in den Gesprächskreis aufgenommen

liche Hackordnung wird bestimmt von Macht und/oder Status, Grad der finanziellen oder sonstigen Unabhängigkeit, Gehalt, gegebenenfalls Geschlecht, Dauer der Betriebszugehörigkeit, Menge und Einfluß der eigenen Allianzen, aber glücklicherweise auch von Fähigkeiten und Leistung. Die körpersprachlichen Elemente beispielsweise von sehr einflußreichen und in der Hackordnung sehr hochstehenden Leuten sind nahezu unübersehbar, wenn Sie sich noch einmal mit den Aussagen zum Thema ›Macht und Einfluß‹ beschäftigen.

Den eigenen Standpunkt bestimmen Auch die eigene Position läßt sich auf diese Weise leicht ermitteln. Macht man Ihnen beispielsweise bei einer informellen Zusammenkunft oder beim Warten auf den Beginn eines Meetings Platz und versucht, Sie zu integrieren und mit Ihnen ins Gespräch zu kommen? Oder stehen Sie eher solo herum und müssen sich die Aufmerksamkeit anderer erobern? Geht

Wie reagiert man auf Sie?

nur ein anderer Außenseiter, der bis dahin auch alleine da gestanden hat, auf Sie zu? Oder sucht man sofort Ihre Nähe? Wie aufmerksam hören Ihnen andere zu, wenn Sie etwas sagen, auch wenn es etwas eher Belangloses war, und in welchem Ausmaß erfreuen Sie sich der kopfnickenden und lächelnden Zustimmung anderer? Wer geht auf wen mit strahlendem Lächeln und ehrlicher Freude zu? Und wer dokumentiert durch hochgezogene Augenbrauen und herablassenden Blick, daß Sie oder andere ihm ein ihn nicht interessierendes Gespräch und einen Kontakt aufdrängen? Versuchen Sie übrigens niemals, sich durch besondere körperliche Nähe anzubiedern, weil Sie damit eher das Gegenteil von dem hervorrufen, was Sie gerne erreichen möchten.

Die Neider Haben Sie sich in Ihrer Position erst einmal bewährt und erste Erfolge erzielt, kann es wichtig sein zu identifizieren, wieviele und welche Neider Sie haben. Herausfinden kann man das beispielsweise über den Blickkontakt, wenn auch Kollegen Ihnen zu einem Erfolg gratulieren müssen. Wessen Lächeln wirkt dabei extrem unecht, und wer bricht den Blickkontakt sehr rasch ab, damit er nicht Gefahr läuft, daß Sie bei dem wichtigsten nonverbalen Kommunikationskanal die Wahrheit erkennen können?

Begrüßung und Vorstellung

Der gesamte Bereich von Begrüßung und Vorstellung ist in den Grundprinzipien dessen, was erlaubt und was nicht erlaubt ist, weitgehend gesellschaftlich genormt. Eine an sich sehr nützliche Regelung für die Ausgangssituation, daß man vielfach mit jemandem in Kontakt treten muß, den man nicht kennt und bei dem man mangels Bekanntschaft noch nicht weiß, welche Art von Beziehung sich daraus entwickeln wird. Hinzu kommt der Umstand, daß mit der Begrüßung eine räumliche Nähe verbunden ist, die der ›Nicht-Beziehung‹ womöglich gar nicht entspricht und die auch deshalb mit festgelegten Verhaltensweisen unterlegt ist, um jegliche Bedrohungssituation weitgehend auszuschalten. Das ist ähnlich der bereits beschriebenen Situation in einem engen Aufzug oder im überfüllten Bus, in denen der einen berührende Nachbar sozusagen zur ›Nichtperson‹ erklärt wird. Da über den rein formalen Aspekt hinaus in der Praxis eine Vielzahl von Nuancen und Varianten möglich sind, wird darüber hinaus dem Umstand Rechnung getragen, daß es sich eben auch um gute Bekannte, Verwandte oder Freunde handeln kann.

Kulturelle Unterschiede

Gerade auf dem Sektor der Begrüßung darf man nie die großen kulturellen Unterschiede ignorieren, was ganz besonders für diejenigen gilt, die beruflich und/oder privat sehr viel reisen und mit entsprechend unterschiedlichen Situationen dieser Art zu tun haben. Engländer sind beispielsweise über eine ›handfeste‹ Begrüßung nicht glücklich und bleiben deshalb meist in einer Distanz stehen, die das Händereichen unmöglich macht. Südeuropäer dagegen umarmen auch fremde Menschen, und auch andere Kulturen gehen gerne auf Tuchfühlung.

Das Händeschütteln

Die in unseren Breiten übliche Art der Begrüßung ist das Händeschütteln, und es werden – beispielsweise in der Situation Bewerbergespräch – mehr Dinge von Art und Qualität des Händedrucks abgeleitet als manchen lieb sein kann oder Sie sich vorstellen können. Manchmal kann man sich des Eindrucks nicht erwehren, daß einem nur ein warmer, womöglich noch leicht feuchter Gegenstand in die Hand gelegt wird, in anderen Fällen möchte man anschließend die einzelnen Fingerknochen auf Vollständigkeit überprüfen. Manche ziehen die Hand bereits wieder zurück, bevor der Händedruck richtig stattgefunden hat. Wieder andere scheinen so unkonzentriert, daß sie ein- oder zweimal ins Leere greifen.

Der Händedruck – ein Ausdruck der Persönlichkeit

Alle diese Varianten sagen sehr viel über die Persönlichkeit einerseits und die aktuelle Befindlichkeit andererseits aus. Dabei sind selbstverständlich auch andere Rahmenbedingungen zu berücksichtigen: Wenn unsere Bundespräsident seinen Neujahrsempfang hat, muß er so viele Hundert Hände schütteln, daß ich mir kaum vorstellen kann, daß sich der Händedruck nicht im Laufe der Prozedur verändert. Auch gibt es Berufe, die sehr viel manuelle Kraftanstrengung erfordern, was wiederum zwangsläufig Auswirkungen auf die Entwicklung der Handmuskeln und damit naturgemäß auch auf den Händedruck hat. Kommt dann noch eine gewisse Rauheit mit Schwielen hinzu, kann man in diese Richtung schon mit dem Beruferaten beginnen.

Wer gibt wem zuerst die Hand? Besonders problematisch wird das Händeschütteln, wenn sich eine größere Gruppe voneinander verabschiedet, jeder die Hand ausstreckt, und es dann leicht chaotisch wird, wenn einige aufgrund persönlicher Überzeugungen oder gewisser Benimm-Bücher eine bestimmte Reihenfolge einhalten wollen und dabei auf diejenigen treffen, die dieses ganze Ritual eher funktional und praktisch angehen.

Die Hände treffen sich in der Mitte

Wieviel Distanz? In der Regel wird bei einer typischen Begrüßungssituation der rechte Arm leicht angewinkelt ausgestreckt, und die Hände treffen sich mehr oder weniger in der Mitte zwischen den sich begrüßenden Personen. Auch wenn auf die unmittelbare Berührung des Händeschüttelns letztendlich verzichtet wird, nähert man sich ungefähr auf die Distanz und begrüßt den anderen statt dessen mit einem leichten Kopfnicken.

Ein wenig problematisch wird es bereits dann, wenn sich die beiden durch einen erheblichen Größenunterschied auszeichnen. Da kleinwüchsige Menschen sich häufig von der Natur benachteiligt fühlen und damit nicht immer besonders gut fertig werden, es gegebenenfalls auch leid sind, immer zu anderen hochblicken zu müssen, bietet das Händeschütteln durch absichtliches Niedrighalten der eigenen Hand eine willkommene Gelegenheit, einen größeren Mitmenschen zu zwingen sich herunterzubeugen. Umgekehrt kann natürlich der Größere dazu beitragen, daß das Aufblicken rund um die Begrüßung noch ein wenig deutlicher ausfällt als üblich, was einem diesen Menschen nicht besonders sympathisch macht.

Er tritt ihr zu nahe, sie weicht zurück

Unterlaufen der Distanz und Festhalten Eine Begrüßung kann ausgesprochen vereinnahmend wirken, wenn entweder die übliche Distanz bewußt unterlaufen oder die Grußhand beziehungsweise deren Handgelenk mit der anderen Hand festgehalten wird und damit (theoretisch) eventuelle Fluchtreaktionen verhindert. Auch das Festhalten der Oberarme wird praktisch immer als Eingriff in die persönliche Intimsphäre – und Freiheit – angesehen, da zum einen eine zu große Nähe entsteht, zum anderen jemand zu einer speziellen Art von Bewegungslosigkeit gebracht wird.

Sie dokumentiert fast immer ein Gefälle

Auflegen der Hand auf die Schulter Eine weitere bei den Betroffenen höchst unerwünschte Art der Begrüßung findet entweder im Familienkreis oder zwischen Vorgesetztem und Mitarbeiter statt: das Auflegen der Hand auf die Schulter des anderen. Es handelt sich dabei immer um die Dokumentation von Gefälle, das mit einer meist als ausgesprochen jovial empfundenen Freundlichkeit und einer gewissen Herablassung verbunden ist. Insbesondere Jugendliche stellen dabei im wahrsten Sinne des Wortes ›die Haare auf‹, weil sie ein solches Verhalten als Ausdruck von Bevormundung empfinden, übrigens das gleiche Gefühl, das ein Mitarbeiter bei einer solchen Behandlung hat. Man macht jemanden kleiner und schutzloser als er ist, verhindert aber durch die eigene sichtbare Freundlichkeit meist eine aggressive Reaktion auf das, was eigentlich damit ausgedrückt wird.

Aufdringlichkeit gegenüber Frauen Männer können Frauen gegenüber ausgesprochen aufdringlich sein, gerade weil sie wissen, daß sich Frauen wesentlich schlechter über Konventionen hinwegsetzen können. Da wird dann der mit einer Begrüßung oder auch Vorstellung zwangsläufig verbundene Blickkontakt entweder zu einem Anstarren ausgenützt oder es wird eine Pseudo-Vertraulichkeit hergestellt, die nur mit der genannten Konventions-Disziplin zu ertragen ist.

Die Gegenwehr

Selbstverständlich ist auch die Gegenwehr gegen eine solche oder anderweitig unerwünschte Begrüßung für andere gut sichtbar. Das Stocksteifwerden ist dabei nur eine denkbare Reaktion. Vielfach versuchen wir, einer unliebsamen Begrüßung und zu großer Nähe auch dadurch zu entfliehen, daß wir oben stillhalten, mit den Füßen aber bereits die Flucht nach hinten antreten. Weiß man ungefähr, was kommt, weil man diese Tante seit langem kennt, helfen auch Reflexe, die dafür sorgen, daß zumindest ein Arm oder eine Hand vor dem eigenen Oberkörper gehalten werden, um damit eine bestimmte Distanz zu erzwingen.

Anzeichen einer Umarmung Die Steigerung der Begrüßungs-Herzlichkeit ist mit den ausgestreckten Armen und leicht nach außen gewinkelten offenen Händen verbunden. Dieses Signal wirkt sogar dann in der gewünschten Weise, wenn es zu der eigentlichen Umarmung gar nicht kommt. Vielfach wird diese Umarmung auch deshalb nur angedeutet, weil es gegebenenfalls Unsicherheiten bezüglich der Reaktion des anderen gibt. Dabei handelt es sich manchmal auch um einen eigenen Schutzmechanismus, weil man aufgrund der eigenen Gefühle eine Zurückweisung oder ein stocksteifes Über-sich-ergehen-lassen, ohne eigene Frustgefühle nicht verarbeiten könnte. Eine solche Entscheidung ist dann selten eine Kopfsache, sondern läuft instinktiv ab.

Vorstellen eines anderen Stelle ich einen Menschen einem anderen vor, dann schaffe ich dadurch sozusagen eine Art Bindeglied, indem ich den Status des Unbekannten beseitige. In der Regel mache ich eine einladende Geste in Richtung desjenigen, den ich vorstellen will, ohne jedoch unmittelbar auf ihn zu zeigen und mache auch räumlich für die Begrüßung Platz. Manche Menschen haben bezüglich dieses Rituals so viel Übung, daß sie es tatsächlich fertigbringen, durch einige einführende Worte über den Vorzustellenden eine Art Basis für eine Beziehung zu legen. Die nun folgende Begrüßung, meist in Verbindung mit Händeschütteln, hat dann eine ganz andere Informationsqualität für den Vorgestellten. Dies gilt ganz besonders für den mit der formellen Begrüßung verbundenen Blickkontakt. Ist er direkt und interessiert bis fragend und der Händedruck gleichzeitig fest, kann dies die Basis für eine nachfolgende lebhafte Unterhaltung sein.

Die Basis für eine nachfolgende Unterhaltung aufbauen

Bringt derjenige jedoch den formalen Teil so rasch wie möglich im Sinne der Höflichkeit hinter sich und wendet den Blickkontakt nach dem vorgeschriebenen zumindest angedeuteten Lächeln wieder ab und anderen zu, dann braucht man sich hier nicht weiter bemühen. Fatal ist dann, wenn der Vorgestellte den anderen vielleicht aufgrund dessen Status unbedingt kennenlernen wollte und nun, nachdem die offizielle Vorstellung eine Ansprache erlaubt, nicht mehr realisiert – oder auch nicht registrieren will – daß er eigentlich vom Subjekt seiner Begierde als höchst lästig empfunden wird. Weitere Anzeichen sind ein sofort nach der Begrüßung wieder geschlossener Kreis und die Zuwendung zu anderen Personen.

Begrüßung und Vorstellung am Tisch

Eine spezielle Variante der Begrüßung ist die, wenn eine Runde um einen Tisch versammelt ist, die sich bereits seit einiger Zeit lebhaft unterhält, und nun ein verspäteter Gast eintrifft. Je geschlossener die Runde ist, desto aufwendiger wird das Begrüßungsritual. Kennt den ›Neuen‹ sonst niemand in der Runde, wird er vom Gastgeber namentlich vorgestellt, und die Herren müssen dann in der Regel alle nacheinander aufstehen beziehungsweise das Aufstehen zumindest andeuten und die Hand geben. Die Damen dürfen auch in der heutigen Zeit sitzenbleiben, wobei sicherlich der Aspekt zu berücksichtigen ist, ob das Händeschütteln beim Sitzenbleiben der einen Seite technisch von der Reichweite her zu realisieren ist.

Hier reicht ein allgemeines Begrüßen der ganzen Runde

Ist der Nachzügler bekannt, wird meist auf das individuelle Händeschütteln verzichtet, und er oder sie wird die Runde durch ein kurzes rechtwinkliges Heben des rechten Armes mit offener Handhaltung begrüßen. Danach haben die bereits Anwesenden die Pflicht so zusammenzurücken, daß der weitere Gast in die Runde integriert werden und sich am Gespräch beteiligen kann. Aufschlußreich ist dabei, wie und wo man ihm Platz macht. Geht die lebhafte Unterhaltung nämlich nach dem offiziellen Begrüßungsritual weiter, und nur der Gastgeber kümmert sich um den Nachzügler, ist das kein besonders gutes Zeichen für den weiteren Verlauf der Begegnung.

Insofern ist die körpersprachliche Begleitung in Begrüßungs-, Verabschiedungs- und Vorstellungssituationen äußerst ergiebig, sowohl für weitgehend unbeteiligte Zuschauer als auch natürlich für die Betroffenen selbst.

Macht Training und bewußtes Beeinflussen Sinn?

Diese Fragestellung und was man überhaupt an Körpersprache lernen kann, beides sind Fragen, die nur mit Hilfe Radio Eriwans zu beantworten ist: »Im Prinzip ja, aber …«. Wer beispielsweise meine Bewerbungsbücher kennt, der weiß, daß ich zwar ein Befürworter von bewußter Strategie bin und Dummheit zum eigenen Schaden ablehne, daß ich aber ein ebenso überzeugter Anhänger von Wahrheit und realistischer Selbstdarstellung bin, ein Standpunkt, den ich mit ganz besonderem Nachdruck auf die Körpersprache übertragen möchte. Beides, geschickte und zielgerichtete Strategie in eigener Sache mit Ehrlichkeit in der Selbstdarstellung, in einem vernünftigen Mittelweg ›unter einem Hut zu bringen‹ kann bei Wissen um die Hintergründe und einiger Selbstdisziplin durchaus bewältigt werden. Allerdings kommt bei diesem Thema erschwerend hinzu, daß sehr vieles nun einmal reflexartig abläuft und von den wenigsten Menschen trotz intensiver Buchlektüre und/oder einschlägiger Seminare völlig in den Griff zu bekommen ist. Persönlich sehe ich das, bezogen auf die Kommunikation von Menschen, als ausgesprochenen Glücksfall an.

Der ›goldene‹ Mittelweg

Wege, sich und andere besser wahrzunehmen und zu verstehen

Der von mir angesprochene Mittelweg könnte folglich so aussehen – und das wäre dann auch gleichzeitig die Intention dieses Buches –, daß mit dem neu erworbenen oder auch nur vertieften ›Herrschaftswissen‹ zum Thema Körpersprache vorrangig eine Bewußtseinserweiterung und Perfektionierung der Wahrnehmung verbunden sind. Sie erinnern sich vielleicht an meine Eingangsbemerkungen bezüglich des Erlernens einer Fremdsprache. Sie haben nach dieser und gegebenenfalls anderer Lektüre hoffentlich ein erweitertes Vokabular, das Ihnen das ›Zuhören‹ im Sinne von Sehen, sowohl bei Ihnen selbst als auch bei Ihren Mitmenschen erleichtert.

Natürlich gibt es eine Vielzahl von Anlässen und speziellen Situationen, die eine Optimierung Ihrer Körpersprache nicht nur zulassen, sondern geboten erscheinen lassen. Dazu zählen beispielsweise Vorträge und Präsentationen, wenn Ihnen beispielsweise vermittelt wird, was Sie mit Ihren Händen anfangen sollen, während Sie reden. Oder es unterstützt das Erlernen einer Streitkultur. Ein Problem habe ich bereits damit, was erfahrene PR-Berater mit Politikern oder Top-Managern machen, da hier nicht selten ein Bild verzerrt oder gar total verfälscht wird. Und ich denke die heutige ›Wertschätzung‹, die Bürger ihren Politikern entgegenbringen, spricht in dieser Hinsicht Bände. Ich bin der festen Überzeugung, daß Menschen diesen zweiten Wahrnehmungs- und Sendekanal innerhalb der Kommunikation für das Verifizieren und Falsifizieren dessen, was vielfach so leicht dahin gesagt wird, dringend benötigen. Wenn auch hier das Training dazu führt, daß die Körpersprache genauso ›glatt‹ wird wie manche Rede oder Aussage, dann haben wir uns in einer sehr wichtigen Sache selbst amputiert. Und das kann und darf nicht Sinn eines Trainings zum Thema Körpersprache sein.

In manchen Fällen ist eine Optimierung der Körpersprache nicht wünschenswert

Für ein konfliktfreieres Miteinander

Wie bereits eingangs von mir betont, wollte und will ich keine Gebrauchsanweisung für Menschen liefern, die glücklicherweise auch nicht so systematisch funktionieren. Schon die Wissenschaft hat sich mit dem Versuch einer Alphabetisierung von körpersprachlichen Signalen schwergetan, und dabei sollte es auch bleiben. Aber das Zusammenleben von vielen Individuen muß irgendwie geregelt werden, und über diese Spielregeln genauer Bescheid zu wissen, erscheint mir nach wie vor sehr wichtig. Menschen durch Verletzen dieser Spielregeln in schwierige Situationen zu bringen, ist unnötig, und auch den einen oder anderen Fettnapf sollte man auslassen können. Die Reaktionen von anderen interpretieren zu können, muß ebenfalls ein erklärtes Ziel dieser Bemühungen sein. Gleichzeitig ist eine sinnvolle Anwendungsmöglichkeit, mir über eigene Ticks oder Reaktionsmuster klar zu werden, die von anderen leicht fehlinterpretiert werden können. Diese abzustellen oder sie – falls das nicht möglich sein sollte – anderen prophylaktisch erklären zu können, kann manches Mißverständnis beseitigen helfen.

Literatur- und Quellenverzeichnis

Argyle, Michael. Körpersprache und Kommunikation. Verlag Junfermann, 1978.

Bierach, Alfred. Körpersprache erfolgreich anwenden und verstehen. Südwest, 1996.

Cialdini, Robert B. How and Why People agree to Things, Morrow.

Fast, Julius. Körpersprache. Rowohlt, 1979.
Versteckte Signale. Körpersprache im Beruf. Econ, 1992.

Lyle, Jane. Körpersprache. Gondrom, 1993.

Molcho, Samy. Körpersprache. Mosaik, 1994.

Morris, Desmond. Body Talk. Körpersprache, Gesten und Gebärden. Heyne, 1997.
Der Mensch, mit dem wir leben. Knaur, 1981.

Quilliam, Susan. Körpersprache erkennen und verstehen. Bassermann, 1995.

Reutler, Bernd H. Körpersprache verstehen. Humboldt.

Rückle, Horst. Körpersprache. Falken, 1996.

Schulz von Thun, Friedemann. Miteinander reden. Rowohlt, 1981.

Schwertfeger, Bärbel. Macht ohne Worte. Wie wir mit dem Körper sprechen. Heyne.

Wex, Marianne. Männliche und weibliche Körpersprache. Eigenverlag.

Wir danken für die erteilte Abdruckgenehmigung der Zeichnungen (leicht geändert) auf S. 95: **Schulz von Thun, Friedemann** (1981). Miteinander reden.